指向核心素养的
学科单元作业设计与实施

张海燕　张凤敏◎著

哈尔滨出版社
HARBIN PUBLISHING HOUSE

图书在版编目（CIP）数据

指向核心素养的学科单元作业设计与实施 / 张海燕，
张凤敏著 . -- 哈尔滨：哈尔滨出版社 , 2024.10
ISBN 978-7-5484-7869-0

Ⅰ . ①指… Ⅱ . ①张… ②张… Ⅲ . ①学生作业—教
学设计—小学 Ⅳ . ① G622.46

中国国家版本馆 CIP 数据核字（2024）第 092973 号

书　　名：指向核心素养的学科单元作业设计与实施
　　　　　ZHIXIANG HEXIN SUYANG DE XUEKE DANYUAN ZUOYE SHEJI YU SHISHI

作　　者：张海燕　张凤敏　著
责任编辑：张艳鑫
封面设计：吉　祥

出版发行：哈尔滨出版社（Harbin Publishing House）
社　　址：哈尔滨市香坊区泰山路 82-9 号　　邮编：150090
经　　销：全国新华书店
印　　刷：北京虎彩文化传播有限公司
网　　址：www.hrbcbs.com
E-mail：hrbcbs@yeah.net
编辑版权热线：（0451）87900271　87900272

开　　本：710mm×1000mm　1/16　　印张：15.75　　字数：240 千字
版　　次：2024 年 10 月第 1 版
印　　次：2024 年 10 月第 1 次印刷
书　　号：ISBN 978-7-5484-7869-0
定　　价：88.00 元

凡购本社图书发现印装错误，请与本社印制部联系调换。
服务热线：（0451）87900279

内容简介

　　本书专注于教育领域的书籍，其主要目的在于探讨如何将核心素养有机地融入学科单元作业设计，以全面提升学生的综合素养和学科能力。本书以核心素养理论为基础，结合实际教育经验，系统性地介绍了学科单元作业设计的概念、原则和实施步骤，并深入研究了核心素养与单元作业设计之间的密切关系。

　　该书的主要受众包括教育工作者、教育管理者以及对教育研究感兴趣的读者。本书通过提供有用的指导和启示，旨在帮助教育从业者更好地设计和实施基于核心素养的学科单元作业，从而促进学生形成能够适应终身发展和社会发展需要的必备品格和关键能力。不论是在实际教育现场的从业者，还是从事教育研究的学者，都能够从本书中获取关于核心素养和单元作业设计的深入理解和实践经验，为教育改革和创新提供有益的参考。

　　通过深入研究核心素养的理论框架，本书指导读者如何将这一理论应用到学科单元作业的设计与实施中。强调核心素养与学科能力的有机结合，有助于创造更具挑战性和深度的学习体验。作为一本教育领域的指导性著作，本书还强调了实践和理论相结合的重要性，为读者提供了既具体又有理论支持的方法和策略。

作者简介

张海燕，女，44岁，中共党员，汉语言本科学历，中小学高级教师，郑州市优秀教师，河南省骨干教师，河南省学术技术带头人。1998年8月踏上教育岗位，从事教育教学至今，小学语文专业，主讲过郑州市语文优质课，主持并完成教育部项目课题1项，省级课题6项，省级成果一等奖3项，在省级以上CN刊物发表论文7篇，开发实施的校本课程获得"郑州市校本课程设计奖"。

张凤敏，女，1972年11月2日生，汉族，中共党员，本科学历，中小学高级教师，现任小学校长。1990年师范毕业，进入郑州高新区从事教育教学工作至今。小学数学专业，主讲过河南省小学数学观摩课、郑州市优质课，主持并完成河南省省级课题4项，在省级以上正式刊物发表论文8篇，主持的学校校本课程获国家级优秀案例、河南省优秀案例。

前　　言

在当今教育领域，教育者和教育机构越来越意识到单纯的知识传授已经不能满足学生在面对未来挑战时所需的能力。随着社会的快速变化和技术的迅猛发展，学生需要具备更多的综合能力、创造力和批判性思维，以适应未来不断变化的环境。传统的教学模式往往侧重于知识的灌输和记忆，而缺乏对学生综合能力的培养。因此，设计和实施指向核心素养的学科单元作业变得至关重要。这样的作业不仅仅是为了检验学生对知识的掌握，更重要的是促进学生的思维发展、问题解决能力和创造性思维。针对这一背景，教育者需要重新审视教学方法和课程设计，将核心素养融入学科单元作业的设计与实施中。这需要教育者不断地更新自己的教学理念和方法，积极探索适合学生发展需求的教学模式。

在这样的背景下，本书旨在为教育者提供一种新的思路和方法，以便他们能够更好地设计和实施指向核心素养的学科单元作业。通过深入的理论探讨和丰富的实践经验，本书将帮助教育者更好地理解核心素养的重要性，掌握有效的单元作业设计策略，从而为学生的全面发展提供更好的支持和指导。

本书一共分为七章。第一章对核心素养的理论进行研究，为后续基于核心素养设计学科单元作业奠定理论基础。第二章详细介绍了核心素养与单元作业设计的关联。第三章对单元作业设计的概念与原则进行论述。第四章对单元作业设计的步骤与流程进行详细分析。第五章案例分析与实践应用。第六章跨学科作业设计，讲述了跨学科作业如何设计实施，并提供了案例参考。第七章介绍了长程作业设计。

通过本书的学习，期望教育工作者能够更好地理解核心素养的重要性，掌握设计和实施学科单元作业的方法，从而为学生的全面发展提供更有效的支持和指导。愿本书能成为您设计单元作业、促进学生发展的有力工具，让教师共同走上通往核心素养的道路，引领学生迈向更加美好的未来。

由时间和精力的有限性，编写这本书时难免出现一些不妥之处，因此，诚恳地请求广大读者和同行批评指正。

本书由张海燕和张凤敏共同著作。其中第三章、第四章、第五章的第一节和第二节、第六章由张海燕负责撰写，共计 13 万字；第一章、第二章、第五章的第三节和第四节、第七章由张凤敏负责，共计 11 万字。

目　录

第一章 核心素养的理论基础

第一节 核心素养的概述

关于"素养"一词,《现代汉语词典》里的解释很简单:"平日的修养。"百度百科里的解释稍具体一些:"素养,谓由训练和实践而获得的技巧或能力。"如果从中国文字辞源的意义上来"说文解字",会更有意思:"素"为未染色之丝,"养"乃长久的育化。在今天,"素养"的含意大为扩展,它包括思想政治素养、文化素养、艺术素养、业务素养、身心素养等各个方面。

所谓"学生发展核心素养",是指学生应具备的,能够适应终身发展和社会发展需要的必备品格和关键能力,是关于学生知识、技能、情感、态度、价值观等多方面要求的综合表现,是每一名学生获得成功生活、适应个人终生发展和社会发展都需要的、不可或缺的共同素养,其发展是一个持续终身的过程,可教可学,最初在家庭和学校中培养,随后在一生中不断完善。

一、总体框架

中国学生发展核心素养,以科学性、时代性和民族性为基本原则,以培养"全面发展的人"为核心,分为文化基础、自主发展、社会参与三个方面。

综合表现为人文底蕴、科学精神、学会学习、健康生活、责任担当、实践创新六大素养,具体细化为国家认同等十八个基本要点。根据这一总体框架,

图1.1 总体框架结构

可针对学生年龄特点进一步提出各学段学生的具体表现要求。

二、"核心素养"的内核

（一）文化基础

文化是人存在的根和魂。文化基础，重在强调能习得人文、科学等各领域的知识和技能，掌握和运用人类优秀智慧成果，涵养内在精神，追求真善美的统一，发展成为有宽厚文化基础、有更高精神追求的人。人文底蕴，主要是学生在学习、理解、运用人文领域知识和技能等方面所形成的基本能力、情感态度和价值取向，具体包括人文积淀、人文情怀和审美情趣等基本要点。科学精神，主要是学生在学习、理解、运用科学知识和技能等方面所形成的价值标准、思维方式和行为表现，具体包括理性思维、批判质疑、勇于探究等基本要点。

（二）自主发展

自主性是人作为主体的根本属性。自主发展，重在强调能有效管理自己的学习和生活，认识和发现自我价值，发掘自身潜力，有效应对复杂多变的环境，成就出彩人生，发展成为有明确人生方向、有生活品质的人。学会学习，主要是学生在学习意识形成、学习方式方法选择、学习进程评估调控等方面的综合表现。具体包括乐学善学、勤于反思、信息意识等基本要点。健康生活，主要是学生在认识自我、发展身心、规划人生等方面的综合表现，具体包括珍爱生命、健全人格、自我管理等基本要点。

（三）社会参与

社会性是人的本质属性。社会参与，重在强调能处理好自我与社会的关系，养成现代公民所必须遵守和履行的道德准则和行为规范，增强社会责任感，提升创新精神和实践能力，促进个人价值实现，推动社会发展进步，发展成为有理想信念、敢于担当的人。责任担当，主要是学生在处理与社会、国家、国际等关系方面所形成的情感态度、价值取向和行为方式，具体包括社会责任、国家认同、国际理解等基本要点。实践创新，主要是学生在日常活动、问题解决、适应挑战等方面所形成的实践能力、创新意识和行为表现，具体包括劳动意识、问题解决、技术应用等基本要点。

第二节　核心素养的要素与分类

一、核心素养要素

（一）人文底蕴

人文底蕴是核心素养中不可或缺的一环，它贯穿于学生的学习和生活的方方面面。在这个复杂多变的世界里，人文底蕴的培养涉及多个重要要素，其中包括对人文知识的深刻理解、对价值观和伦理的敏感认知、对文化传统的尊重与传承、对审美情感的培养以及对批判性思维的锤炼。人文知识广泛涵盖着文学、历史、哲学、艺术等多个领域。通过深入学习文学，学生能够感受到作品中蕴含的情感和思想，从而对人性的复杂性有更为深刻的认识。历史的学习使学生认识到过去的决策如何深刻影响了当前社会的结构，引导学生深入思考历史的脉络与启示。哲学的研究则推动学生进行深度思考，从而深化对存在意义和价值的追问。艺术的理解不仅培养了学生的审美情感，还激发了创造性思维，促使学生更好地表达自己的观点和情感。伦理观和价值观是人文底蕴中的另一要素，通过对道德原则、社会责任和公民道德的敏感理解，学生能够形成自己的价值观，指导其行为准则，这种敏感性不仅能在伦理困境中引导学生做出明智的决策，还能培养对正义、公平和人道主义的关注，推动社会向更加公正和包容的方向发展。文化传统是人文底蕴的又一要素，包括语言、习俗、宗教、节庆等方面的知识。通过学习文化传统，学生可以更好地融入社会，增进跨文化的沟通能力。同时，尊重和理解不同文化之间的差异有助于建设一个充满包容性的社会，减少误解和冲突。文化传统的学习还有助于保护和传承学生所在地文化的遗产，维护文化的多样性。审美情感是人文底蕴中一个极为重要的层面，培养审美情感不仅能够提升对艺术、音乐、文学等领域的欣赏能力，更是对美的感知和理解。艺术作品、音乐、文学等形式的审美体验激发了学生的创造力和想象力，为其在各个领域展现独特的才华提供支持。最后，批判性思维是人文底蕴的重要组成部分。通过学习人文科目，学生可以培养批判性思维的能力，深刻理解事物背后的原因和影响。这种能力有助于学生在面对复杂问题时进行独立的分析和判断，不盲目从众，更好地适应社会的变化和发展。人文底蕴的培养涉及多个层面，包括对人文知识的深刻理解、对价值观和伦理的敏感认知、对文化传统的尊重与传承、对审美情感的培养以及对批判性思维的锤炼，这些要素共同构成了学生全面发展的基石，为其在学业和生活中取得更大成就提供了坚实的支撑。

（二）科学精神

核心素养要素之一是科学精神，这是一个贯穿于学生思维和行为的重要特质。科学精神不仅在学术领域中发挥关键作用，更在日常生活和社会参与中产生积极的影响。理性思维是科学精神的基石。培养理性思维的能力使学生能够以冷静客观的态度对待问题，不受情感和偏见的左右，这种思维方式有助于更准确地分析和解决问题，提高学生在各个领域中的决策质量。实证观察是科学精神中的另一关键要素，通过注重实证观察，学生能够更全面地理解周围环境，对事物的本质有更深刻的洞察。实证观察的培养有助于学生发展敏锐的观察力，提高问题识别和解决的能力。创新思考是科学精神的重要表现，鼓励学生不断追求新的思维方式和解决问题的途径。创新思考使学生能够独立思考，提出新的观点和理念，推动社会不断向前发展。对真理的追求是科学精神的根本目标，科学追求客观真实，强调对事物进行客观的研究和分析。培养对真理的追求意味着学生不仅要具备辨别信息真伪的能力，还要追求更全面和深刻的理解，不满足于表面的知识。科学精神不仅仅在学术研究中有影响力，也在社会参与中发挥作用；在公共事务和社会问题上，科学精神使学生能够更理性地分析问题，做出更为明智和有效的决策；在团队协作中，科学精神促进成员之间的合作，共同追求最佳解决方案。科学精神是核心素养的关键组成部分，它涵盖了理性思维、实证观察、创新思考和对真理的追求，这一特质不仅提高了学生在学术上的表现，更为其在日常生活和社会参与中提供了坚实的思维基础，使其更具竞争力和适应力。

（三）学会学习

核心素养要素之一是学会学习，这是一个贯穿整个学生发展过程的重要能力。学会学习不仅仅是知识的获取，更是一种持续适应、反思和创新的素养。学会学习首先强调的是积极主动的学习态度，学生需要培养对知识的渴望和求知欲望，主动探索世界，追求不断进步，这种积极的学习态度使学生更能在不同情境下应对挑战，促使其在学业和职业中更为成功。其次，学会学习注重的是学习方法和策略的灵活运用，学生需要了解自己的学习风格，选择适合自己的学习方法，并不断调整和优化，从而灵活运用各种学习策略，包括阅读、思考、实践、交流等，有助于提高学习效果，更好地掌握和运用知识。另外，学会学习侧重的是对多元知识的整合和综合运用。现代社会信息爆炸，涉猎面广的学生更能适应复杂多变的环境。学会学习使学生能够整合来自不同领域的知识，形成更为全面的认知结构，更好地理解问题，提出创新性的解决方案。学会学习还关注的是自我反思和持续改进的精神，学生在学习的过程中需要不断反思自己的学习方法和效果，找到不足之处并做出调整，这种反思和改进的态度使学习不再是一成不变的过程，而是一个动态发展的过程。学会学习强调合作与团队协作的重要性。在团队中，学生需要学会分享和合作，在与他人共同学习中实现共同成长。团队协作培养了学生的沟通技能、领导能力以及团队意识，使其更好地适应社会和职场的要求。学会学习是核心素养中的一个关键要素，它涵盖了积极主动的学习态度、学习方法和策略的灵活运用、多元知识的整合和综合运用、自我反思和持续改进的精神，以及合作与团队协作的能力，这些特质使学生更具有适应和创新的力量，为其在不断变化的社会中取得成功打下坚实基础。

（四）健康生活

核心素养要素包括健康生活，这是学生全面发展的基石。健康生活涵盖身体、心理和社交层面，要求学生保持良好的生理状态，实现心理平衡，并建立积极的人际关系。健康生活的首要关切是身体状况，通过合理的饮食、充足的休息和适度的运动，学生能够维持身体的良好状态。身体的健康直接关系到学生的生活品质和能量水平，是健康生活的重要基础。心理健康是健康生活的不可或缺的组成部分，学生需要学会有效地应对生活中的压力，保持情绪平衡，通过采用积极的心理调适策略，例如冥想、深呼吸等，学生能够更好地面对挑战，提升心理韧性。与此同时，健康生活注重社交互动和人际关系。积极参与社会活动、建立良好的人际关系对于学生的幸福感至关重要，通过学会沟通、倾听，以及建立支持网络，学生能够更好地适应社会环境，提升社交能力。此外，健康生活也包括自我管理和目标设定。学生需要学会设定清晰的目标，并采取有效的方法实现这些目标，通过自我管理和自律，学生能够更好地掌控自己的生活，培养责任感和自我效能感。健康生活是核心素养中不可或缺的一环，通过关注身体、心理和社交的全面健康，学生能够更好地应对生活中的各种挑战，实现全面的自我发展。健康生活也是其他素养要素的基础，为学生在学业、职业和社会中的成功提供了坚实的支持。

（五）责任担当

核心素养要素之一是责任担当，这是一个贯穿于学生行为和态度中的重要品质。责任担当不仅关乎对学生自身的义务，更涉及对社会、团队以及环境的积极参与和贡献。责任担当首要表现在对学生自身的义务和责任上，学生需要对自己的决策和行为负责，意味着要有清晰的目标和价值观，这种内在的责任感推动学生追求卓越，不仅在工作和学业上表现出色，也在个人生活中保持高标准。责任担当包括对社会的责任感，学生在社会中生活、学习和工作，需要意识到自己的行为对社会产生的影响，积极参与社会活动、关心社会问题、尊重他人权利等，都是责任担当的具体表现，这种社会责任感体现了学生对社会健康和发展的关注。责任担当还表现在对团队和合作伙伴的负责。在团队中，学生需要履行自己的角色和责任，保证团队的协同运作。

与他人合作时，要以积极的态度对待合作伙伴，追求共同目标，这种责任担当促使学生具备团队合作和协调的能力。责任担当还表现在对环境的尊重和保护上。学生需要关注生态环境，采取可持续的生活方式，减少对环境的负面影响，通过节约资源、垃圾分类等行为，体现对整个地球的责任担当。责任担当是核心素养中的重要要素，它涉及对学生自身、社会、团队以及环境的责任感。通过明确学生的责任，树立正确的价值观，学生能够在各个领域展现出更高水平的担当精神，为自己和周围的社会创造积极的影响。责任担当是培养卓越学生的关键品质之一，为其在不同领域中的成功打下坚实基础。

（六）实践创新

核心素养要素之一是实践创新，这是学生在学习、工作和生活中的重要品质。实践创新不仅关注新思维和创意的产生，更强调将其付诸实践，推动社会进步和个人发展。实践创新首先体现在对问题的独立思考和创造性解决上，学生需要培养批判性思维，能够对问题进行深入分析，不拘泥于传统思维模式，寻找新的解决方案，这种创新思维的培养有助于学生更好地适应社会变革和挑战。实践创新表现在对新思想和观念的接受和应用上，学生需要保持开放的心态，积极吸收来自各个领域的新知识和新观点。通过学习不同领域的知识，学生能够拓展思维边界，形成更为综合和创新的认知结构。实践创新还涉及对实际问题的实际应用，学生需要能够将理论知识应用于实际，创造性地解决实际工作和生活中的问题，通过实践学生能够验证自己的创新思想，提高实际解决问题的能力。创新不仅仅局限于学生层面，更涉及对团队和组织的影响。学生在团队中能够激发创新氛围，促使团队寻找新的解决方案，推动整个团队向更高水平发展。在组织中，创新者能够推动组织不断变革，适应外部环境的变化，提高竞争力。实践创新是核心素养中的一个关键要素，它涉及创新思维的培养、对新知识的接受和应用，以及对实际问题的具体解决。通过实践创新，学生能够更好地适应社会变革，推动个人和社会的不断发展。实践创新是在现代社会中取得成功的重要素质之一，为学生在学业、职业和社会中取得卓越成就提供了有力的支持。

二、核心素养的分类

（一）学科知识与学术能力

学科知识与学术能力作为核心素养的重要分类，强调了学生在特定学科领域内的深刻理解和专业知识，同时注重相关的学术能力。这一分类包含以下几个关键方面：首先，学科知识方面，涉及学生对特定学科领域的系统性知识掌握。这包括学科的基本概念、原理、理论体系等方面的内容。拥有扎实的学科知识为学生提供了在特定领域中思考和解决问题的基础，是专业成长和职业发展的基石。其次，学术能力方面强调学生在学术领域中所需的一系列能力，这包括研究方法、批判性思维、问题解决、论证和创新等方面的能力。培养学术能力使学生能够更深入地参与学术活动，包括独立研究、学术写作和作业交流，从而更好地贡献于学术领域。此外，跨学科能力也是学科知识与学术能力的一部分，涉及在多个学科领域中进行整合和应用知识的能力。这强调了学生具备超越单一学科范畴，将不同学科的知识融合运用的能力，有助于更全面地理解和解决复杂的问题。通过培养学科知识与学术能力，学生能够成为具有扎实专业基础和学术素养的学习者和从业者，这不仅有助于在特定领域中取得成功，还培养了学生的批判性思维、创新能力和问题解决能力，使其能够更全面地理解和应对复杂的问题和挑战。

（二）信息素养

信息素养作为核心素养的重要分类，强调了在信息时代中学生需要具备的一系列关键能力。这一分类侧重于培养学生在日常生活和职业中更好地理解、利用信息的能力。信息素养包括以下几个关键方面：首先，信息获取方面，学生需要能够有效地搜索和获取所需的信息，包括使用不同的信息源和检索工具。其次，信息评估是信息素养的重要组成部分，学生应具备评估信息的质量、可靠性和适用性的能力，以判断信息是否符合特定目的。在信息管理方面，学生需要具备对大量信息进行整理、分类、存储和检索的能力，以便在需要时能够方便地获取。此外，信息应用是信息素养中的重要环节，是指学生能够将获取到的信息应用到实际问题解决和决策中，发挥信息的实际价值。最后，数字素养是信息素养的一个关键组成部分，包括对数字工具和技术的熟练应用，以及对数字化社会的理解和适应能力。数字素养使学生能够更好地融入数字化社会，充分利用数字技术的便利。信息素养的培养有助于学生更好地适应信息社会的要求，提高信息处理的效率和质量。这一素养不仅在职业生涯中发挥着重要作用，还对学生学习、社交和日常决策具有积极的影响。信息素养的提升使学生能够更加独立、自主地获取和运用信息，从而更好地参与职业和社会活动。

（三）批判性思维与问题解决能力

批判性思维与问题解决能力是核心素养中的一个重要分类，旨在培养学生具备独立思考、分析问题、提出解决方案，以及对信息和观点进行批判性评估的能力。这一分类涵盖了多个关键方面：首先，独立思考是培养学生不仅理解现有知识和观点，而且能够提出独特见解和观点的能力。其次，问题分析强调在面对问题时，学生能够深入分析问题的根本原因和相关因素，以更好地理解问题的复杂性。批判性思维要求学生能够对信息、观点和证据进行客观、全面的评估和判断，辨别有效信息并识别潜在的偏见。问题解决能力涉及在面对挑战时，学生能够提出有效和创新的解决方案，通过创造性的思考来解决问题。此外，团队协作也是问题解决能力的关键方面。在团队中，学生需要有效地与他人协作，共同找到解决方案。批判性思维与问题解决能力的培养有助于学生更好地适应复杂多变的社会环境，这一素养不仅在职业领域中具有重要价值，还在个人生活和社会参与中发挥积极作用。通过培养这些能力，学生能够更好地理解问题、制定有效的解决策略，并更自信地应对各种挑战。

（四）沟通能力

沟通能力作为核心素养的一个重要分类，着重培养学生在各种情境下能够有效地表达自己的观点、理解并回应他人的沟通，以及运用不同的沟通媒介和风格进行交流的能力。这一分类包括多个关键方面：首先，表达能力是沟通能力中的关键组成部分，学生需要能够清晰、准确地表达自己的思想和观点，无论是通过口头、书写还是其他沟通媒介。其次，倾听能力强调了积极倾听、提出问题以获取更多信息，以及对他人观点的尊重和理解。有效的沟通不仅需要良好的表达能力，还需要对他人意见和反馈的敏感和理解。非语言沟通是沟通能力中一个重要的方面，涉及肢体语言、面部表情和姿势等非语言元素的运用，学生需要学会正确地运用这些非语言信号来支持他们的言辞沟通。适应沟通风格是指学生能够根据不同情境和受众调整沟通风格的能力，包括正式沟通和非正式沟通，以及个人沟通和团队沟通。最后，沟通能力还包括解决冲突和处理敏感话题的能力，使学生能够在困难情境下保持冷静、理性地进行沟通的能力。沟通能力的培养有助于学生更好地与他人合作、分享想法，并有效地解决问题。这一素养在职业生涯、人际关系和领导力发展中都起到关键作用。通过提高沟通能力，学生能够更加有效地传达信息、建立信任，并在各个领域取得更好的个人和职业成就。

（五）团队合作与领导力

团队合作与领导力作为核心素养的一个重要分类，旨在培养学生在团队协作中合作、领导、有效沟通和解决冲突的能力，以及在领导职务中展现出的领导力素养。这一分类涵盖了多个关键方面：首先，团队合作方面，学生需要能够有效地与他人协作，共同实现团队的目标，这包括分享资源、倾听他人意见、共同解决问题以及支持团队成员的能力。其次，领导力是团队合作与领导力中的重要组成部分，强调学生在领导职务中展现出的领导力素养。领导力包括激励团队成员、制定战略方向、做出决策以及解决团队内的问题等方面的能力。沟通与协调是团队合作与领导力中的另一个重要方面，有效的团队合作和领导力建立在良好的沟通和协调基础上。学生需要能够清晰地表达自己的想法，理解并回应团队成员的沟通，并协调团队内部的工作流程。解决冲突是团队合作与领导力中不可忽视的一部分。在团队中，冲突是不可避免的，学生需要具备解决冲突的能力，通过建设性的方式解决分歧，促进团队的和谐和合作。最后，激励与培养是领导力的重要组成部分，包括激励团队成员、培养他们的能力，并帮助他们实现个人和团队目标的能力。团队合作与领导力的培养有助于学生更好地参与协作性工作、领导团队，以及在组织中发挥重要作用。这一素养不仅在学习中非常关键，还在日常生活和社交互动中具有积极的影响。通过提高团队合作和领导力，学生能够更好地发挥集体力量，实现个人和团队的共同目标。

（六）创新与创造力

创新与创造力作为核心素养的一个重要分类，致力于培养学生在各个领域表现出创新和创造性的能力，促进新思想、新方法和新产品的产生。这一分类包括多个关键方面：首先，创新思维是创新与创造力中的核心，学生需要培养开放、灵活、前瞻性的思考方式，能够主动寻找问题的解决方案，并勇于尝试新的观点和方法。其次，问题解决方面强调在解决问题时采用创新性的方法，这包括对问题进行重新定义、寻找非传统的解决方案以及在不同领域之间进行跨界思考。创新与创造力还强调学生需要通过创造性的方式表达自己的想法，包括艺术、文学、设计等方面的创作。在团队中，学生需要具备促进集体创新的能力，包括协作、共享、有效沟通和合作。最后，创新与创造力还包括在面对变革时能够适应和引领变革的能力，包括对新技术、新理念和新趋势的敏感性。创新与创造力的培养有助于学生更好地适应快速变化的社会和工作环境，这一素养不仅在科学技术领域中非常关键，也在艺术、社会创新等各个领域中发挥着重要作用。通过激发创新与创造力，学生能够更好地发现机遇、应对挑战，并在不同领域展现出卓越的能力。

（七）适应性与灵活性

适应性与灵活性作为核心素养的一个重要分类，旨在培养学生在不同环境和情境中灵活应对、适应变化的能力。这一分类涵盖了多个关键方面：首先，变化适应是适应性的核心概念，强调学生对环境变化的敏感性和快速适应能力。这包括对新技术、新工作流程或新情境的迅速适应。其次，适应性与灵活性要求学生在面对问题和决策时能够迅速调整策略和方法，灵活应对不同的挑战，这涉及在复杂多变的情境中做出明智的决策。学习能力也是适应性与灵活性的一部分，学生需要具备快速学习和吸收新知识的能力，以适应不断发展的社会和工作需求。此外，适应性与灵活性还包括对压力和不确定性的心理弹性，能够在面对挑战和困难时保持积极的心态，以及在不同团队和工作环境中与多样性的团队成员有效合作的能力。适应性与灵活性的培养有助于学生更好地适应快速变化和复杂多变的社会环境，这一素养在职业生涯中、个人发展中以及社会参与中都具有重要价值。通过培养适应性与灵活性，学生能够更好地应对未知的挑战，保持对新事物的开放态度，能更成功地实现个人发展目标。

（八）伦理与价值观

伦理与价值观作为核心素养的一个重要分类，旨在培养学生具备正直、道德良好和价值观稳定的能力，以在各种情境下做出符合道德标准的决策。这一分类涵盖了多个关键方面：首先，伦理与价值观要求学生在面对各种决策时能够考虑到道德因素，确保其行为符合社会、组织和个人的道德标准，这包括对道德决策的深思熟虑，确保学生的行为在伦理上是可接受的。其次，社会责任感是伦理与价值观的重要组成部分，学生需要理解其在社会中的角色，并采取积极的行动以促进社会福祉，这包括对社会问题的关注，以及为社会做出积极贡献的意愿和行动。价值观的培养还包括尊重和欣赏不同文化、信仰和观点，以建立更加包容和多元化的社会，学生需要学会接纳多样性，从而促进公正、平等和和谐的社会环境。伦理与价值观的培养也涉及积极参与公共事务，理解并履行作为一个公民的责任，推动社会的积极变革，这包括在社会、政治和文化层面的参与，以影响和改善社会的发展方向。最后，伦理与价值观的培养强调学生需要培养诚实和透明的品质，对待他人和组织诚实守信，建立良好的信任关系，这有助于建立诚信社会和组织文化。伦理与价值观的培养有助于塑造学生的品格，使其成为有社会责任感、道德取向明确的公民。这一素养不仅在个人生活中具有重要意义，还对学校和社会的稳定和发展产生积极影响。通过强调伦理与价值观，学生能够更好地理解和践行社会的道德准则，为持续的个人和社会发展做出贡献。

（九）社会责任感

社会责任感作为核心素养的一个重要分类，旨在培养学生具备关心社会问题、积极参与社会事务，并在其职责范围内对社会产生积极影响的能力。这一分类涵盖了多个关键方面：首先，社会责任感要求学生对社会的问题和挑战有一定程度的认知和关注，这包括对社会不平等、环境问题、人权等方面的敏感性，以便更好地理解社会现状。其次，积极参与是社会责任感的核心要素。学生需要通过志愿服务、社区参与、社会活动等方式积极参与社会事务，为社会做出实际贡献。公益精神也是社会责任感的一部分，强调学生关心社会弱势群体，参与公益活动，推动社会的公正和可持续发展。在学校层面，社会责任感包括对公共财物、环境卫生、花草树木等方面的爱护。最后，社会责任感要求学生具备推动社会变革的愿望和能力，通过创新、领导力和合作等方式，为社会的长期发展贡献力量。社会责任感的培养有助于学生在日常生活和职业中更好地履行社会成员的角色，促进社会的可持续发展。这一素养不仅强调学生对社会问题的认知和关注，还注重实际行动。通过积极参与和推动社会变革，为建设更加公正、平等和可持续发展的社会贡献力量。

（十）文化意识与全球视野

文化意识与全球视野是核心素养的一个重要分类，着眼于培养学生对多元文化的认知、尊重和理解，以及在全球范围内拥有开放、宽广的视野。这一分类包括多个关键方面：首先，文化多样性强调学生需要培养对不同文化之间差异的敏感性，理解并尊重不同文化的习惯、价值观和传统，这包括对种族、宗教、语言等方面的多元性的认知，以拓展学生的文化视野，发展学生的跨文化交际意识和能力。其次，跨文化沟通是文化意识的重要组成部分，强调在跨文化环境中进行有效沟通的能力，这包括适应不同的沟通风格、避免文化误解，并能够在多元文化团队中协调合作。最后，国际文化交流是文化意识与全球视野的一部分，鼓励学生积极参与国际文化研学交流活动，促进不同国家和地区之间的相互理解，加深国际友谊。文化意识与全球视野的培养有助于学生开阔国际文化视野，掌握跨文化交际的技巧，应对跨文化挑战。在学习其他民族、其他国家优秀文化的基础上，更好地继承和发扬中华民族的优秀文化，更好地推动全球社会的共同发展。

第三节　核心素养的培养意义

一、综合能力提升

（一）批判性思维能力

批判性思维能力是当代学生必备的核心能力之一，它涉及独立思考、分析、评估、判断和反思等多个方面。在信息爆炸的时代，培养学生具备批判性思维能力，能够帮助他们筛选信息、识别真伪、做出明智决策，更好地应对未来的挑战。独立思考是批判性思维的基础。教师应鼓励学生摆脱固有观念，勇于表达自己的观点，并学会从不同角度看待问题。通过提问、讨论和辩论等方式，引导学生主动思考，培养他们的独立思考能力。教师还需要为学生提供多元的观点和信息，这包括介绍不同的理论、观点和文化背景，让学生接触到更广泛的知识领域。通过比较和分析不同观点，学生能够更全面地理解问题，提高批判性思维水平。分析技巧是批判性思维的重要组成部分。教师可以教授学生如何分析问题、识别论点、评估证据和推理过程等，通过教授这些技巧，帮助学生提高分析和解决问题的能力，从而更好地应对复杂情境。质疑精神是批判性思维的关键。教师应鼓励学生勇于质疑，不仅对他人观点提出疑问，也要对自己的观念和想法进行审视。通过培养质疑精神，学生能够更加客观地看待问题，形成独立思考和判断的能力。逻辑训练是培养学生批判性思维能力的重要手段。教师可以通过教授逻辑知识、进行逻辑推理练习等方式，帮助学生提高逻辑思维能力。同时，也要引导学生关注论证的合理性、一致性和严密性，培养他们的逻辑思维习惯。批判性思维能力的培养需要与实践相结合。开放讨论是培养学生批判性思维能力的有效途径。

教师应鼓励学生参与课堂讨论、小组讨论等活动，让他们能够自由表达自己的观点，听取他人的不同意见。在开放讨论中，学生能够学会尊重他人、理性表达、倾听和反驳等技巧，提高他们的批判性思维能力和沟通技巧。反思是培养批判性思维能力的重要环节。教师应引导学生对自己的观点和行为进行反思，分析其中的合理性和不足。通过反思，学生能够发现自己的盲点和局限，不断调整和完善自己的思维方式和行为方式。核心素养的培养对于学生批判性思维能力的提升，具有深远的意义。

（二）创新能力

创新能力是在智力发展的基础上形成的一种综合能力，它是核心素养的重要组成部分。好奇心是创新的源泉，激发学生的好奇心与探索欲是培养创新意识的基础。教师可以通过设计趣味性的教学内容、组织实验和观察活动等方式，引导学生主动发现问题、提出问题，并尝试解决问题。提供多样化的学习资源，有助于拓宽学生的知识视野，激发他们的创新思维。学校可以建立图书馆、科学实验室、计算机室等各类学习资源，鼓励学生利用这些资源进行自主学习和探究。自主学习和思考是培养创新能力的关键。教师应鼓励学生独立思考，培养他们自主学习的能力。在教学过程中，教师应适当放手，让学生自行设计实验、总结知识，以便激发他们的创新潜能。实践操作是创新的必要手段。通过动手体验，学生可以更加深入地理解知识，发现新的问题，提出新的观点。因此，教师应组织丰富的实践活动，如手工制作、实验探究等，让学生在实践中锻炼创新能力。创新学习环境的创设对于培养小学生的创新意识和创新能力至关重要。学校应营造一个开放、包容、鼓励创新的氛围，允许学生自由表达观点、尝试新事物。同时，学校还可以设立创新实验室、创客空间等，为学生提供专门的创新实践场所。

批判性思维是创新能力的重要组成部分。举办创意活动竞赛是激发学生创新热情的有效途径。学校可以定期举办各类创意竞赛，如科技创新大赛、手工制作比赛等，鼓励学生积极参与，发挥他们的创新才能。同时，学校还可以邀请专业人士担任评委，为学生提供专业的指导和建议，帮助他们提高创新能力。教师在培养小学生创新意识和创新能力中发挥着举足轻重的作用。首先，教师应具备创新意识和创新能力，以自身的言行影响和激发学生。其次，教师应采用多种教学方法，如案例教学、情景教学、探究式教学等，引导学生主动参与教学过程，激发他们的创新思维。此外，教师还应关注学生的个体差异，因材施教，为每个学生提供适合他们的发展空间。核心素养的培养对于学生创新能力的全面提高、为学生在面对未来不确定性和挑战时提供了更为灵活、积极的应对策略，同时也为社会的发展和进步注入了源源不断的创新动力。

（三）问题解决能力

在当今快速发展的社会中，问题解决能力已成为学生未来成功的关键技能。对问题的准确理解，是培养学生问题解决能力的基础。教师应引导学生对问题进行深入的分析和思考，确保对问题有准确的理解。通过明确问题定义，学生能够更好地把握问题的核心，为解决问题奠定坚实的基础。分析问题结构是培养学生问题解决能力的关键步骤。教师可以教授学生使用思维导图、流程图等工具，对问题进行解构和分析，通过识别问题的各个组成部分和它们之间的关系，学生能够更好地理解问题的本质，从而找到有效的解决方案。教授思维方法对于培养学生的问题解决能力至关重要。教师可以教授学生一些常用的思维方法，如批判性思维、创造性思维、逻辑思维等，这些思维方法能够帮助学生从不同的角度看待问题，发现新的解决方案，提高解决问题的效率和质量。团队合作是培养学生问题解决能力的重要途径。教师可以组织学生进行小组讨论、团队项目等活动，鼓励他们在团队中共同解决问题。通过团队合作，学生能够学会倾听和尊重他人的观点，发挥集体的智慧，共同找到解决问题的最佳方案。实践是检验学生问题解决能力的最好方式。教师应为学生提供解决实际问题的场景和机会，让他们在实践中应用所学的知识和技能解决问题。通过实践解决问题，学生能够更好地理解问题的实际背景和要求，积累解决问题的经验，提高解决问题的能力。反思与总结是培养学生问题解决能力的重要环节。在解决问题后，教师应引导学生对解决问题的过程和结果进行反思和总结。通过反思，学生能够回顾自己的思路和方法，发现其中的优点和不足，以便在以后的问题解决中更好地改进。同时，总结成功的经验和教训也能为学生以后的问题解决提供有益的参考。教师要关注学生的思维发展和学习需求，提供有效的指导和支持，帮助学生培养出强大的问题解决能力，为他们未来的成功打下坚实的基础。

（四）沟通能力

沟通能力是人际交往的核心技能，对于学生的全面发展具有重要意义。在学习和未来的职业生涯中，良好的沟通能力有助于学生建立和谐的人际关系，提高团队协作的效率，并有效解决问题。因此，教师应当重视培养学生的沟通能力，使他们能够更好地适应社会和生活的需求。倾听是沟通的基础。教师应教导学生养成良好的倾听习惯，包括关注对方、理解对方观点、不随意打断等，通过训练和实践，使学生逐渐掌握倾听的技巧，提高沟通效果。表达是沟通的关键。教师应教授学生有效的表达技巧，如清晰明了的陈述、适当的语速和音量、使用恰当的肢体语言等。同时，鼓励学生多参与口头表达活动，如演讲、辩论等，以锻炼和提高表达能力。沟通中常常会遇到各种突发情况和挑战，如误解、冲突等，教师应指导学生如何有效应对这些情况，包括保持冷静、澄清误解、寻求共识等，通过模拟沟通和实际沟通经验的积累，使学生逐渐提高应对能力。沟通往往需要在团队中进行。教师应强调合作精神的重要性，教导学生如何在团队中与他人沟通协作，共同完成任务，通过组织团队活动和实践项目，培养学生的合作精神和团队协作能力。为了让学生在实际情境中锻炼沟通能力，教师可以创设多样化的沟通情境，如小组讨论、角色扮演、模拟会议等。这些情境可以帮助学生更好地理解和应用沟通技能，提高沟通的实际效果。核心素养的培养对于学生沟通能力的全面提升具有深远的意义，使学生更适应现代社会的复杂多变，更好地融入团队和社会。

二、适应社会变革

随着科技的迅速发展和社会的不断进步，教师所面临的社会变革日益加剧。对于学生来说，他们正处于人生观、价值观形成的关键时期，如何让他们在这个变革的时代中立足并茁壮成长，成为教育者和家长们共同关注的焦点。在信息时代，信息素养已成为衡量个人能力的重要标准，因此教师可以通过开展信息技术课程、组织网络安全教育活动，培养小学生的信息素养，让他们具备获取、分析、评价和传播信息的能力。创新思维是应对社会变革的关键。教师应鼓励学生勇于尝试、敢于创新，通过举办科技创新活动、开展创意思维训练等方式，激发他们的创新潜能。团队协作能力是现代社会中不可或缺的一项技能。教师可以通过组织小组合作项目、开展团队游戏等方式，培养学生的团队协作能力，让他们学会在团队中发挥自己的优势，与他人共同完成任务。自我管理对于个人的成长和发展具有重要意义。教师应引导学生学会规划自己的时间、管理自己的情绪和行为，培养他们的自我管理能力，以应对生活中的各种挑战。了解社会动态是适应社会变革的基础。教师可以引导学生关注新闻、关注社会发展，培养他们的社会责任感和使命感。在全球化背景下，尊重多元文化已成为一项重要的素养。教师应教导学生尊重不同文化、理解和接纳差异，培养他们的跨文化交流能力。掌握基本技能是适应社会变革的关键。这包括语文、数学、科学等基础学科的学习，以及生活技能的培养。人文素养对于个人的全面发展和社会进步至关重要。教师应通过文学、艺术、历史等人文学科的教学，培养学生的人文素养，让他们具备独立思考、关注人性、追求真理的能力。核心素养的培养为学生提供了在社会变革中更好地适应社会和全面成长的能力和素质。

三、团队协作

在当今社会，团队协作能力的培养已经成为学生核心素养的重要组成部分。团队协作不仅是一种技能，更是一种态度和精神。对于学生来说，培养团队协作能力，不仅有助于他们在学校中的学习和发展，更能够为他们未来的职业生涯打下坚实的基础。团队协作能力首先体现在合作与交流上。在团队中，每个成员都需要具备良好的合作意识和交流技巧，通过团队协作的训练，学生可以学会如何与他人有效沟通、协商和合作，从而提升自己的合作与交流能力。在团队中，每个成员都是集体的一部分，都需要为团队的共同目标而努力。团队协作能力的培养有助于增强学生的集体意识，让他们更加明白个人的努力与团队的成就是密不可分的。同时，学生也会在团队协作中学会承担责任，培养自己的责任感。在团队中，领导与协调能力是非常重要的。通过团队协作的训练，学生可以学会如何引导团队、协调成员之间的关系，以及处理团队内部的各种矛盾和问题，这些能力不仅对学生在学校中的学习和生活有帮助，更能够为他们未来的职业生涯提供有力的支持。团队协作过程中，难免会遇到各种问题和挑战。学生需要学会在团队中共同分析问题、寻找解决方案，并在解决问题的过程中不断创新，这种经历能够锻炼学生的问题解决能力和创新能力，为他们未来的学习和工作做好准备。团队协作也是一个知识共享和资源整合的过程。在团队中，每个成员都有自己的知识和经验，通过团队协作，这些知识和经验可以得到充分的交流和整合，从而促进团队的整体发展。这种经历可以帮助学生更好地理解和应用知识，提高他们的学习效率。团队协作需要成员之间的相互信任和支持。通过共同完成任务和解决问题，团队成员之间可以建立起深厚的信任关系，形成良好的团队氛围，这种经历可以帮助学生更好地理解和尊重他人，培养他们的人际交往能力。在团队中，学生需要适应不同的角色和任务，灵活应对各种变化和挑战。这种经历可以锻炼学生的适应性和灵活性，让他们更加从容地面对未来的挑战和机遇。团队协作不仅是为了完成任务和目标，更是为了对社会做出贡献。通过参与团队活动和实践项目，学生可以更加深入地了解社会问题和需求，培养自己的社会责任感和使命感。这种经历可以帮助学生更好地理解和关注社会问题，为他们未来的社会参与和贡献打下坚实的基础。核心素养的培养为学生提供了在团队协作中更好地发挥作用的综合素质，从而提高了整体团队的绩效水平。

四、全球视野

随着全球化进程的加速，具备全球视野的学生能够更好地适应这个多元化的世界，他们能够理解不同文化、国家和地区的价值观，从而在跨国交流、合作中表现出色。全球视野的培养有助于学生跳出本国、本民族的局限，以更广阔的视角看待问题，这种视角不仅限于地理空间，还包括对国际事务、全球问题的深入了解和关注。在全球化背景下，企业和组织的竞争已经超越了单一的国家范围，具备全球视野的学生往往更容易融入国际环境，与来自不同国家和文化背景的人进行合作，这种能力对于他们未来的职业发展至关重要。全球视野的培养使学生能够客观、理性地看待不同文化，成为不同文明之间的桥梁和纽带。这种视角不仅有助于文化的传播，还能够促进不同文化之间的交流互鉴，推动全球文化的共同进步。具备全球视野的学生更容易形成通识教育的观念，从更多的角度更全面地看待与分析问题，他们更有可能成为具有独立思考力与判断力的"世界公民"，具备更强烈的社会责任感和使命感。全球视野并不意味着忽视或削弱本国的文化和价值观，相反，通过对世界的深入了解，学生可以更加清晰地认识到自己国家的文化和价值观的独特性和价值，从而更加珍视和弘扬自己的爱国情怀与民族精神。学生核心素养中全球视野的培养不仅有助于他们适应全球化趋势，提高国际竞争力，还能够促进文化交流与互鉴，培养"世界公民"意识，并弘扬爱国情怀与民族精神。这种培养对于学生的全面发展、未来的职业发展和社会的共同进步都具有重要意义。

五、社会责任感

核心素养的培养对于社会责任感的具体意义主要表现在多个方面。首先，核心素养鼓励学生对社会问题保持关注，使其更了解社会的各个方面，包括社会不平等、环境问题、教育等多个层面。这有助于学生认识到社会存在的问题，激发社会责任感的产生。其次，核心素养培养学生积极参与社会事务，包括社区服务、志愿活动等。这种参与能够促使学生亲身体验社会问题，从而深化对社会责任的理解，培养责任感。在道德决策能力方面，社会责任感涉及学生在道德层面的决策和行为。核心素养的培养注重培养道德判断力和决策力，使学生能够在各种情境中做出符合社会伦理的选择。此外，核心素养的培养强调可持续发展的概念，使学生更关注社会、经济和环境的平衡，有助于培养学生在行动中考虑未来的需求，促进社会的可持续发展。具备社会责任感的学生更倾向于积极参与社会改革，并为解决社会问题做出实际行动。核心素养的培养激发了学生对社会问题的关切，推动他们更有动力地参与社会变革。在团队协作与社会互动方面，核心素养的培养注重团队协作和社会互动的能力，使学生更容易融入社会，与他人共同合作，共同解决社会问题。最终，具备社会责任感的学生通常更具有全球公民意识，关注全球性问题，并在行动中考虑全球社会的整体利益。综合而言，核心素养的培养为社会责任感的形成提供了坚实的基础，使学生更具有社会参与的积极性和担当精神，为构建更加和谐、公正和可持续的社会做出贡献。

六、可持续发展

在 21 世纪的今天，可持续发展已经成为全球共同关注的核心议题，对于学生核心素养的培养来说，可持续发展能力的培养具有深远的意义。这种培养不仅关系到学生个人的全面发展，更是对未来社会和环境负责的表现。可持续发展培养的首要任务是培养学生的环保意识。通过教育和实践，使学生认识到环境保护的重要性，明确个人行为对环境的影响，并自觉采取环保措施，从小事做起，为保护地球环境做出贡献。可持续发展教育让学生意识到他们作为社会成员的责任。学生应该明白他们的行为不仅影响自己，还影响家人、社区、国家乃至全球。通过这种教育，学生将更加积极地参与社会事务，为社会的可持续发展贡献自己的力量。可持续发展培养涉及多个领域，包括环境保护、社会公正、经济发展等。这种跨学科的培养模式有助于学生全面了解世界，促进个人全面发展。学生不仅能够学到书本知识，还能培养批判性思维、解决问题的能力和创新精神。可持续发展教育鼓励学生将不同学科的知识融合在一起，解决实际问题。这种跨学科的学习方式不仅提高了学生的知识综合运用能力，还培养了他们的创新思维和解决问题的能力。在可持续发展的背景下，全球视野变得尤为重要。学生需要了解世界各地的文化和环境问题，学会从全球角度思考问题，这种全球视野的增强有助于学生在未来的国际交流中更好地发挥作用，推动全球可持续发展。可持续发展教育鼓励学生探索新的方法和策略来解决问题。在这个过程中，学生的创新能力得到了锻炼和提升，他们不再满足于传统的解决方案，而是敢于挑战和创新，为可持续发展贡献新的思想和方案。可持续发展培养不仅注重理论学习，更强调实践操作。学生需要参与实地考察、社区服务、环保项目等实践活动，将所学知识应用于实际中，这种实践能力的培养使学生更加关注现实问题，并学会将理论与实践相结合。可持续发展教育使学生认识到学习是一个终身的过程。随着环境和社会问题的不断变化，学生需要不断更新自己的知识和技能，以应对新的挑战，这种终身学习的意识将伴随学生一生，使他们在未来的职业和生活中不断追求进步和成长。这种培养不仅对学生个人的成长至关重要，也对未来社会的可持续发展具有深远影响。

第二章 核心素养与单元作业设计的关联

第一节 核心素养与学科知识融合

核心素养与学科知识融合是教育领域中的一个重要概念，强调培养学生全面发展的能力，既包括学科知识的掌握，也包括一系列跨学科的核心素养。这种综合性的教育理念旨在培养学生更好地适应未来社会和职业的需求。以下是一些核心素养和学科知识融合的关键方面：

一、创造性思维与解决问题能力

（一）创造性思维

核心素养和学科知识融合的关键内容包括创造性思维与解决问题能力。在培养学生综合素养的过程中，创造性思维是一个重要的方面，这包括激发学生的想象力与创新，培养其灵活思考的能力，使其能够从不同角度思考问题。同时，解决问题能力也至关重要。这要求学生具备系统性思考的能力，全面考虑问题的各个方面，同时提升批判性思维水平，使其能够评估和分析不同观点，并做出明智的决策。实践应用是锻炼解决问题能力的有效途径，通过将知识应用于实际情境，学生能够提高解决问题的实际能力。跨学科整合也是融合核心素养和学科知识的关键策略。这包括引导学生在解决问题的过程中整合来自多个学科的知识，形成更全面的理解。项目化学习是实现这一目标的有效手段。通过实际项目，学生能够应用学科知识，并在团队合作中培养协同工作、分享想法和解决问题的能力。评价和反馈也是关键的一环，采用多元化的评价方式，包括对学科知识和创造性思维、问题解决能力的评估，以及及时的反馈，有助于学生认识到其优势和改进点。最后，教育技术的运用是促进核心素养和学科知识融合的重要因素。数字化工具和在线资源可以提供更灵活、创新和个性化的学习环境，支持学生培养创造性思维，并更好地应用学科知识于实际问题的解决中。通过综合考虑这些关键内容，教师可以更好地培养学生在未来社会中应对复杂挑战的能力。

（二）解决问题能力

核心素养和学科知识融合的关键内容主要包括解决问题能力。在这方面，学生需要培养系统性思考的能力，从整体角度理解问题的各个组成部分之间的关系，并学会将它们有机地整合在一起。同时，具备批判性思维是解决问题的关键，它使学生能够评估不同观点、分析信息，并做出明智的决策。实践问题解决是锻炼解决问题能力的实质性途径，通过将学到的知识应用于实际问题，学生能够提升解决问题的实际能力。创新性思维也是关键之一，鼓励学生在解决问题的过程中展现创造性思维，提出新颖的观点和解决方案，以促进创新。跨学科整合是为了应对实际问题的解决，学生需要能够综合运用不同学科的知识。此外，团队合作是解决复杂问题不可或缺的能力，培养学生良好的团队协作能力，使其能够有效地与他人协同工作，共同应对挑战。最后，适应变化的能力也是解决问题过程中的重要素养，因为问题的性质可能随时发生变化。通过将这些方面融入教学实践，教师可以更好地培养学生在复杂环境下解决问题的能力，使其更好地适应未来的社会和工作要求。

（三）融合核心素养和学科知识的方法

融合核心素养和学科知识的方法是实现全面发展目标的关键策略。首先，项目式学习是一种有效的方法，通过实际项目让学生在跨学科的环境中应用学科知识，培养解决实际问题的能力。其次，探究式学习强调自主学习和发现过程，激发学生主动思考、提问和解决问题的动力。跨学科整合是另一关键方法，设计能够整合不同学科的教学活动，使学生能够在解决问题的过程中综合运用各类学科知识，促进跨学科思维。实践导向的教学也是一项重要策略，将学科知识与实际问题相结合，使学生能够将理论知识应用到实际情境中，提升解决问题的实际能力。通过案例分析，学生能够理解学科知识在实际情境中的应用，并培养分析问题和制订解决方案的能力。多元评价方法是全面了解学生学科知识水平和核心素养的手段，包括项目评估、综合考核、实际应用案例分析等。创新教育技术的应用，如虚拟实境、在线模拟等，有助于增强学科知识的体验性和趣味性，激发学生的学习兴趣。问题驱动式教学以问题为导向，让学生在解决实际问题的过程中深入学习学科知识，培养解决问题的能力。最后，合作学习通过小组合作的方式促进学生互相学习、交流思想，培养团队协作和解决问题的技能。这些方法共同构成了一个全面的融合策略，有助于培养学生在未来社会中具备创造性思维和解决问题的能力。

（四）教育环境和教育方法

融合核心素养和学科知识的关键内容涉及创设有利于学习和发展的教育环境，以及采用有效的教育方法，以全面培养学生的能力。首先，创设开放的教育环境至关重要，应提供一个鼓励学生表达和尝试的开放性学习场所，以促使他们展现创造性思维和解决问题的能力。其次，采用多元化的教学方法是必要的，包括项目式学习、探究式学习和合作学习等，以满足不同学生的学习风格和需求。数字化技术的整合也是关键之一，通过利用在线教学平台、虚拟实境和模拟软件等教育技术，可以增强学科知识的呈现方式，激发学生的学习兴趣和积极参与。此外，强调实践导向的学习有助于将学科知识与实际问题相结合，培养学生解决问题的实际能力。个性化学习路径的提供可以满足学生不同的学科知识水平和核心素养的发展需求，使其能够更好地迎接挑战。培养创新意识是教育环境和方法中的一个重要方面，引导学生主动探索新领域、尝试新方法，从而促进创造性思维的发展。创新的评价体系，包括项目评估、综合考核和实际应用案例分析等，有助于全面评价学生的学科知识和核心素养。同时，鼓励自主学习是培养学生解决问题的主动性和自律性的关键因素。最后，跨学科整合是在解决实际问题中综合运用学科知识的重要手段，有助于培养学生跨学科思维的能力。通过以上方法和策略，教师可以更好地实现核心素养和学科知识的融合，为学生提供全面发展的机会，使其具备创造性思维和解决问题的综合素养。

二、批判性思维与批判性判断

（一）培养分析技能

培养学生的批判性思维与批判性判断能力是融合核心素养和学科知识的重要内容，具体包括以下分析技能的培养。首先，问题识别与定义是关键的技能，学生需要能够识别并清晰地定义问题。通过提供具体案例、实际情境或开放性的问题，教育引导学生学会正确识别并准确定义问题。其次，信息收集与评估是批判性思维的基础。学生需要从多个来源收集信息，并能够评估信息的可信度、权威性和适用性，这可以通过要求学生查找各种信息源、分辨信息的来源质量以及进行交叉验证等方式来实现。逻辑推理与分析也是关键的技能，学生需要进行逻辑推理，使其能够清晰地提出假设、理解因果关系，并进行系统性的分析。透过逻辑思考训练和让学生构建论证链条的实践，可以加强这方面的能力。问题的综合思考是另一个重要方面，学生需要能够从多个角度思考问题，形成全面、综合的观点。通过引导学生从不同的角度分析问题，促使其形成更全面的理解。此外，鼓励学生质疑和挑战已有观点，培养批判性思维的勇气也是不可忽视的。通过组织讨论、辩论等活动，可以引导学生提出对现有观点的质疑和反思。有效论证是培养学生批判性思维与批判性判断的重要手段，学生需要学会提出清晰的论点、支持观点的理由，并对其他观点进行合理的反驳。通过撰写论文、参与辩论等方式，可以加强这一方面的技能。最后，项目实践与案例分析是将批判性思维和判断能力应用于实际情境的有效途径。通过参与实际项目和案例分析，学生能够将这些技能运用到解决实际问题的过程中，从而加深对知识的理解和应用。总体而言，通过有计划地将这些技能融入教学中，教师可以更好地培养学生的批判性思维与批判性判断技能，使其在解决问题和面对复杂挑战时能够更有信心。

（二）提高评估能力

提高评估能力是培养学生批判性思维与批判性判断的关键方面。具体而言，有以下具体措施：首先，信息来源评估是其中的一个关键点。教师可以引导学生学会对不同信息来源进行评估，包括识别可靠的学术来源、专业期刊和可信赖的网站。通过实际案例和练习，学生可以培养辨别信息的权威性和可信度的能力。其次，信息可信性分析也是重要的方面。教师可以通过案例研究或实际问题，培养学生分析信息可信性的能力。这包括检查信息提供者的资质、研究方法的科学性以及信息发布的背景和目的。适用性判断是另一个需要培养的技能。通过案例分析和实际问题，可以帮助学生思考信息的适用范围，以及在不同情境下信息是否仍然有效。数据分析能力也是评估能力中的一项关键内容，学生需要理解、解释和运用数据进行批判性判断。通过实际案例和实践项目，可以培养学生在评估数据时的全面能力。多元化观点分析是另一个重要方面，培养学生理解和评估不同观点的能力，可以通过课堂辩论、小组讨论等方式促使学生从多个角度思考问题。逻辑结构识别也是提高评估能力的关键步骤，通过案例分析和实践活动，学生可以学会辨别论证的结构、论点和论据之间的关系。最后，实践项目参与是将评估能力应用于实际情境的有效途径，通过参与实际项目，学生能够将所学的批判性思维与判断技能应用于解决实际问题的过程中。通过这些具体措施，教师可以更有针对性地提高学生的评估能力，使他们能够更有效地运用批判性思维与批判性判断来分析和评估各种信息和观点，这样的培养将有助于学生在解决问题和做出决策时更为理性和全面。

（三）促进逻辑思考

促进逻辑思考是培养学生批判性思维与批判性判断的关键内容。为实现这一目标，可以采取以下具体措施：首先，进行逻辑思考训练。通过设计专门的逻辑思考训练活动，例如解决逻辑题、推理题以及参与辩论等，帮助学生建立清晰、连贯的逻辑思考能力。其次，引导学生进行案例分析，通过分析实际案例，学生可以理清案件事实、判断过程和结论，从而培养逻辑推理的能力。同时，着重学习论证结构，指导学生学习构建不同论证结构的方法，包括论点、论据、结论等要素。通过分析和撰写论文，学生可以更好地理解和应用逻辑结构。另外，教师可以帮助学生识别和理解常见的逻辑谬误，培养他们在观点表达和评估中发现问题的能力。通过实例讲解和练习，加深学生对逻辑谬误的认识。在实际问题解析方面，引导学生将逻辑思考应用于解决实际问题，包括制订计划、分析解决方案等，以提高实际问题应对的逻辑性。组织小组辩论活动是培养逻辑思考的有效手段，通过辩论，学生能够锻炼逻辑思考、反驳和论证的能力。使用思维导图工具也是促进逻辑思考的途径之一，学生可以通过构建思维导图将复杂问题的各个方面清晰地呈现出来，帮助他们更系统地进行逻辑思考。引导学生进行反事实推理，即设想情境的相反情况，以检验和加强自己的观点，这有助于培养学生全面考虑问题的习惯。最后，将逻辑思考融入项目式学习中，让学生在解决实际问题的过程中不断运用逻辑思考能力。通过这些具体措施，教师可以有针对性地促进学生的逻辑思考，使其在批判性思维和判断过程中能够更清晰、更有条理地分析问题、形成观点和做出决策，这样的培养将为学生全面发展提供重要支持。

（四）鼓励质疑和挑战

鼓励质疑和挑战是培养学生批判性思维与批判性判断的关键内容。为实现这一目标，可以采取以下具体措施：首先，创设一个开放、包容的学习环境，鼓励学生在课堂上提出问题、发表不同意见，并与同学共同讨论，这有助于培养学生主动思考和表达观点的能力。其次，通过引导学生分析反面案例，即与当前观点相悖的例子，促使他们更深入地理解问题，培养对多元观点的理解和接纳。在实践性项目方面，设计要求学生提出疑问、挑战现有观点，并尝试寻找创新解决方案的项目，激发学生主动思考和质疑的意愿。角色扮演和辩论活动也是有力的手段，通过这些活动，学生可以从不同的角度出发，挑战和辩论各种观点，培养多角度思考的能力。此外，设计具有挑战性的任务，要求学生解决实际问题或参与复杂项目，促使他们在面对困难时产生质疑、寻找创新解决方案的动力。跨学科整合也是一项鼓励质疑和挑战的具体措施，通过鼓励学生在多个学科领域中寻找关联，促使他们能够从不同学科的角度出发，挑战学科之间的界限。提供导师式的辅导，鼓励学生与教师建立积极的讨论关系，促使学生能够更自由地表达自己的看法，并对教师的观点提出质疑。最后，对学生的表现进行及时、建设性的评价和反馈，鼓励他们提出问题并改进自己的观点，这有助于建立学生对于批判性思维的积极态度。通过这一系列的具体措施，教师可以建立起一个积极鼓励质疑和挑战的学习氛围，培养学生积极参与批判性思维与判断的能力，使他们更具独立思考和解决问题的能力。这样的培养将有助于学生更好地应对复杂的挑战，形成更为全面的素养。

（五）批判性反思

批判性反思是培养学生批判性思维与批判性判断的关键内容。在实施中，可以采取以下具体措施：首先，要求学生定期记录学习日志或撰写反思论文。通过这种方式，学生能够对所学知识、经历和观点进行深入的批判性反思，从而加深对学习过程和思考方式的理解。其次，鼓励学生将理论知识与实际案例以及个人经验结合起来。通过案例分析，学生能够在实际问题中反思自己的思考方式和决策过程，促进理论与实践的有机结合。小组讨论与同伴评价也是促使学生进行批判性反思的有效途径。通过与同伴分享观点、听取不同意见，并接受同伴的评价，学生能够在集体智慧中反思自己的观点，培养协作和批判性思考能力。在项目式学习中，鼓励学生对自己的工作进行批判性评估，并提出改进方案，这有助于培养学生解决实际问题时的反思和自我调整能力。此外，引导学生挑战既有观点、又对现有知识和理论提出质疑。通过这一过程，学生能够培养对知识的深刻理解和批判性思考的能力。在实践项目中，学生可能会犯错误，鼓励学生从错误中学习，进行深入的批判性反思，明确错误原因，并提出改进措施。提供导师式的指导和个别辅导，让学生能够与教师深入讨论，接受专业意见，并在学业发展中进行批判性反思。最后，引导学生思考伦理问题，挑战道德观念，对不同伦理立场进行批判性分析，这有助于培养学生对伦理问题的敏感性和深度思考能力。通过这一系列的具体措施，教师可以引导学生在学习和实践中进行批判性反思，使他们不仅能够深入理解学科知识，还能够审视自己的思维过程、价值观念，并不断改进和提高，这样的培养将有助于学生在面对复杂问题和未知挑战时更具有应变和创新的能力。

（六）跨学科思考

跨学科思考是培养学生批判性思维与批判性判断的关键内容。为实现这一目标，可以采取以下具体措施：首先，设计整合不同学科的跨学科课程，使学生能够在解决问题和探索主题时综合运用多学科知识，这有助于培养学生将各学科的观点融合在一起的能力。其次，推动项目式学习，引导学生参与跨学科的项目，要求他们整合不同学科的知识和技能来解决实际问题。通过项目式学习，学生能够培养将学科知识应用于实际情境的能力。在小组合作中鼓励学生组建跨学科团队，使来自不同学科背景的学生能够共同协作、交流和学习，这有助于打破学科之间的界限，促进全面的思考。设计专题研究项目，要求学生从不同学科的角度深入研究某一主题。通过这种方式，学生可以体验到跨学科研究的复杂性和丰富性。提供跨学科导师指导，让学生能够在学科专业之外寻求跨领域的建议和启示，这有助于培养学生在解决问题时跳出单一学科的思维模式。组织跨学科的论坛和讲座，邀请不同学科领域的专家分享观点和研究成果，学生参与其中可以拓展他们的学科视野，促使他们跨足不同领域。设计学科交叉点，将不同学科的知识有机地融合在一起，这可以通过设置跨学科的核心课程或学科交叉的实践活动来实现。在对学生项目的评估中，强调综合考量和综合能力的培养，鼓励学生在解决问题时综合运用多学科的知识。通过这一系列的具体措施，教师可以引导学生培养跨学科思考的能力，使他们能够更全面地理解和解决问题。跨学科思考的培养将为学生在未来面对复杂的挑战时提供更为灵活的思维框架。

三、沟通与合作技能

（一）团队项目学习

团队项目学习是培养核心素养和学科知识融合中沟通与合作技能的具体实践方式。首先，明确项目目标是为了确保团队成员在开始时清晰了解项目的目标和任务，从而更好地协同工作。其次，建立多元化的沟通渠道，包括面对面会议、在线讨论平台和即时消息，以确保信息流畅传递，减少误解。在团队中明确定义每个成员的角色和责任，是有效沟通和合作的关键，这有助于确保每个人都参与到项目中，并负责团队的特定方面，提高团队效率和合作效果。制订清晰的进度计划也很重要，包括阶段性目标和任务分工，通过定期的进度更新，团队成员可以更好地了解项目的整体进展。定期召开团队会议是促进成员之间交流与合作的重要手段，会议应当有效率，有助于团队成员分享进展、提出问题和共同解决困难。此外，鼓励开放式的讨论氛围，让团队成员能够提出自己的想法和观点，有助于促进创新和更全面的问题解决。在团队中可能存在不同的学科背景和经验，因此要鼓励接纳多样性，尊重同伴不同的观点，以促进各种知识和技能的融合。同时，设立解决冲突的机制，培养解决冲突的成熟态度，确保团队能够有效应对意见分歧。提供及时而建设性的反馈，帮助团队成员了解自己的优势和改进空间，有助于促进学习和进步。最后，在项目结束时进行总结与反思是团队项目学习的重要环节。通过共同回顾项目的经验，团队成员可以从中汲取教训，为未来的团队合作积累经验。通过这一系列的实践，学生不仅能够提高沟通与合作技能，还能够将学科知识与实际应用相结合，实现核心素养和学科知识的有机融合。

（二）跨学科合作

跨学科合作是核心素养和学科知识融合中重要的实践方式，特别强调沟通与合作技能的发展。在跨学科合作中，首要任务是确立共同目标，让所有参与者明确团队的愿景和目标，这能够为团队成员提供清晰的方向和动力。为促进学科知识的整合，团队成员需了解和尊重不同学科的专业术语、概念和方法。此外，跨学科学习小组的建立十分关键，它可以提供不同学科间的多样性和专业性，从而推动深入的跨学科对话和合作。共享资源和工具也是成功跨学科合作的重要环节，团队成员之间的信息共享和技术支持能够有效地提高团队整体绩效。建立明确的沟通渠道也十分关键，保障信息的及时传递和共享，有助于团队避免因信息不畅造成的误解和冲突。鼓励开放式的讨论和交流是培养跨学科思维和创新的有效方式，这能够打破学科壁垒，让每位成员都能够贡献观点和见解。同时，团队内部需要培养领导力，鼓励成员展现领导能力，促进团队协作和协调。解决因学科差异而可能产生的问题也至关重要，包括术语理解、方法论的不同以及学科文化的碰撞。建立共同的理解和语言是成功跨学科合作的关键。最终，通过全面的项目评估机制，团队成员可以了解自己在项目中的表现，并对学科知识的运用、团队协作和沟通技能等方面进行全面评估。跨学科合作为学生提供了整合不同学科知识和技能的机会，促进了核心素养和学科知识的融合，为学生未来的学习和社会角色扮演提供了更加全面和丰富的视野。

（三）模拟实践环境

在核心素养和学科知识融合的过程中，模拟实践环境是一种具体实践方式，特别强调沟通与合作技能的培养。首先，通过设计真实情境的模拟，学生可以在接近实际工作环境的模拟场景中应用沟通与合作技能，使其在更真实的背景下培养这些关键素养。其次，模拟团队项目是一个有力的工具，通过在模拟环境中安排团队合作项目，学生可以学到如何高效沟通、合理分工以及协同工作，这种实践能够培养学生在团队协作中的沟通技能和团队合作的能力。在模拟跨学科合作方面，学生可以参与各种模拟项目，其中涉及来自不同学科背景的同学，从而促使他们适应跨学科团队的协作模式，培养解决复杂问题的能力。模拟客户交流是另一个强调沟通与合作技能的方面。通过模拟与客户的交流，学生能够学到如何倾听客户需求、理解期望并提供解决方案，这有助于培养学生与不同利益相关者合作的能力。问题解决的模拟情境可以帮助学生在团队中面对挑战并通过协作找到解决方案，强调了沟通在解决问题中的关键作用。这种模拟实践有助于培养学生解决问题和团队协作的技能。此外，模拟项目管理、模拟团队冲突解决以及模拟团队领导等方面的实践都能够在安全的环境中加强学生的沟通与合作技能。提供实时反馈和模拟项目结束时的总结与反思，有助于学生不断改进和发展相关技能。通过模拟实践环境，学生得以在模拟的实际工作场景中体验真实的挑战，从而培养并加强沟通与合作技能。这种实践有助于学生更好地将核心素养与学科知识有机地融合在实际操作中，为迎接未来职业和社会中的复杂挑战做好准备。

（四）团队反馈机制

在核心素养和学科知识融合的过程中，团队反馈机制是一种关键的实践方式，着眼于沟通与合作技能的发展。首先，明确反馈的目的和重要性至关重要，强调反馈不仅仅是对学生表现的评价，更是为了整个团队的成长和协作能力的提升。建立开放的反馈文化是推动团队合作技能的有效手段。鼓励团队成员提供开放、诚实且建设性的反馈，培养坦诚交流的氛围，从而使得反馈更有利于学习和改进。定期召开反馈会议是一种有力的实践方式，这为团队成员提供了平台，能分享彼此观察和意见，有助于及时发现潜在问题，并在团队中促进更深层次的讨论。设立明确的反馈标准是确保反馈信息清晰明了的关键，这有助于使反馈更具体和可操作，提高其指导性和可行性。注重正面反馈是一项重要策略，强调积极表现并给予正面反馈能够激发团队成员的积极性，增强团队凝聚力。个性化反馈是一种关注学生差异的方式，根据每位团队成员的特点和发展需求给予差异化的建议，有助于更精准地促进每个人的成长。反馈跟踪是确保反馈实际影响的有效手段，通过追踪成员在一段时间内的改进情况，可以更好地了解反馈的实际影响，并调整反馈策略。鼓励团队成员进行自我评价是培养自我认知的重要途径，自评与他评相结合可以更全面地了解学生表现，促进学生在团队中的持续发展。最终，持续改进是反馈机制的核心。建立持续改进的文化，使团队成员明白反馈是一个动态的过程，目的是为了团队和每个学生能够不断进步。通过团队反馈机制，团队成员可以更好地理解彼此的表现，提高沟通与合作的效果，这种实践不仅有助于学生成员的专业素养和团队协作水平的提升，也为核心素养和学科知识的融合提供了有益的支持。

（五）跨年级合作

在核心素养和学科知识融合的过程中，跨年级合作是一种具体的实践方式，旨在强调沟通与合作技能的发展。首先，可以通过设计跨年级的项目来促使不同年级的学生共同参与。这种实践有助于打破年级壁垒，激发学生更好地协作的兴趣。在项目中实施跨年级的团队分工是培养学生团队协作技能的有效手段，通过这样的方式，不同年级的学生必须相互合作完成任务，从而促进彼此之间的协同作业。设立跨年级导师制度是另一种推动沟通与合作技能发展的方法。在这种制度中，高年级的学生可以担任低年级学生的导师，促使学生在协作中相互学习，实现知识和经验的有机交流。定期组织跨年级的社交和学术活动也是促进沟通与合作技能的途径，这为学生提供了跨年级交流的机会，不仅有助于扩展社交圈，还培养了更广泛的团队协作技能。在跨年级项目中明确共同的目标和任务，有助于确保每个年级的学生都能理解并为实现这些目标而共同努力，这有助于增强团队的一致性和协同性。鼓励知识分享是推动跨年级合作的关键。学生可以跨年级分享各自的学科知识和经验，使他们在合作中更全面地理解问题，从而提高解决问题的能力。同时，提供跨年级团队培训也是一种有力的手段，帮助学生了解如何有效沟通、解决冲突，并协调跨年级的工作，这有助于提升学生沟通与合作技能。通过将不同年级的学生组成小组，共同完成学科项目或解决问题，可以促进跨年级的学习小组更好合作，更高效完成作业任务，这种构建有助于促进年级之间的交流与合作。最后，设立全方位的评价机制，评估学生在跨年级合作中的表现，包括学科知识的应用、团队协作和沟通技能等方面。通过评价，学生能够更全面地认识自己在跨年级合作中的优势和成长点。鼓励学校内部的跨年级合作文化的建立，让学生认识到年级并不是隔离的实体，而是一个大家庭，共同合作可以促进共同进步。通过跨年级合作，学生不仅能够更好地融合不同年级的学科知识和技能，还能提高沟通与合作的能力，使核心素养和学科知识更有机地融合在实际操作中。

（六）跨文化合作

在核心素养和学科知识融合的过程中，跨文化合作是一种具体的实践方式，旨在强调沟通与合作技能的发展。首先，可以通过制订项目，要求学生在涉及不同文化背景的团队中共同合作，这样的实践有助于打破文化隔阂，促使学生更好地协调与沟通。在跨文化合作之前，提供文化差异的培训是至关重要的，这样的培训有助于学生了解不同文化的价值观、沟通方式和工作风格，从而减少误解，提高团队合作效果。建立跨文化的团队是实现这种合作的关键，确保团队成员来自不同的文化背景，有助于促进文化之间的学习和相互理解。提供语言培训，确保团队成员能够有效地用共同语言进行沟通。同时，培养良好的交流技巧，包括倾听、提问和表达意见的能力，有助于促进跨文化合作。设立跨文化导师制度，由有经验的学生担任，指导其他团队成员了解和适应不同的文化，这有助于促进跨文化团队的融合。强调文化敏感性的培训是培养团队成员尊重和理解彼此的文化背景的关键，这有助于建立一个充满尊重和包容性的工作环境。在跨文化合作中，明确共同的价值观和目标至关重要，以确保团队成员在工作中能够为同一目标奋斗，这有助于增强团队的凝聚力。定期组织文化分享会，让团队成员有机会展示和分享自己的文化，促进更深层次的了解，这种活动有助于增强文化之间的交流。建立解决文化冲突的机制是推动跨文化合作的有效手段。鼓励团队成员在发现文化差异引发冲突时进行开放而相互尊重的讨论，并寻找共同解决方案。通过发起文化交流项目，学生能够通过文化交流活动更深入地了解和欣赏彼此的文化，这有助于促使团队成员更好地理解和应用不同文化背景下的核心素养和学科知识，提高沟通与合作的能力。这种跨文化合作的实践不仅为学生提供了国际化的体验，也为他们未来的国际交往和职业发展奠定了坚实的基础。

（七）口头表达训练

在核心素养和学科知识融合的过程中，口头表达训练成为一项具体而关键的实践，着眼于培养沟通与合作技能。为实现这一目标，可采取以下建议：首先，组织学生进行主题相关的演讲，要求他们结合学科知识，以清晰、有说服力的方式表达观点。通过这样的演讲训练，学生不仅提高了口头表达的专业性，还培养了逻辑思维能力。其次，推动小组讨论和展示，将学生分成小组，要求他们就学科相关主题展开深入讨论，并通过口头表达展示他们的研究成果。这种实践不仅培养了团队协作技能，也加强了学生的口头沟通能力。实验报告也是一种有效的口头表达训练方式，要求学生在完成实验后通过口头方式向班级呈现实验报告，这有助于巩固对实验知识的理解，并提高他们的表达能力。学科辩论是另一项推动口头表达技能的实践。通过组织学科辩论，学生在一定主题上进行辩论，锻炼他们在有限时间内清晰、有条理地表达自己观点的能力，培养辩证思维。通过角色扮演，学生能在模拟场景中进行口头表达，从而培养应对不同情境的表达能力，提高沟通的灵活性。定期组织作业研讨会，要求学生分享自己的研究成果，有助于提高作业交流和表达专业观点的能力。即兴演讲活动是一种锻炼学生应变能力和自信心的方式。通过在短时间内就某个主题进行即兴演讲，学生能够提高他们在未经准备情况下的口头表达水平。邀请专业人士举办讲座，并让学生参与提问和交流，有助于提高他们在专业领域中的口头表达水平，促进学科知识与实际经验的融合。要求学生以团队形式完成项目，并通过口头方式向班级汇报成果，有助于培养团队协作和集体表达的能力。建立口头表达的评估和反馈机制，帮助学生了解自己的表达水平，有针对性地改进不足之处，从而不断提升口头表达的质量。通过口头表达训练，学生能够更好地将核心素养和学科知识结合，提高在口头交流中的表达能力，这种实践不仅有助于学生的发展，也促进了整体教育环境中沟通与合作技能的培养。

（八）技术工具运用

在核心素养和学科知识融合的教育背景下，小学生可以利用多种信息技术工具加强作业沟通交流，提高沟通与合作的技能。以下是一些建议的信息技术工具：第一，在线学习平台。"钉钉"学习平台通常提供作业提交、在线讨论和协作编辑等功能。学生可以在这些平台上与老师和同学交流作业问题，共同讨论解决方案。第二，社交媒体。虽然社交媒体主要用于社交娱乐，但也可以在老师和家长的监督下，用于学生之间的学习交流和合作。例如，学生可以在微信群、QQ 群等群组中分享作业，互相评论和提供建议。第三，电子邮件和即时通信工具。这些工具可以用来发送作业文件、提出问题或回答问题，学生可以通过电子邮件或即时通信工具与老师或同学进行一对一或一对多的交流。第四，在线协作工具。这些工具允许多个用户同时编辑和共享文档，非常适合团队合作完成作业。例如，学生可以使用在线协作工具共同编写报告或制作演示文稿。第五，在线论坛和博客。这些平台可以用来发布作业成果，让其他同学浏览并提供反馈。学生也可以在论坛中讨论与作业相关的话题，加深理解和认识。但在利用这些工具时，学生需要注意以下几点：第一，保护个人隐私。在使用社交媒体和即时通信工具时，不要泄露个人信息，避免与不熟悉的人交流。第二，合理使用网络。在上网交流时，要遵守网络礼仪，尊重他人，避免发表不当言论。第三，合理安排时间。虽然信息技术工具可以提高沟通效率，但也要注意不要过度使用，以免影响学习和休息，还要注意用眼习惯，保护视力。通过合理利用这些信息技术工具，小学生可以在完成作业的过程中提高沟通与合作的技能，为未来的学习和生活打下坚实的基础。通过这些技术工具的运用，学生能够更好地整合核心素养和学科知识，提高沟通与合作的技能，这种实践不仅有助于学生在数字化环境中更有效地合作，也培养了他们在科技发展的时代中适应变化和创新的能力。

四、信息素养

（一）信息检索和评估

在核心素养和学科知识融合的过程中，信息素养的一个关键方面是信息检索和评估，这涉及学生在获取和评价信息方面的能力，以更有效地整合学科知识。具体而言，以下是信息检索和评估在这一融合过程中的具体内容：首先，学生需要掌握使用各种信息检索工具的技能，包括图书馆数据库、在线目录和搜索引擎等。他们应具备构建有效搜索查询的能力，以获取与学科知识相关的高质量信息。其次，培养学生制订有效搜索战略的能力，包括选择适当的关键词、善用搜索引擎的高级功能以及过滤搜索结果等，这有助于提高信息检索的效率和准确性。此外，学生应具备对信息来源进行评估的能力，包括辨认学术期刊、权威网站和专业数据库等可信的信息源。对信息的出处、作者背景和发布日期等进行全面评估，以提高信息的可信度。强调学生进行文献综述的技能也是重要的，即对学科领域内相关研究文献进行系统性的检索、整理和评估，这有助于建立对学科知识的全面理解。此外，培养学生分辨信息有效性的能力，包括辨认信息的时效性、准确性和适用性，这有助于避免使用过时或不准确的信息，提高学科知识的质量。鼓励学生能够整合来自多个信息源的信息，形成综合性的观点，这有助于学生更全面地掌握学科知识，并能够在解决问题时提供更全面的解决方案。最后，培养学生在获取搜索结果后进行批判性思考的能力，包括分辨广告信息、了解搜索引擎排名原理，以及对搜索结果进行权衡和判断。通过强调这些信息检索和评估的具体内容，学生能够更有效地整合学科知识，提高信息素养水平，为学术研究和实际问题的解决提供更坚实的基础。这种能力不仅有助于他们在学术领域中取得更好的成绩，也为未来的职业发展奠定了基础。

（二）学科知识整合

在核心素养和学科知识融合的过程中，信息素养的一个关键方面是学科知识整合。这强调学生能够有效地整合各种信息来源，将其应用于学科知识的理解和解决问题的过程中。具体而言，以下是信息素养在学科知识整合方面的具体内容：学生应具备跨学科融合的能力，能够在不同学科领域之间整合信息，这包括将相关的信息从一个学科领域转化为另一个学科，并在解决问题或研究项目中综合运用多个学科的知识。他们需要整合来自不同信息源的信息，包括书籍、期刊、互联网资源等。通过综合利用多源信息，可以形成更全面、深入的学科知识理解。学生应能够将获取的信息应用于实际问题解决和实践活动中，这包括将学科知识与实际案例相结合，提高解决实际问题的能力。在团队项目中，学生应具备整合各自领域知识的能力。通过团队合作，能够将各成员的专业知识整合，提高团队解决问题的效率和质量。学生需要在问题驱动下，通过提出真实世界的问题，激发其主动整合学科知识，追求解决问题的创新方法。提倡开设学科交叉的课程，使学生在不同学科领域之间建立联系，这有助于培养学科知识整合的能力，拓宽学生的综合素养。强调将学科知识与实际实践经验整合。通过实习、实地考察等方式，将理论知识与实际经验相结合，提高学科知识在实际工作中的应用能力。学生应当能够使用信息可视化工具，将复杂的学科知识以图形、图表等形式呈现，提高信息传达和理解的效果。鼓励学生参与学科导向的研究项目，通过深入的研究和实践，整合各种学科知识，提高问题解决的深度和广度。通过培养学生在学科知识整合方面的能力，信息素养在核心素养和学科知识融合中发挥关键作用，这使得学生更能够将所学知识应用于实际情境，提高解决复杂问题的能力。

（三）批判性思维

在核心素养和学科知识融合的过程中，信息素养的一个关键方面是批判性思维。批判性思维强调学生能够独立、深入地分析和评估信息，提高对学科知识的理解和应用。以下是信息素养在批判性思维方面的具体内容：学生应具备评估信息可信度、准确性和适用性的能力。通过批判性思考，能够辨认信息中的偏见、误导性内容，并判断信息是否符合学科标准，培养学生能够多角度看待问题和信息的能力。通过对不同观点和解释的分析，学生能够形成更全面、综合的学科知识认识。强调学生能够进行有效的论证和推理，以支持他们的观点或解释，这包括学生能够清晰地表达自己的观点，并运用逻辑思维加强其说服力。批判性思维有助于学生更有效地解决问题，学生应能够在面对学科问题时，运用批判性思考方法，分析问题的本质，并提出创新性的解决方案。批判性思维在实验设计和数据分析中起到关键作用。学生应能够审视实验设计的合理性，对实验结果进行批判性分析，并提出改进或进一步研究的建议。强调学生具备逻辑思考的能力，能够清晰地表达思想并构建逻辑严密的论证链，这对于在学科中进行有效的沟通和写作至关重要。学生应能够对自己的学习过程进行批判性反思，包括对思考方式、问题解决方法和学科知识的理解等方面的自我评估，这有助于提高学生的元认知水平。在团队项目中，学生需要运用批判性思维与团队成员合作。这包括对团队提出的观点、建议和解决方案进行批判性评估。学生在学科中应能够进行伦理思考，考虑信息的科学性、道德性和社会影响，这有助于培养学生在学科实践中负责任的态度。通过强调批判性思维的培养，信息素养不仅提高了学生对信息的敏感性和评估能力，同时也加强了他们在学科知识领域中的深层次思考和分析能力，这对于更全面地融合核心素养和学科知识至关重要。

（四）创造性信息应用

在核心素养和学科知识融合的过程中，信息素养的一个关键方面是创造性信息应用，这强调学生能够以创新的方式运用信息，促进学科知识的应用和发展。具体而言，以下是信息素养在创造性信息应用方面的具体内容：学生应具备创新性的信息搜集能力，不仅通过传统途径获取信息，还能够灵活运用新兴的信息来源和技术，从而获得更丰富、前沿的学科知识。他们需要能够整合不同来源、不同领域的信息，并以创造性的方式将其应用于学科知识的发展，这包括结合已有信息，提出新的观点、理论或解决方案。强调学生在数字环境中以创造性的方式表达学科知识，这可以包括使用多媒体、图形设计、虚拟现实等工具，创作具有创意性的学科内容。学生应能够运用设计思维的原则，将信息应用于问题解决和创新设计，这种思维方式强调以学生为中心、迭代测试的方法，提高解决问题的创造性。在学科项目中，学生应能够将信息直接应用于实际问题，通过参与实际应用项目，学生可以在真实场景中发挥创造性，提出独特的解决方案。强调学生通过虚拟实验和模拟环境，运用信息进行学科知识的创造性应用，这种方法有助于培养学生在实验和应用方面的创新能力。学生应能够在学科领域进行创新性研究，通过深入挖掘信息资源，提出独特的问题假设、研究方法和结论。他们需要关注科技的最新发展，将新兴技术应用于学科知识的创新，这包括人工智能、大数据分析等技术的运用。学生应能够将信息与创业相结合，运用学科知识创办新型企业或解决实际社会问题，这促进了信息在实践中的创造性应用。在学科学习中面对开放性问题时，学生应能够运用创造性的信息应用方法，提出独特的解决方案，促进学科知识的创新。通过强调创造性信息应用的培养，信息素养在核心素养和学科知识融合中发挥关键作用，这有助于学生更灵活地运用信息，推动学科知识的创新和发展，培养他们在面对未知挑战时的创造力。

（五）数字化工具运用

在核心素养和学科知识融合的过程中，信息素养的一个关键方面是数字化工具的运用，这强调学生在学科学习中充分利用数字化工具，促进学科知识的获取、整合和应用。以下是信息素养在数字化工具运用方面的具体内容：学生应掌握有效使用搜索引擎和数据库的技能，能够快速准确地获取所需学科信息，并筛选出可靠的资源。强调学生在数字平台上阅读学科相关的数字文献，包括学术论文、电子书籍等，他们需要掌握数字文献的阅读技巧，提高从数字文献中获取知识的能力。学生应熟练使用学科知识整合工具，如概念图谱、思维导图等，帮助他们将不同领域的知识有机地整合起来，形成更系统的认知。学生可以通过数字化实验平台和模拟软件进行实验和模拟，加深对学科知识的理解，提高实际操作的技能。他们需要运用数字化工具，如演示软件、图像处理工具等，将学科知识以多媒体形式表达和展示，提高沟通和呈现的效果。学生应善于利用在线协作平台，与同学、教师以及专家进行学科知识的分享、讨论与合作，促进团队协作和信息共享。利用数字化模拟和学科相关游戏，学生可以在虚拟环境中体验和应用学科知识，提高学科理论与实践的结合能力。针对需要处理大量数据的学科，学生应掌握大数据分析工具，能够有效地提取、分析和应用大规模数据集。在一些学科领域，学生可以通过学习编程和培养计算思维，利用计算机程序解决学科问题，提高问题建模和解决的能力。学生可以利用在线学习平台，通过各类学科相关的网络课程、视频讲座等，拓展学科知识，实现自主学习。通过强调数字化工具的运用，信息素养在核心素养和学科知识融合中起到关键的支持作用，这有助于学生更高效地获取、理解和应用学科知识，培养他们在数字时代的综合素养。

（六）合作与共享

在核心素养和学科知识融合的过程中，信息素养的一个关键方面是合作与共享。这强调学生在学科学习中通过合作与共享的方式，更好地获取、应用和扩展学科知识。以下是信息素养在合作与共享方面的具体内容：学生应具备在团队中协作的能力，共同解决学科问题，这包括有效的沟通、任务分工、协调合作等技能，以促进学科知识的集体建构。他们需要熟练使用在线协作工具，如谷歌文档、在线白板等，以便实现实时的合作和共享学科资料，提高团队效率。学生应积极参与知识共享平台，如在线论坛、社交媒体、学科社群等，分享自己的学科见解、发现和经验，促进学科知识的广泛传播。他们可以参与合作式学习项目，通过与同学、教师以及行业专业人士的合作，共同完成学科项目，拓展学科知识和实践能力。学生可以参与学科研究和实践项目，与同学、导师等进行合作，共同发现新知、解决问题，并将成果分享给同伴。学生应鼓励进行跨学科的合作，将不同学科领域的知识融合在一起，促进学科交叉创新和综合素养的发展，他们在学科学习中要具备知识共建的精神，通过与同学共同构建学科知识体系，形成更深刻的理解和更全面的学科认知。学生可以通过学科资源共享平台获取、分享学科资料、案例、实验数据等，以便更广泛地利用各种资源丰富学科学习。与学科导师的合作关系至关重要，通过与导师的紧密合作，学生可以获取更深层次的学科指导和支持。他们可以积极参与共同学习，与其他学习者交流学科心得、疑问和发现，形成良好的学科学习氛围。通过强调合作与共享，信息素养在核心素养和学科知识融合中促使学生建立开放、共享、合作的学科学习文化，使其在协作中更好地理解和应用学科知识。

（七）信息安全

在核心素养和学科知识融合的过程中，信息素养的一个关键方面是信息安全。这强调学生在学科学习中必须具备保护、管理和利用信息的能力，确保信息的安全性和可靠性。以下是信息素养在信息安全方面的具体内容：学生应具备对个人和他人数据的保护意识，了解隐私权的重要性，并在学科知识的应用中妥善处理敏感信息，防止数据泄露，他们需要了解密码学基础，包括密码算法、数字签名等，以保障信息在传输和存储过程中的安全性。强调学生在学科知识获取和交流中要注意网络安全，防范网络攻击和恶意行为，确保学科信息的完整性和可信度。学生应具备防范病毒和恶意软件的知识，安装有效的防病毒软件，保障学科信息的系统安全。他们需要在在线学习环境中保持安全，避免点击不明链接、分享个人信息，确保学科学习过程中的信息安全。学生应了解和尊重知识产权，不侵犯他人的学科知识产权，同时采取措施保护自己在学科领域的知识成果。他们需要选择安全可靠的数据存储方式，妥善备份学科资料，以应对数据丢失或损坏的情况。学生在学科知识融合中应遵循学科领域的合规性和伦理规范，不进行违法或违反伦理的信息活动。强调学生的网络身份认证安全，采用强密码、定期更新密码，避免被不法分子盗用身份进行非法操作。学生在学科合作中需使用安全的通信渠道，采用加密通信工具，确保学科信息在协作过程中不受窃听和篡改。通过强调信息安全，培养学生在信息处理和应用中的责任心和谨慎性，这有助于确保学科信息的安全性，维护学科学习和研究的可持续发展。

（八）持续学习

在核心素养和学科知识融合的过程中，信息素养的一个关键方面是持续学习。这强调学生在学科学习中不仅要获取基础知识，更要具备不断学习、更新知识的能力，以适应学科领域的快速变化。以下是信息素养在持续学习方面的具体内容：学生应培养自主学习的能力，能够主动获取、整理和应用新的学科知识。这包括有效的阅读和信息搜索技能，以及自我评估和目标制订的能力。他们要关注学科领域的最新进展和动态，通过参与作业研讨会、阅读学术期刊、关注学科专业社群等方式，保持对学科知识的实时了解。强调学生进行跨学科学习，将其他相关领域的知识融入学科学习中，提高学科知识的综合应用能力。学生应善于利用在线学习资源，参与网络课程、开放式在线课程（MOOCs）、虚拟实验室等，拓展学科知识，实现持续学习。他们可以积极参与实践研究项目，与导师、同行合作，深入学科领域，通过研究项目获取新知识。学生应参加与学科相关的专业培训和工作坊，了解最新的技术、方法和工具，不断提升自己在学科领域的专业水平，他们可以建立个人学习网络，与同学、教师、行业专家建立联系，通过交流和分享不断扩展学科知识。学生应具备对学科学习的反思能力，定期评估自己的学科知识水平，及时调整学科学习策略，以适应学科领域的发展需求。他们可以通过参与实际项目和实践活动，将学科知识应用到实际情境中，不断锤炼和提升自己的学科能力。学生应主动寻求学科导师的指导和建议，从导师的经验中汲取知识，并在导师的指导下持续学习。通过强调持续学习，信息素养在核心素养和学科知识融合中帮助学生培养终身学习的态度和习惯，以适应学科领域的不断发展和变化，这有助于学生在学科中不断进步，成为具备持续学习能力的专业人才。

五、全球视野和文化理解

（一）多元文化的学科应用

在核心素养和学科知识融合的过程中，全球视野和文化理解具体体现为多元文化的学科应用。学生需要在学科知识的融合过程中考虑到不同文化背景的观点和实践，以确保学科内容更具多元性。具体而言，这包括以下方面：首先，学生应在学科知识的整合中引入不同文化的元素，使学习内容更为丰富。通过涵盖多元文化的案例，学生能够更全面地理解学科知识在不同文化环境下的应用和发展。其次，学生需要具备在跨文化团队中协作的能力，通过与来自不同文化背景的同事合作，共同研究和解决学科问题，学生可以实现学科知识的跨文化融合。此外，学生还需灵活运用学科研究和解决问题的方法，以适应不同文化环境的需求，这涉及调整研究方法和实验设计，使其更贴近多元文化的学科应用。在学科创新方面，学生需要认识到文化因素对创新的作用，不同文化的思维方式和创新观念可能对学科发展产生深远影响，因此学生应考虑如何充分利用多元文化背景推动学科知识的创新。另外，多元文化教育也应成为学科知识融合的重要部分。通过在教学方法和学科内容的设计中重视多元文化教育，学生能够达成对不同文化背景的理解和尊重，实现多元文化的学科融合。最后，解决全球性问题时，学生需要考虑多元文化因素，制订更全面、包容不同文化观点的解决方案，这要求学生具备更高层次的全球视野，使学科知识在全球范围内得以更有效应用。通过强调多元文化的学科应用，全球视野和文化理解在核心素养和学科知识融合中使学生更好地适应多元文化的学科环境，促使学科知识更加丰富和全面。

（二）国际合作与交流

在核心素养和学科知识融合的过程中，全球视野和文化理解具体体现为国际合作与交流。这要求学生不仅仅要在学科领域掌握专业知识，还需要在全球范围内积极参与合作与交流，以促进跨文化的学科融合。以下是国际合作与交流在全球视野和文化理解中的具体内容：首先，学生应积极参与国际性的学科合作项目，这包括与来自不同国家的同行共同开展研究，通过合作推动学科知识的融合，形成全球性的研究合作网络。其次，参与国际性的学科研讨会和会议对于学生来说是非常重要的，这提供了一个与来自世界各地学者和专家交流的平台，学生可以分享学科见解，了解不同文化背景下的学科研究动态，促进全球学科知识的交流与合作。学生还需要培养在跨国学科团队中协作的能力，与来自不同文化背景的团队成员合作，共同推动学科知识的创新与发展，这不仅丰富了学科融合的视角，也提高了团队协作的效率。利用国际性的作业交流平台也是必要的，如在线平台等，以便与全球范围内的学者分享学科研究成果，促进学科知识的传播和共建。在国际性的实地考察和研究方面，学生可以深入了解不同国家和文化下的学科实践，为学科知识的融合提供更广泛的视野，这种经验有助于拓展学生的学科观念，使其能够更好地理解和应用跨文化的学科知识。学生还需培养在多语言环境中进行学科交流的能力，以促进学科知识在不同语境中的传递与理解，这有助于建立更加包容和开放的学科交流环境。参与解决全球性问题的合作研究是另一个重要方面。学生需要与国际团队共同制订解决方案，充分考虑各种文化因素对问题的影响，推动全球性问题的解决。最后，学生可以寻求国际性学科导师的指导，从国际专家的经验中汲取知识，以更好地理解和应用全球范围内的学科知识，这有助于学生形成更加全面的学科视野，提高其在国际学科环境中的竞争力。通过强调国际合作与交流，全球视野和文化理解在核心素养和学科知识融合中使学生更好地适应国际性学科环境，促进学科知识在全球范围内的应用与发展。

（三）跨文化沟通与协作

在核心素养和学科知识融合的过程中，全球视野和文化理解的具体体现是跨文化沟通与协作。这强调学生需要具备与来自不同文化背景的人进行有效沟通和协作的能力，以促进学科知识在多元文化环境中的整合。以下是跨文化沟通与协作在全球视野和文化理解中的具体内容：首先，学生应深刻认识到不同文化之间存在的差异，包括语言、价值观、沟通风格等方面，这有助于避免跨文化交流中可能出现的误解和冲突。其次，学生需要具备在多语言环境中进行沟通的能力，包括语言表达和对语言背后文化含义的理解，以确保跨文化沟通的准确性和有效性。此外，学生还需培养对不同文化的敏感性，理解并尊重不同文化的传统、价值观和行为习惯，这有助于建立积极的跨文化工作关系，提升协作效果。虚拟跨文化协作也是现代学科环境中常见的形式，学生可能需要参与虚拟团队或跨国团队协作，这要求他们能够有效利用在线工具进行协作，并适应不同时区和工作习惯的挑战。此外，学生可以发展文化智商，即理解和应对跨文化环境中的挑战的能力，这包括适应性、好奇心、文化学习等方面的技能。学生需要培养在跨文化团队中解决问题的能力，包括灵活运用批判性思维和团队合作技能，以找到全球化环境中学科问题的有效解决方案。在团队建设时，学生应考虑文化多样性，吸纳来自不同文化背景的成员，以获得更丰富的学科视角，通过共享各自文化的经验、教训和学科观点，学生可以促进学科交流，这有助于拓宽学科知识的范围，并推动学科知识的全球性整合。参与全球性的学科项目是促进跨文化沟通与协作的有效途径。学生与来自世界各地的同学一同合作，共同研究和解决全球性学科问题。最后，鼓励学生开展文化对话，通过深入交流并与不同文化的人共事，加深对彼此学科观点的理解。通过强调跨文化沟通与协作，全球视野和文化理解在核心素养和学科知识融合中使学生更好地适应多元文化的学科环境，促进学科知识在全球范围内的应用与发展。

（四）全球性学科网络

在核心素养和学科知识融合的过程中，全球视野和文化理解的具体体现是建立全球性学科网络。这强调学生需要参与跨国、跨文化的学科合作，以促进学科知识在全球范围内的整合和发展。以下是全球性学科网络在核心素养和学科知识融合中的关键内容：首先，学生可以参与全球性的学科合作项目，与来自不同国家和文化背景的学生共同研究和解决学科问题，这有助于将全球各地的学科知识融合在一起，推动全球性的研究合作。其次，学生可以利用国际性的作业交流平台，如在线平台等，与全球范围内的学者分享学科研究成果，促进学科知识的传播和共建。此外，学生参与全球性的学科研讨会，与来自世界各地的学者和专家交流学科见解，了解不同文化环境下的学科研究动态，促进全球性学科知识的交流与合作。学生可能需要参与虚拟团队或跨国团队协作，通过在线工具与来自不同文化背景的团队成员协同工作，共同推动学科知识的创新与发展。此外，学生可以寻求国际性学科导师的指导，从国际专家的经验中汲取知识，以更好地理解和应用全球范围内的学科知识，这有助于学生形成更全面的学科视野，提高其在国际学科环境中的竞争力。学生需要参与解决全球性问题的合作研究，与国际团队共同制订解决方案，充分考虑各种文化因素对问题的影响。学生还需培养在跨文化团队中协作的能力，与来自不同文化背景的同事合作，共同推动学科知识的融合和创新。通过建立全球性学科网络，学生能够在学科知识融合的过程中更好地适应全球性的学科环境，促进学科知识在全球范围内的应用与发展。这种全球性学科网络提供了一个丰富多彩的学科交流平台，使学生能够从不同文化中汲取知识，形成更为综合和全球化的学科素养。

六、创新与科技应用

（一）创新思维与方法

在核心素养和学科知识融合的过程中，创新与科技应用的关键内容有培养创新思维与方法。这涉及使学生具备独立思考、寻找新颖解决方案的能力，以及灵活运用创新方法解决学科问题。以下是创新思维与方法在核心素养和学科知识融合中的具体内容：首先，创新思维强调培养学生独立思考的能力，使其能够主动提出问题、探索解决方案，并在学科知识的融合中展现独特的见解。其次，学生需要具备对新事物的好奇心和持续的探索欲望，通过激发学生的好奇心，鼓励他们主动追求知识，从而促进学科知识的创新与发展。创新不可避免地伴随着尝试和失败，学生需要培养接受失败、从失败中学习并进行反思的能力，以不断改进创新方法。此外，创新思维也包括将不同学科领域的知识整合应用。学生应具备在多学科的视角下思考问题、借鉴其他领域的思维方式，推动学科知识的融合。创新思维强调培养创造性解决问题的能力，即通过新颖的思考方式解决问题，而不仅仅是依赖传统的解决方案。学生需要培养创造性解决问题的能力，即通过新颖的思考方式解决问题，而不仅仅是依赖传统的解决方案。创新思维强调实践和实验的重要性，学生可以通过实际操作和实验来验证和优化他们的创新思维，从而更好地将学科知识应用于实际问题中。鼓励学生面对开放式的问题，这些问题可能没有明确的答案，需要学生运用创新思维，通过实验和实践来寻找解决方案。引导学生使用设计思维方法，该方法强调通过不断迭代和用户反馈来改进解决方案。学生应当熟练掌握创新工具和技术，例如设计思维工具、创新软件等，以支持他们在学科知识融合中的创新思维和方法的应用。创新思维也需要关注社会责任和可持续发展，学生应当思考他们的创新对社会和环境的影响，培养创新思维的同时保持对社会的责任感。通过培养创新思维，学生能够更好地在学科知识融合的过程中展现创造性，推动学科的创新发展，以更好地适应现代社会对创新和解决实际问题的需求。

（二）问题解决能力

为了有效培养学生的问题解决能力，教师需要在教学设计和课堂实施中采取多种策略。教师应鼓励学生提出问题，培养他们的批判性思维和好奇心。在课堂教学中，可以通过引导性问题和开放性讨论，激发学生对问题的思考和探究欲望。例如，在科学课上，通过提出"为什么植物会进行光合作用？"这样的问题，引导学生思考和查找相关资料，探究问题的本质。此外，合作学习是提升问题解决能力的重要途径。通过小组合作，学生可以在团队中交流思维，分享观点，共同解决问题。教师可以设计小组项目，让学生在合作中互相启发和补充，形成多元化的思维方式。例如，在数学课上，可以让学生以小组为单位，共同解决复杂的数学建模问题，通过分工协作和集体讨论，找出最佳解决方案。这样的合作学习不仅培养了学生的团队合作精神，还增强了他们解决复杂问题的能力。项目式学习是一种有效培养问题解决能力的教学策略。在项目式学习中，学生围绕一个真实问题或课题，进行长期的探究和实践，最终形成有价值的成果。教师可以通过设计跨学科的项目，让学生在实际操作中综合运用多学科知识，解决实际问题。例如，设计一个环境保护项目，让学生调查当地的环境问题，并提出改进措施，通过调研、分析和实践，提高他们解决实际问题的能力。教师在教学过程中应注重引导学生进行自主学习和探究。在遇到问题时，教师可以鼓励学生独立思考，查阅资料，尝试多种解决方法，而不是直接给出答案。例如，在物理课上，教师可以设计一些开放性的问题，让学生自行设计实验解决，通过自主探究和反复试验，找到最佳的解决方案。这样的教学方法不仅增强了学生的自主学习能力，还提高了他们解决问题的信心和能力。教学评价方式的改革也是提升问题解决能力的关键。传统的评价方式往往以标准答案为主，忽视了学生在解决问题过程中的思维和方法。教师可以采用多元化的评价方式，如过程性评价、表现性评价等，关注学生在问题解决过程中的表现和进步。例如，通过观察学生在小组讨论中的表现，记录他们的思维过程和合作情况，给予及时的反馈和指导。这样的评价方式不仅可以全面反映学生的问题解决能力，还能激发他们的学习积极性和创新思维。教师在培养学生问题解决能力时，应注重结合实际生活中的问题，增强学生的实践能力和应用能力。通过让学生参与社会实践和社区服务，解决实际问题，可以提高他们的社会责任感和实践能力。例如，组织学生参与社区环保活动，让他们通过调研、分析和实践，解决社区环境问题，在实践中提升解决问题的能力。教师在教学中应注重引导学生进行反思和总结。在解决问题的过程中，教师可以鼓励学生记录自己的思考过程和解决方法，反思解决问题的经验和教训。例如，通过编写学习日志或制作思维导图，让学生梳理自己的思维过程，总结成功的经验和失败的教训，不断提升解决问题的能力。

（三）科技工具运用

教师应当注重科技工具在教学中的引入和使用，通过多样化的教学资源和工具，激发学生的学习兴趣和积极性。例如，在物理课上，教师可以使用虚拟实验室软件，让学生在模拟环境中进行实验操作，通过科技工具的运用，使抽象的物理概念变得直观和易于理解。在教学过程中，教师需要有意识地培养学生对科技工具的熟练操作和应用能力。可以通过设计多种实践活动，让学生在真实情境中运用科技工具解决问题。例如，在地理课上，教师可以让学生使用地理信息系统（GIS）软件进行地图绘制和地理数据分析，通过实际操作，学生不仅掌握了地理知识，还学会了如何运用科技工具进行数据处理和分析。合作学习是提升学生科技工具运用能力的重要途径。通过小组合作，学生可以在团队中交流经验，分享技能，共同学习和掌握科技工具的使用方法。教师可以设计小组项目，让学生在合作中互相启发和补充，形成多元化的思维方式。例如，在生物课上，可以让学生以小组为单位，共同使用显微镜和图像分析软件观察和记录细胞结构，通过分工协作和集体讨论，提升他们的科技工具运用能力。项目式学习是一种有效培养学生科技工具运用能力的教学策略。在项目式学习中，学生围绕一个真实问题或课题，进行长期的探究和实践，最终形成有价值的成果。教师可以通过设计跨学科的项目，让学生在实际操作中综合运用多种科技工具，解决实际问题。例如，设计一个环境监测项目，让学生使用传感器和数据分析软件，实时监测和分析环境数据，通过实践活动，提升他们对科技工具的运用能力。教师在教学过程中应注重引导学生进行自主学习和探究。

（四）数字化能力

数字化能力的提升可以通过多种策略来实现，首先，要积极构建数字化学习环境，教育机构可以引入先进的数字化设备和软件，为学生提供便捷的数字资源访问渠道，使他们能够充分利用各种数字工具进行学习与研究。其次，教师应不断更新自身的数字化教学技能，熟练掌握各种数字化教学工具，并将其有效地融入课堂教学中，通过互动式教学、虚拟实验室等方式，激发学生的学习兴趣与参与度。此外，应大力推广项目式学习，通过具体的项目任务，让学生在实际操作中锻炼和提升数字化能力，培养他们在数字环境中解决问题的能力。在课程设计上，可以增加跨学科的数字化课程，帮助学生在不同学科中综合运用数字化技能，提升他们的综合素养。同时，教育机构应加强与企业和科技机构的合作，邀请专家开展讲座和工作坊，为学生提供最新的数字化知识和实践经验，拓展他们的视野和技能。

（五）持续学习与更新

教师应设计多样化的课程内容，结合最新的科学和技术发展，使学生能够紧跟时代步伐。通过引入前沿研究和实际应用案例，激发学生的学习兴趣，培养他们的创新思维。学校应定期举办培训和讲座，邀请专家分享最新的学术成果和技术进展，帮助教师更新知识体系，并将其应用于教学中。同时，建立起一个完善的反馈机制，通过学生的学习反馈和教师的教学反思，不断优化教学内容和方法，确保教育质量的提升。在课程设计上，应注重跨学科的整合，将学科知识与实际问题相结合，鼓励学生在解决实际问题的过程中不断学习和更新。采用项目式学习、探究式学习等教学模式，让学生在实践中不断发现问题、解决问题，从而实现知识的内化和提升。教师应发挥引导作用，提供必要的资源和支持，帮助学生在自主学习中不断进步。学校还应鼓励教师之间的合作与交流，分享教学经验和资源，共同探讨教育创新的路径，从而形成一个共同学习、共同进步的教育社区。此外，应充分利用现代信息技术，构建在线学习平台和资源库，为学生提供随时随地的学习机会。通过线上课程、虚拟实验室、远程讨论等多种形式，让学生能够在课外继续学习，拓展视野，提升能力。学校应建立起完善的教师继续教育体系，鼓励教师参加各类培训和进修，不断提升专业素养和教学能力。政府和教育部门也应加大对教育创新的投入，提供政策和资金支持，推动教育技术的应用和发展。应重视学生自主学习能力的培养，帮助他们形成良好的学习习惯和自我管理能力。通过设定合理的学习目标和计划，鼓励学生主动获取知识，持续更新自身的知识体系。教师应关注每个学生的个性化需求，提供有针对性的指导和帮助，激发他们的学习潜力。在这个过程中，家庭的支持和参与也是不可忽视的。家长应与学校保持密切沟通，共同关注孩子的学习成长，提供必要的学习资源和支持。

七、自主学习与持续发展

核心素养与学科知识融合包括自主学习与持续发展，这一理念强调了在教育体系中综合考虑学科知识和通用素养的重要性。核心素养，如批判性思维、沟通技能、问题解决能力等，被视为全人类教育的基石，能够跨足各个学科领域。将这些核心素养与学科知识融合，意味着学生在学习过程中不仅仅要获取专业知识，更要培养综合能力，使其能够更好地适应多变的社会和职业需求。自主学习是这一理念的重要组成部分，强调培养学生独立思考、自我管理学业的能力。通过自主学习，学生能够更灵活地应对不同学科的挑战，同时也能够更深入地理解学科知识，这种能力的培养不仅使学生在学校更为成功，也为未来终身学习打下了坚实基础。持续发展的概念则强调教育的目标应超越短期的知识传授，更应关注学生在毕业后的继续成长。学生需要具备适应新知识、新技术和新环境的能力，这与持续发展的理念密切相关。培养持续发展的能力，意味着学生不仅在特定时期具备竞争力，更能够在整个职业生涯中不断进化和成长。因此，将核心素养与学科知识融合，并注重自主学习与持续发展，不仅有助于培养学生更全面、综合的素养，也为学生在日后的学习和职业生涯中提供了更为牢固的基础，这一理念反映了对于教育目标更全面、更长期的影响的关切。

第二节　核心素养与创新思维培养

一、核心素养的综合性

（一）核心素养的跨学科特性

核心素养与创新思维培养之间的关系体现了核心素养的跨学科特性，这一特性对于促进创新思维的发展至关重要。核心素养的跨学科特性具体表现在多个方面。首先，核心素养所强调的技能，如批判性思维、沟通能力、团队协作和创造力，不受特定学科的限制，而是贯穿各个领域，为创新思维提供了全面的支持。其次，核心素养注重培养学生的问题解决能力，这种通用性的能力使学生能够独立思考、理解和解决复杂问题，为创新思维提供了坚实的基础。另外，核心素养还强调灵活性和适应性的培养，使学生能够在不同的情境中灵活运用知识和技能，这种灵活性是创新思维的基础，促使学生能够应对不断变化的环境和问题。此外，核心素养的设计强调跨学科思维，使学生能够将不同学科的知识和技能有机结合，为创新提供了跨足多领域的视角。最后，核心素养中的沟通和团队协作能力是创新思维的关键组成部分，有助于培养学生在创新团队中充分发挥学生优势。因此，核心素养的跨学科特性为创新思维的培养提供了丰富的素材。学生通过培养这些核心素养，能够更好地应对复杂多变的问题，具备在不同领域中进行创新的能力，这种跨学科的综合性有助于培养更具创新思维和适应性的学生。

（二）创新思维的元素与核心素养的关联

核心素养与创新思维培养的紧密联系体现在核心素养的综合性，尤其是在创新思维的各个要素中找到了深刻的关联。核心素养的跨学科特性为创新思维的培养提供了多维度的支持。其中，核心素养注重培养批判性思维，这与创新思维中对问题深入分析的要求相呼应。通过培养学生审慎地分析问题、提出解决方案，核心素养为创新思维的理性思考提供了基础。沟通技能是另一个核心素养的关键方面，它直接涉及创新理念的表达和分享，促使团队成员有效沟通，有助于推动创新项目的实施。此外，核心素养强调团队协作，与创新思维中团队合作的重要性相契合。培养团队协作能力有助于激发多元思维、促使创意碰撞，从而使学生更好地参与到创新实践中。创新思维中的独创性和冒险精神与核心素养中对创造力的培养相辅相成，培养学生独立思考、勇于尝试新思路的能力，有助于激发创新思维的发展。最后，核心素养中强调灵活性和适应性，与创新思维中对变化的适应要求相吻合。学生通过培养在复杂环境中灵活运用知识和技能的能力，更能够适应创新过程中的不确定性和变化，这种综合性的教育理念有助于培养具备全面素养和创新潜力的学生，使其能够更好地适应未来社会和职业的复杂需求。

（三）综合性的学科知识与创新

核心素养与创新思维培养的紧密联系表现在核心素养的综合性，具体体现为对综合性学科知识与创新的关联。核心素养所强调的跨学科的通用技能，与创新思维中对学科知识的创新整合相呼应。通过培养批判性思维和问题解决能力，学生能够更好地挖掘学科知识中的创新点，并提出新的解决方案。沟通技能是核心素养的一个重要方面，对于跨学科合作和创新项目的实施至关重要。具备良好的沟通技能的学生能够更有效地分享自己的专业知识，促进团队协作，推动创新的发展。此外，核心素养中的团队协作和创新实践培养了学生在团队环境中整合学科知识的能力。在团队中，不同学科的专业知识相互交融，从而激发创新思维，提出更全面、有效的解决方案。最后，核心素养的灵活性和适应性有助于学生更好地在不同学科领域中运用知识。这种能力对于创新思维至关重要，因为创新通常涉及在不同领域中找到新的联系和应用。因此，核心素养的综合性在学科知识与创新思维的融合中得到具体体现，促使学生在具备扎实学科基础的同时，能够以创新的方式应对复杂的问题，为未来的社会和职业需求做好准备。

（四）实践与创新

核心素养与创新思维培养的紧密联系在于核心素养的综合性，其中实践与创新成为具体的体现。核心素养注重的批判性思维和问题解决能力为实践中的创新提供基础，促使学生在具体问题面前更具敏锐洞察力和解决问题的能力。沟通技能的培养使学生能够更有效地在实践中分享想法，促进协作，推动创新项目的进展。核心素养中强调的团队协作与创新实践相辅相成，培养了学生在团队环境中合理整合各自专业知识的能力。团队中的协作促使创新思维得以释放，使学生能够在实践中提出更全面、创新性的解决方案。此外，核心素养的灵活性和适应性使学生能够更好地在实践中灵活运用知识，这种能力对于创新思维至关重要，因为实践中的挑战和变化要求学生能够快速适应，找到创新性的解决方案。因此，核心素养的综合性在于将实践与创新紧密结合，使学生具备在实际情境中运用知识解决问题、促进创新的全面能力，这种综合性教育理念为学生在未来应对实际挑战时提供了更为全面的素养。

二、创新思维的重要性

（一）问题解决能力

核心素养与创新思维培养的紧密联系体现在创新思维的重要性，其中问题解决能力成为重要方面。创新思维强调培养学生发现问题的独特视角和提出创造性解决方案的能力。这种强调问题解决的角度有助于学生更全面地应对各种挑战，超越传统的、常规的解决方案，更灵活地面对复杂的问题。通过核心素养和创新思维的有机结合，学生能够更深刻地理解问题的本质，运用跨学科的知识和技能，追求创新性的解决方案，这种问题解决的能力使学生更具独创性，能够在不同的情境中灵活应对，提高应对复杂问题的适应性。创新思维培养还强调挑战传统思维的勇气和意愿，鼓励学生超越惯性思维模式，寻找更具创意和创新性的解决途径，这种敢于质疑、寻找新思路的态度造就了学生在面对问题时的开放性和富有探索精神。因此，创新思维的重要性体现在学生对于问题的深入理解和解决的创造性能力上。通过核心素养的培养，学生能够更好地应对现实中的挑战，为未来的学习、工作和社会交往提供更丰富的思维工具和解决问题的能力。

（二）灵活性和适应性

核心素养与创新思维培养的关联突显了创新思维的重要性，具体体现在培养学生的灵活性和适应性上。创新思维强调的灵活性使学生能够更加敏捷地面对不断变化的环境。这种灵活性不仅涉及对知识的快速掌握和应用，也包括对新想法、新技术和新挑战的敏感性。适应性是创新思维的另一关键特征，学生通过创新思维的培养，能够更好地适应各种复杂情境，包括跨学科的知识领域和不断变化的工作环境，这种适应性使学生能够更有信心和效率应对未知的挑战，不被固有观念所束缚。通过核心素养的综合培养，学生不仅获得了扎实的学科知识，更具备了在实际应用中灵活运用这些知识的能力。创新思维的灵活性和适应性使学生能够在变化不定的环境中更好地脱颖而出，迎接未来不确定性的挑战。因此，创新思维的重要性在于培养学生的灵活性和适应性，使其能够更好地适应复杂多变的社会和职业需求，具备更全面的素养，这种能力的培养有助于学生在面对新问题和新情境时更具创造性，为学生未来的发展打下坚实基础。

（三）创意和发现

核心素养与创新思维培养的关系凸显了创新思维中创意和发现的重要性。创新思维强调培养学生追求新颖想法和创意解决方案的能力。通过核心素养的融合培养，学生能够更全面地发展创造性思维，挖掘问题背后的潜在机会，实现创新的发现。创意和发现是创新思维的核心动力，鼓励学生超越传统思维模式，勇于质疑现状，寻找新的、独特的问题解决途径。核心素养通过提供跨学科的知识和培养综合技能，为创新思维中的创意和发现提供了更丰富的土壤。培养创新思维的学生更具备挑战传统的意愿，能够在问题解决过程中不断探索，以新颖的视角发现问题的不同层面，这种创意和发现的能力使学生更能应对未知的复杂性，为学生未来的学习、工作和社会互动提供更灵活的思维路径。因此，创新思维的重要性在于激发学生的创意和发现能力，培养他们在面对问题时超越传统界限，勇于尝试新思路，为未来的挑战做好充分准备。这种创新思维的培养不仅对学生的个人发展有益，也为社会的进步和发展提供了源源不断的创新动力。

（四）独立思考

核心素养与创新思维培养关联密切，具体体现在创新思维的重要性上，其中独立思考成为关键方面。创新思维强调培养学生独立思考的能力，使其能够独自深入问题，独创性地思考并提出独特的解决方案。通过核心素养的全面培养，学生不仅获取了学科知识，更培养了独立思考的意愿和能力。创新思维中的独立思考使学生能够在面对挑战时不仅仅局限于传统的思维框架，而是敢于质疑、勇于尝试新的思路和方法。培养创新思维的学生更具备挑战传统的勇气，能够在解决问题的过程中独立思考，不受传统思维的限制，这种独立思考的能力使学生更能够在复杂的环境中更好地发现问题的本质，形成独到的见解。因此，创新思维的重要性在于激发学生独立思考的能力，培养他们在面对问题时不是从众，而是能够深入思考，形成自己独特的观点和解决方案，这种独立思考能力的培养不仅有助于学生更全面地发展，也为社会注入更富有创造性的力量，推动社会不断向前发展。

（五）推动社会进步

核心素养与创新思维培养的紧密关系突显了创新思维对推动社会进步的重要性。创新思维通过激发学生在解决问题和面对挑战时的创新性思考，为社会发展注入了强大的动力。创新思维的重要性在于其能够推动社会实现更高水平的发展，通过培养创新思维，学生能够更好地适应和引领社会变革。创新思维不仅意味着发现新的解决方案，更包括了对现有问题的深刻理解和全新视角的拓展。具有创新思维的学生更有可能在各个领域取得突破性的进展，推动科学、技术、文化等多个领域的发展，这种创新性的贡献促使社会在不同层面取得更大的进步，使人类生活更加丰富、便利和可持续发展。创新思维的重要性还在于其能够应对复杂的社会问题，提供全新的解决方案。社会面临的挑战需要创新的思考方式，而培养创新思维的学生能够更好地应对这些挑战，为社会提供更有效的解决途径。综上所述，创新思维的重要性在于它对推动社会进步具有积极而深远的影响。通过核心素养的培养，学生能够更好地应对社会的变革和挑战，为社会进步做出更为重要的贡献。

三、融合的教育方法

（一）项目式学习

核心素养与创新思维培养的融合教育方法之一是项目式学习。该方法通过学生参与实际项目，促使他们在解决问题的过程中培养批判性思维、沟通技能和解决问题的能力，从而激发创新思维。另一个关键方法是跨学科教学，将不同学科的知识融合在一起，这有助于学生理解知识之间的联系，培养系统思维，为创新提供更广阔的视野。实践性教学也是一项重要策略，通过提供实践经验，如实习、实地考察和实验，加深学生对知识的理解，激发创新思维。科技整合教学则通过将现代技术融入教学过程，如虚拟现实和人工智能，激发学生更主动地参与学习，培养创新能力。个性化学习根据学生的兴趣、学习风格和水平设计学习计划，激发学生的学习兴趣，培养创新思维。合作学习通过小组项目和团队合作，鼓励学生合作，培养沟通、合作和解决问题的能力。反思性教学强调学生对学习过程的反思，通过定期的反思活动，帮助学生培养批判性思维和自主学习的能力。最后，实践性评估采用实际项目和综合任务等形式的评估，更全面地了解学生的综合素养和创新思维能力。这些融合的方法共同构建了一个多元化的学习环境，为学生全面发展提供了支持。

（二）跨学科教学

核心素养与创新思维培养的重要教育手段之一即跨学科教学，这一方法通过将不同学科的知识融为一体，为学生提供更为全面的学习体验。跨学科教学强调不仅仅是单一学科知识的传授，而是通过将各种学科元素交织在一起，促使学生形成更加综合性的认知框架。在跨学科教学中，学生参与到多学科的交叉讨论和项目中，使得他们能够更好地理解不同学科的概念及其相互之间的关系，这种综合性学习方式鼓励学生跳出单一学科的局限，培养出跨界思考和解决问题的能力。学生将学到的知识从一个学科扩展到其他学科，促使他们更加全面地理解世界的多样性和复杂性。通过跨学科教学，学生还能够体验到真实世界中知识交织的情境，这有助于培养他们对复杂问题的全面理解和解决能力。在这种综合的学习环境中，学生更容易形成综合性思维，将所学的知识应用到实际问题中。这样的学习体验激发了学生的创造性思维，使他们在面对未知挑战时更具灵活性和创新性。因此，跨学科教学作为融合的教育方法之一，为培养学生的核心素养和创新思维提供了独特而富有成效的途径。

（三）实践性教学

核心素养与创新思维培养是当今教育领域备受关注的两个关键目标，而实践性教学被认为是一种极具影响力的融合教育方法，有助于培养学生这些素养。实践性教学不仅注重知识的传授，更着眼于将理论与实际相结合，为学生提供更深层次的学习体验。通过实践性教学，学生能够在真实的环境中运用所学的知识。这种学习方式不仅仅是被动接受信息，而是主动参与实际活动，从而促进深度学习。例如，通过实地考察、实习或实验，学生能够亲身体验和应用理论知识，加深对知识的理解，同时培养解决实际问题的能力。实践性教学有助于学生培养创新思维，当学生置身于实际问题和情境中时，他们需要主动思考，提出解决方案，这样的过程激发了学生的创造性思维，使他们能够更好地适应和应对不同的挑战。通过解决实际问题，学生还能够培养实际操作和创新实践的能力，而这正是创新思维的关键组成部分。实践性教学强调学生的主动参与和实际操作，从而提高了学生的学习动机。相比于传统的课堂教学，实践性教学更能激发学生的学习兴趣，因为他们能够亲身感受到学习的实际应用。这样的学习方式能够培养学生对学科的浓厚兴趣，激发他们对知识的追求欲望，从而更加积极地投入到学习中。此外，实践性教学强调团队合作和沟通技能的培养。在实际项目中，学生通常需要与他人协作，共同解决问题，这种合作方式不仅有助于培养学生的团队协作精神，还提高了他们的沟通和交流能力，这在创新思维的培养中起到了积极的作用。总体而言，实践性教学作为融合的教育方法，为学生提供了丰富多彩的学习体验，同时也在核心素养和创新思维的培养方面发挥着积极的作用。通过实际操作、解决问题、团队合作等活动，学生不仅能够全面发展自己，更能够更好地适应未来的社会和职业需求，这一教育方法的成功实施有望为学生的终身学习和职业发展奠定坚实的基础。

（四）科技整合教学

核心素养与创新思维培养在现代教育中扮演着至关重要的角色，而科技整合教学则被视为一种极具潜力的教育方法，这一方法通过将先进的科技与教育内容融合，为学生提供了更为全面、丰富和创新的学习体验。科技整合教学的核心是充分利用现代科技工具，例如智能设备、虚拟现实、人工智能等，将其融入到教学过程中，这种融合不仅拓展了传统教育手段的边界，更为学生打开了通往知识深层次的大门。电子教材、在线学习平台以及各类数字资源，使学生能够以更加灵活和自主的方式获取知识，从而激发了他们对学习的积极性。科技整合教学不仅仅是教育内容的呈现方式上的变革，更是一场学习方式的深刻变革。学生在这个过程中变得更加主动，通过与科技工具互动，参与各类在线学习活动，他们建立了更加自主的学习习惯，这有助于培养学生对自己学习过程的管理能力，从而为未来的学习和工作做好充分准备。科技整合教学为创新思维的培养提供了理想的土壤。通过科技工具的应用，学生能够参与到更为实际的学习活动中，例如利用编程和设计工具创造项目、参与模拟实验等，这种实践性的学习方式激发了学生的创造性思维，使其在解决问题时更具灵活性和创新性。在科技整合教学的框架下，学生不仅仅是知识的消费者，更是信息的生产者。他们通过互联网搜索引擎、在线数据库等工具，自主获取和评估信息，培养了信息素养，这种能力的培养不仅有助于学生更好地理解复杂的问题，还为他们在未来的学习和工作中更好地应对信息过载提供了支持。科技整合教学还注重学生跨文化交流和全球合作能力的培养。通过在线合作项目，学生有机会与来自不同文化背景的同学共同工作，这不仅帮助学生更好地理解多元文化，还培养了他们在跨文化环境中有效沟通的能力，从而更好地适应未来的国际化社会。综合来看，科技整合教学作为一种融合的教育方法，为学生提供了更为全面、灵活和创新的学习体验。通过科技的嵌入，学生能够更好地适应当今社会对核心素养和创新思维的需求，为未来的发展打下坚实的基础，这一教育方法的推广和深入应用有望为培养具备综合素养的新一代人才做出积极贡献。

（五）个性化学习

核心素养与创新思维培养是现代教育的关键目标，而个性化学习则被认为是一种有效的融合教育方法。这种方法强调了根据每个学生的独特需求、兴趣和学习风格设计教学，从而形成更个性化、灵活的学习过程。在个性化学习中，教育者通过了解每位学生的学习特点和兴趣，量身定制学习计划。这种个性化的教学方式能够更好地满足学生的需求，激发他们学习的主动性和积极性。学生在自己的学习节奏下深入学习，这有助于提高学习效果，同时也使学生培养了对学科的浓厚兴趣。个性化学习不仅仅关注学科知识，更注重学生的综合发展。通过了解学生的个性特点，教育者能够更好地促进他们的社交能力、情感体验能力和道德素养的全面提升，这有助于培养学生具备更全面的素养，使他们能够更好地融入和贡献于未来社会。个性化学习为创新思维的培养提供了有益的环境，根据学生的兴趣和实际问题设计学习任务，激发他们对知识的好奇心和探索欲望。学生在自主选择学习路径的过程中，不仅能够深入理解知识，还能够培养解决问题的能力和创新思维。个性化学习还注重学生自主学习能力的培养。通过给予学生更多的选择权，激发他们对学习的责任心和自我管理能力，这种培养方式不仅有助于学生更好地适应未来的学习和工作环境，而且也使他们在自我规划和目标设定方面更加成熟。在个性化学习中，教育者和学生之间建立了更为紧密的互动关系。通过定期的反馈和评估，教育者能够更全面地了解学生的学习情况，及时调整教学策略，使教学更具针对性。这种互动有助于建立积极的师生关系，激发学生对学习的信心和兴趣。综合而言，个性化学习作为一种融合的教育方法，为学生提供了更为灵活、个性化的学习体验。通过关注学生的差异、培养全面素养和激发创新思维，个性化学习有望为学生的综合素质提升提供更为有力的支持，这一教育方法的深入推广有望促使学生更好地适应未来社会的挑战，成为具备核心素养和创新思维的终身学习者。

（六）合作学习

核心素养与创新思维培养的关键途径之一是合作学习。这一教育方法强调学生之间的协作和共同学习，旨在通过互动、交流和共同解决问题的方式，培养学生的团队协作精神、沟通技巧以及创新思维。合作学习不仅仅是简单地将学生置于同一学习环境，更是通过共同合作的活动，激发学生之间的互动和合作。学生在小组中共同参与项目、讨论和解决问题，从而在实际操作中培养了解决实际问题的能力，这有助于激发创新思维。合作学习强调学生之间的互动与合作，使他们能够分享彼此的知识和经验，这样的互动促使学生在共同学习的过程中不仅仅从教师那里获取知识，而且也从同伴处获得不同的观点和见解。通过共同探讨和合作解决问题，学生能够拓展思维，培养开放性思考的习惯，这对于创新思维的培养至关重要。合作学习的另一个优势在于培养学生的团队协作能力。在小组中，学生需要协调彼此的观点、分工合作、制订计划，这锻炼了他们的团队合作技能，这种团队协作的经验不仅有助于学生更好地适应未来工作的需要，能很好地与他人协作，还培养了他们在集体中充分发挥学生优势的意识。通过合作学习，学生还能够培养批判性思维。在小组中，学生需要审视不同观点、提出合理的论据，并做出决策。这种批判性思考的过程促使学生更加深入地理解问题的本质，从而更好地应对现实生活中的各种挑战。另一方面，合作学习有助于培养学生的社交能力，通过与同伴互动，学生能够建立积极的人际关系，提高与他人交流合作的信心，这对于未来社会中需要更多团队协作和沟通技能的职业环境来说，具有重要的实践价值。总体而言，合作学习作为一种融合的教育方法，为学生提供了一个共同学习和共同发展的平台。通过互动、合作和共同努力，学生在这一过程中培养了创新思维所需的多方面素养，这样的教育方式不仅有助于学生在学术上的长进，更为他们未来的职业生涯打下了坚实的基础。

（七）反思性教学

核心素养与创新思维培养的一项融合的教育方法是反思性教学。这种方法突破了传统教学的局限，通过促使学生在学习过程中进行深刻的反思，以达到更全面、深入的学习效果。反思性教学不仅强调知识的传授，更注重学生对学习经历的主动反思，以培养其批判性思维和创新能力。在反思性教学中，学生被鼓励思考和分析他们的学习过程，包括遇到的问题、解决问题的策略以及所获得的见解，这样的反思过程有助于学生深入了解自己的学习方式，发现潜在的问题和不足之处。通过对成功和失败的经验进行深刻的思考，学生能够更好地认识自己的学习需求和能力，从而更好地调整学习策略，提高学习效果。反思性教学注重的不仅是结果，更是过程，学生在反思中能够审视自己的学习方法是否高效，是否能够更灵活地应对各种学科和问题，这样的自我审视使学生能够在未来的学习中更加自主和主动，从而培养了他们的自主学习能力。通过反思性教学，还能够培养学生的批判性思维。在对学习过程的反思中，学生需要分析和评估不同观点、思考解决问题的方式，并提出合理的建议，这种批判性思维的培养不仅有助于学生更好地理解学科知识，更提高了他们在日常生活中面对问题时的分析和判断能力。反思性教学也强调实践经验的价值。通过对实际学习经验的深刻思考，学生能够将理论知识与实际问题相结合，更好地应用所学知识解决实际问题。这种实践性的反思有助于培养学生解决问题和创新思维的能力，使他们能够更好地适应未来的职业和社会需求。在反思性教学中，学生之间的互动也受到了重视。通过分享自己的反思经验，学生可以从彼此的经验中获得启发和建议，形成学习共同体，这种互动激发了学生的合作和团队精神，有助于培养他们在集体中充分发挥学生优势的能力。反思性教学作为融合的教育方法，为学生提供了一个深入思考、不断调整学习策略的机会，通过这种反思过程，学生能够更全面、深入地理解学科知识，培养了自主学习、批判性思维和解决问题的能力，为其未来的学习和职业生涯奠定了坚实的基础。

（八）实践性评估

核心素养与创新思维培养的一种融合的教育方法是实践性评估。这一方法突破了传统评估的局限，强调将学生的知识和技能应用于实际情境中，并通过实践性任务的完成来评估他们的综合素养。实践性评估注重学生在真实场景中的表现，而非仅仅对书本知识的考核。通过实际项目、案例分析或模拟情境，学生被鼓励将所学的理论知识运用到实际问题的解决中，这种实践性的评估方法能够更全面地了解学生的实际能力和应对复杂问题的能力，从而为他们的综合素养提供更深层次的展现。实践性评估有助于培养学生的创新思维。在实际项目中，学生需要面对各种未知的挑战，这促使他们主动寻找创新的解决方案。通过实践性任务，学生能够锻炼独立思考和创造性解决问题的能力，培养了他们在未来面对复杂环境时的创新意识，这一教育方法也强调了学生的团队协作和沟通能力。在实践性项目中，学生通常需要与团队成员协作，共同解决问题，这种合作过程不仅锻炼了学生的团队协作技能，还培养了他们在团队中有效沟通的能力，这对于适应未来职业生涯中需要与他人合作的环境来说，具有实际的价值。通过实践性评估，学生能够在实际情境中应对各种挑战，这培养了他们的问题解决能力。在实际项目中，学生需要运用所学的知识和技能，面对实际情境中的问题，并提出可行的解决方案，这种实践性的学习方式有助于培养学生面对未知情境时的应变能力和解决问题的能力。此外，实践性评估还注重了学生的自主学习和反思。通过实际项目的完成，学生需要主动获取相关信息、深入学习相关领域，并对自己的表现进行深刻反思，这培养了学生的自主学习意识和对自身能力的客观认知，为其未来的学习和职业生涯奠定坚实的基础。实践性评估作为一种融合的教育方法，为学生提供了一个更为贴近实际、更具挑战性的学习体验。通过在实际情境中应用知识和技能，学生能够更全面地展现其核心素养和创新思维，这一教育方法的成功实施有望为培养具备综合素养的新一代人才提供有力支持，使其能够更好地适应未来的社会和职业需求。

四、实践与反思

（一）经验积累

核心素养与创新思维培养是一种动态互动的过程，实践与反思作为其双轮驱动的要素，为学生的全面发展和创新能力的提升提供了坚实基础。实践是核心素养与创新思维培养的基石之一，通过实际操作，学生不仅能够积累宝贵的经验，更能够将抽象的理论知识转化为具体技能。经验积累是在实际问题和挑战中逐步增长的，这种亲身经历不仅拓宽了认知边界，还提高了解决实际问题的能力。实践不仅仅是一种技能的获取，更是对理论知识在实际场景中的灵活运用，通过不断的实际尝试，学生能够更深刻地理解问题的实质，并且在面对各种情境时能够更为从容地应对。创新实践是实践的一种特殊形式，它突显了在解决问题的过程中培养创新思维的重要性。创新不仅仅是新颖点子的涌现，更是解决问题的独特方式。通过创新实践，学生能够挑战传统思维，寻找不同寻常的解决方案，这种创新的实际经验不仅激发了学生的创造力，也培养了在面对未知挑战时的应变能力。创新实践的过程中，学生通常会面临尝试与错误，但正是这样的过程锻炼了学生的勇气、毅力和适应力，使其更好地适应复杂多变的现实环境。反思是实践的深度加工和巩固，是核心素养与创新思维培养的不可或缺的一环。通过反思，学生能够对实践中获得的经验进行深入的思考和总结。经验总结是对成功和失败的反思，通过分析经验的得与失，学生能够更清晰地认识自己的强项和不足，反思的过程同时也是自我认知的提升，学生通过审视自身的动机、目标和价值观，更好地理解自己在实践中的定位和影响。这样的自我认知有助于学生树立更明确的个人目标，推动其更有针对性地进行实践。创新思维培养是反思的产物，反思引导学生审视现有的观念和思维方式，挑战既有的认知框架。通过对过往经验的深度思考，学生能够培养出更为开放、灵活、创新的思维方式，这种创新思维的培养不仅局限于解决特定问题，更是对未知领域的积极探索和适应。创新思维培养使学生能够更好地理解复杂的问题，勇于面对挑战，勇攀思维的高峰。实践与反思交织在一起，形成了一个不断循环的过程。通过实践，学生获取新的经验和知识，然后通过反思加深对这些经验和知识的理解，进而指导未来的实践。这种循环促进了核心素养的发展和创新思维的不断提升，使学生在不断变化的环境中更具适应性和创造性。在这个过程中，实践与反思相互促进、相辅相成，共同为学生的成长和发展提供了有力支持。

（二）问题解决

核心素养与创新思维培养是一种相辅相成、不可分割的过程，其实践与反思作为双轮驱动的关键因素，为学生的全面发展和创新能力的提升提供了有机框架。实践是这一过程中的生动体现，是学生将抽象理论知识转化为具体技能的关键媒介，通过实践，学生能够在面对各种实际问题和挑战时培养解决问题的能力。问题解决不仅仅是简单地找到一个答案，更是一种深刻的思考和行动过程。在实际操作中，学生会面临各种复杂情境，这时需要灵活应对，运用所学知识解决实际问题，从而逐步形成解决问题的有效方法。这种实践不仅加深了学生对知识的理解，更培养了在复杂环境下迅速反应和解决问题的能力。问题解决的实践过程中，学生经常会遭遇到挑战和困难，这时创新实践的概念得以突显。创新实践不仅仅是创造新颖的点子，更体现在对问题独特、非传统的解决方式。通过创新实践，学生能够打破思维的定势，挑战传统的观念，寻找新颖而富有创意的解决途径，这种创新的实际经验不仅激发了学生的创造力，也培养了在面对未知挑战时的应变能力。创新实践使学生从单一思维模式中解脱出来，勇于尝试不同的思考方式，从而促使创新思维的发展。反思作为实践的深度处理，是对经验的系统思考和总结，通过反思，学生可以更全面地认识到问题解决实践中的得失。经验总结不仅包括对成功的反思，更重要的是对失败的深刻思考，通过分析失败的原因，学生能够更清晰地认识自己的不足之处，从而在未来的实践中避免同样的错误。反思不仅仅是对外部环境和他人的反思，更是对自我认知的提升，学生通过反思自身的动机、目标和价值观，能够更加明确地了解自己在问题解决实践中的驱动力和定位。创新思维的培养是反思的直接产物，反思引导学生审视现有的观念和思维方式，挑战既有的认知框架。通过对过往经验的深度思考，学生能够培养出更为开放、灵活、创新的思维方式，这种创新思维的培养不仅局限于解决特定问题，更是对未知领域的积极探索和适应。创新思维培养使学生能够更好地理解复杂的问题，勇于面对挑战，努力攀登思维的高峰。实践与反思交织在一起，形成了一个循环的过程。通过实践，学生获取新的经验和知识，然后通过反思加深对这些经验和知识的理解，进而指导未来的实践，这样的学习循环不仅促进了核心素养的发展，更在创新思维的培养中发挥了关键作用。这一过程中实践与反思相互促进，共同构建了一个有机的学习框架，使学生在不断变化的环境中更具适应性和创造性。

（三）创新实践

核心素养与创新思维培养所囊括的实践与反思两个关键要素，通过创新实践得以具体而深刻地体现。创新实践是一个不断迭代的过程，通过实际操作和深度思考，学生得以在问题解决中培养创新思维。创新实践的本质在于对传统思维的挑战与超越，在实际问题解决中，学生需要摆脱刻板的思考模式，勇于尝试新的、独特的解决方式，这种创新实践不仅仅是对知识的应用，更是对问题背后本质的深度探究。通过质疑传统观念，学生能够在实践中形成对问题多角度的思考，为创新思维的发展打下坚实基础。在创新实践中，学生通常会面临未知和不确定性，这种不确定性是创新的土壤，也是培养创新思维的关键环节。通过面对不确定性，学生需要调整思维方式，放眼更广阔的领域，寻找可能的解决方案，这样的实践过程不仅能够培养学生的应变能力，更能够激发创造性思维的火花。在这种挑战与尝试的过程中，学生能够逐渐适应变化，培养灵活性，为创新思维的展现提供了丰富的经验积累。创新实践是知识与创造力的交融，通过将已有的知识运用到新问题的解决中，学生能够发现知识之间的关联性，从而激发创新的灵感。实际操作中的反复尝试，推动学生更深层次地理解问题的本质，为新观点的涌现创造了机会，这种知识的创新应用不仅能够拓展学生的思维广度，更有助于知识体系的丰富与完善。创新实践是一个包容失败的过程，在创新的旅途中，学生可能会面临多次尝试而未果的情况。然而，这并非是挫折，而是对创新思维的磨砺。通过失败，学生能够深刻认识问题的复杂性，找到问题根源，从而更有针对性地进行改进。创新实践中的失败经验并非阻碍，而是推动创新思维不断成熟的催化剂。创新实践与反思相辅相成。反思是创新实践的内在引擎，是对实践过程的深度思考和总结，通过反思，学生能够回顾创新实践中所取得的成果和遇到的困难，这种深入的思考使学生更加理性地认识自身的能力和不足，为未来的创新实践提供更加明确的方向。在创新实践中，学生通过不断尝试、勇于挑战传统思维、接纳不确定性、将知识与创造力相结合，逐渐培养了创新思维的要素，这样的实践不仅是学生发展的催化剂，也为创新思维的不断涌现提供了源源不断的动力。创新实践是核心素养与创新思维培养的精髓，是一个推动学生全面发展的关键路径。

（四）自我认知

核心素养与创新思维培养的关键元素之一是自我认知，这一过程通过实践和反思得以具体而深刻地体现。自我认知是对自己认识和了解的过程，是学生在实践和反思中逐渐形成的重要心智构建。在实践中，学生通过不断地面对各种挑战和问题，逐渐发展对自身能力和特点的认知。实践是自我认知的实际检验场所，学生通过实际操作，不仅能够了解自己在特定领域的技能水平，还能够深入探索自身在团队协作、领导力等方面的表现，通过这种实际经验的累积，学生能够更清晰地认识自己的优势和劣势，形成对自身定位的初步认知。自我认知在创新思维培养中扮演着重要角色，因为创新思维需要学生深刻理解自身的动机、目标和价值观。通过实践，学生能够更加明确自己在创新过程中的驱动力，从而更有针对性地运用个人的特长和兴趣进行创新实践。自我认知不仅包括对外在表现的认知，更涵盖了对内在动机和潜在能力的挖掘，帮助学生更全面地理解自身的潜能。创新思维的培养需要学生不断地反思自己的思考方式和思维模式。反思是自我认知的深度加工，通过对过往经验的反思，学生能够更全面地认识到自己的认知偏向和思考方式。

通过对实践过程的反思，学生能够识别到自己在解决问题时的思考模式是否僵化，是否缺乏灵活性，这样的自我认知有助于学生更有针对性地调整自己的思维方式，为创新思维的培养提供内在支持。自我认知还涉及对学生内在需求和动机的深层理解。在实践中，学生会逐渐认识到自己对某些领域或问题的浓厚兴趣，也会发现自己在特定情境下更容易展现出卓越的表现，通过这些发现，学生能够更好地理解自己内在的动机和需求，从而有助于明确个人目标和职业发展方向。这种自我认知的提升是创新思维培养的前提，因为只有深刻认识自己，学生才能更有针对性地运用创新思维进行实践。自我认知不仅涉及学生对自身的静态认知，更包括对自身发展的动态追踪。通过对实践和反思的全面把握，学生能够更好地认识到自己在不同阶段的成长和变化，这样的动态自我认知使学生能够更灵活地调整自己的学习策略和职业规划，更好地适应环境的变化。自我认知在核心素养与创新思维培养中起着不可忽视的作用。通过实践，学生能够在不断的问题解决过程中形成初步的自我认知；通过反思，学生能够深度挖掘自身的潜能，调整思维方式，这种自我认知的提升不仅为创新思维的培养提供了内在支持，更有助于学生在不断变化的环境中更加自信和适应。

（五）创新思维培养

核心素养与创新思维培养是一体两翼的学习过程，实践与反思作为关键要素，具体显现为创新思维的培养。创新思维的培养是一个综合的、渗透式的过程，通过实际操作和深度思考，学生逐渐培养出具有创造性和灵活性的思维方式。创新思维的培养始于实践，在实际问题解决中，学生面对各种挑战和复杂性，需要运用创造性的思维方式来找到新颖的解决方案。实践是锻炼创新思维的场所，通过对实际问题的思考和解决，学生逐渐培养出敢于突破常规、挑战传统的勇气。创新思维在实践中得以具体体现，学生在尝试不同的方法思考问题的多元化过程中，不断强化创新思维的基础。创新思维培养的过程需要学生不断面对新的挑战。实践中的不确定性和复杂性，促使学生摆脱固有的思维模式，寻找新的解决途径，这种挑战的过程，让学生能够适应变化，培养出灵活性的思维方式。在实际问题的解决中，学生通过创新实践，学会对未知的情境保持开放的心态，促进自己的创新思维不断得到锻炼和提升。创新思维培养也需要学生在实践中发现问题背后的本质，通过深入思考，学生能够超越表面现象，寻找问题的深层原因，这种深度思考的过程，是创新思维培养中的重要环节。学生通过实践，了解问题的本质，而不是仅仅停留在表面的现象，这种深度思考培养了学生对问题抽象和概括的能力，为创新思维的产生奠定了基础。创新思维培养还需要学生将理论知识与实际问题相结合。在实践中运用所学知识，学生能够更好地理解知识的实际应用，促使创新思维从理论层面转化为实际解决问题的实践，这种理论与实践相结合的过程，使学生更有底气、更有信心地运用所学知识进行创新实践，推动创新思维的深度发展。反思是创新思维培养中的内在引擎，通过对实践的反思，学生能够深入了解自己在创新思维中的表现。反思是一个迭代的过程，学生通过对过往经验的反思，不断调整和改进自己的创新思维方式。通过对问题解决过程的回顾，学生能够更清晰地认识到自己在创新思维中的优势和不足，为未来的实践提供更有力的支持。创新思维培养中的反思还有助于学生认识自己的思维偏向和局限性。通过深度的思考，学生能够识别到自己在解决问题时的思维路径是否单一，是否缺乏灵活性，这种对自身思维方式的深刻认识，是创新思维培养中的重要一环，为学生的创新思维提供了有力的内在支持。核心素养与创新思维培养在实践和反思中得以具体而深刻地体现为创新思维的培养。实践是锻炼创新思维的场所，通过面对挑战、发现问题的本质，学生能够逐渐培养出具有创造性和灵活性的思维方式。而反思则是这一过程中的内在引擎，通过深度思考和对经验的反思，学生能够更清晰地认识自己，不断优化创新思维的方式，这样的学习循环促进了核心素养的发展，推动了创新思维能力的不断提升。

第三节　核心素养与社会责任意识培养

一、跨学科的综合素养

（一）问题解决的全面性

核心素养与创新思维培养的一个显著方面即是跨学科的综合素养，这涉及学生在不同学科领域中灵活运用知识和思维方式，旨在全面解决复杂问题。跨学科的综合素养在问题解决中扮演着重要的角色，为全面性的解决方案提供支持。问题解决的全面性体现在学生能够不仅仅依赖于某一学科的知识和方法，而是能够融汇各种学科的视角，以更全面的方式理解问题的本质。在复杂的现实情境中，问题往往涉及多个方面，具有多层次的因果关系，而跨学科的综合素养使得学生能够以更为广泛和深刻的视角审视问题，从而制订更为全面和有效的解决方案。在解决问题的过程中，跨学科的综合素养有助于学生更好地运用各个学科的专业知识。问题往往不是单一学科的范畴，而是涉及多个学科领域。例如，解决环境问题不仅需要科学的知识，还需要语文学科、数学学科、道德与法治学科等多个领域的知识。通过综合运用不同学科的专业知识，学生能够更全面地理解问题的多样性和复杂性，为问题解决提供更为深刻和具体的见解。跨学科的综合素养还能够促使学生形成创新性的思维方式。创新思维强调对问题的不同、独特的视角，而跨学科的综合素养正是学生通过多元学科的融合来形成创新性思维的关键。在面对问题时，学生将不同学科的知识进行有机结合，能够产生新颖的观点和独特的解决途径，为创新思维的发展注入了新的动力。问题解决的全面性还表现在不同领域知识的相互补充和交叉运用。通过综合运用跨学科的知识，学生能够更好地理解问题的多样性和复杂性，促进学科之间的交叉融合，这种跨学科的交叉运用有助于发现不同领域的联系和相互影响，为问题的全面解决提供更为细致入微的思路。此外，跨学科的综合素养还能够拓展学生的认知范围，通过涉足不同学科领域，学生不仅能够更全面地了解问题，同时也能够培养出对不同学科之间关联性的感知，这种认知的拓展有助于学生形成更为宽泛的思维框架，使其在面对新问题时能够更具有应变能力和适应性。跨学科的综合素养是核心素养与创新思维培养不可或缺的一部分。通过灵活运用多个学科领域的知识和思维方式，学生能够更全面地理解问题，更具创造力地解决问题，推动创新思维的发展，这种全面性的素养有助于学生更好地适应多元化的社会环境，为学生的未来发展提供坚实的基础。

（二）创新思维的灵活性

核心素养与创新思维培养的重要方面之一是跨学科的综合素养，这种素养不仅涉及知识的广度和深度，更关注学生在解决问题时如何灵活运用不同学科的思维方式和方法，以促进创新思维的发展。创新思维的灵活性体现在学生能够在面对问题时，不受制于单一学科的视角，而是能够自如地融合多个学科的思维方式，拓展解决问题的思路。这种灵活性要求学生具有开放性的知识，能够超越学科边界，不拘泥于特定学科的思维框架。通过灵活运用不同学科的观点和方法，学生能够更全面地理解问题的本质和多样性，为创新思维的产生提供广阔的空间。在跨学科的综合素养中，创新思维的灵活性还表现在学生能够通过多元学科的整合，提出新颖的问题和观点，这不仅要求学生熟悉不同学科的知识，更要求学生能够主动地寻找学科之间的交叉点，发现新的问题和挑战。通过这种创新性问题的提出，学生能够引领思维的新方向，推动解决方案的创新性发展。跨学科的综合素养培养了学生在创新思维中的跳跃性。在解决问题的过程中，学生通过对不同学科知识的运用，能够在思维中跳跃，穿越学科的界限，形成新的认知模式，这种跳跃性的思维模式能够帮助学生更好地发现问题之间的内在联系，激发创新思维的活力。此外，创新思维的灵活性在对信息的处理和利用上也得到体现。在信息爆炸的时代，学生需要具备对不同领域信息的接收和理解能力。在面对复杂问题时，创新思维的灵活性要求学生能够在不同学科的知识体系中自由穿梭，找到解决问题的突破口，这种跨学科的思维能力使得学生能够更迅速、更高效地应对复杂问题，为创新的产生和发展提供有力的支持。核心素养与创新思维培养中的跨学科的综合素养具体体现为创新思维的灵活性，这种灵活性使得学生能够在不同学科领域中游刃有余地运用知识，拓展解决问题的思路，提出新颖的问题和观点，跳跃性地思考并迅速适应新的变化。通过培养这种跨学科的综合素养，可以推动创新思维的全面发展，使学生更具有应变能力和创造力，为面对未知挑战提供了更为丰富和多元的解决路径。

（三）对多元文化的理解

核心素养与创新思维培养中的跨学科的综合素养具体体现为对多元文化的理解。这种理解不仅涉及学生对不同文化的认知，更包括学生能够在解决问题和创新思考时，充分考虑多元文化的影响。对多元文化的理解要求学生能够超越狭隘的视野，接纳和尊重来自不同文化背景的观点和价值观。在学科融合的过程中，学生需要意识到不同文化间存在的差异性，包括语言、信仰、社会习惯等方面，通过对多元文化的深入了解，学生能够更全面地看待问题，避免将解决方案局限于特定文化视角。跨学科的综合素养还培养了学生在多元文化中建立联系的能力，这意味着学生不仅要理解不同文化的差异，还要能够发现文化之间的共通点和相互关系。在解决问题的过程中，这种文化之间的联系有助于学生更好地把握问题的本质，形成更为全面和综合的认识。通过培养对多元文化的理解，学生能够更好地适应全球化的社会环境。现代社会的互联互通使得文化交流变得更加密切，学生在学科融合中需要具备更高的文化适应性。了解和理解不同文化，使得学生能够在不同文化环境中更自如地运用知识和技能，提升了其跨文化合作中的能力。跨学科的综合素养还能够推动创新思维的涌现。在多元文化的影响下，学生能够从不同文化中汲取灵感，将各种文化元素融入到解决问题的过程中，这样的跨文化创新思维有助于发掘新的问题解决途径，推动创新的发展。在跨学科的综合素养中，多元文化的理解还涉及对文化差异的尊重和包容，学生需要认识到文化之间的不同，并在合作与交流中表现出尊重和包容，以建立良好的跨文化合作关系，这种文化之间的理解和包容有助于形成开放的思维模式，推动创新思维的共建。跨学科的综合素养在核心素养与创新思维培养中的具体表现为对多元文化的理解，这种理解要求学生不仅仅认知不同文化的存在，更能够在解决问题和创新思考时，运用多元文化的观点，建立文化之间的联系，尊重和包容文化差异。通过这样的跨学科综合素养的培养，学生能够更好地适应多元文化的社会环境，推动创新思维的全面发展。

（四）系统性思考

核心素养与创新思维培养的一个重要方面即是跨学科的综合素养，这种素养深刻体现在学生具备系统性思考的能力。系统性思考要求学生能够超越狭隘的学科边界，将问题置于更大的框架内，全面考虑各个方面的因素，在解决问题的过程中，系统性思考能力使学生能够更好地理解问题的多层次和多因素性质。问题往往不是孤立存在的，而是嵌套在更大的系统中，跨学科的综合素养使得学生能够将问题放置于更为广泛的背景中，考虑到各种潜在的相互关系和影响，从而形成更为全面的认识。学生通过系统性思考，能够更好地理解问题的根本原因。问题表面上的现象可能只是更深层次问题的外在表现，而系统性思考能够帮助学生深入挖掘问题的本质，找到问题的根本所在，这种深度的思考能力有助于学生提出更为有效和可持续的解决方案。系统性思考还能够帮助学生建立问题解决的框架，通过将问题放置在系统的框架中，学生能够更好地组织问题的结构，理清问题的内在逻辑，这种框架化的思考方式有助于学生更系统地进行信息整合，形成更为清晰的问题解决路径。在跨学科的综合素养中，系统性思考能力还涉及对多个学科之间关系的整合，学生需要将各个学科领域的知识有机结合，形成一个更为综合的思维体系，通过对多个学科的综合思考，学生能够更好地理解问题的复杂性和多元性。此外，系统性思考有助于学生在创新思维中发现新的机遇和可能性。通过对系统的全面分析，学生能够发现问题中的潜在机遇，从而引发创新性的思考，这种系统性的思考方式能够促使学生更全面地看待问题，拓宽创新的视野。在面对复杂问题时，系统性思考能力使得学生能够更全面、更系统地应对挑战。复杂问题往往具有多方面的影响和相互关系，需要学生能够全局思考，找到问题解决的关键节点。系统性思考的培养有助于学生更好地适应现代社会对全面发展的需求，为解决复杂问题提供了有力的认知工具。跨学科的综合素养在核心素养与创新思维培养中的具体表现为系统性思考，这种思考能力要求学生能够超越学科局限，将问题放置于更广阔的背景中，全面考虑各个方面的因素。通过系统性思考，学生能够更好地理解问题的复杂性和多元性，建立问题解决的框架，深入挖掘问题的根本原因，为创新思维的全面发展提供坚实的基础。

（五）创新的交叉点

跨学科的综合素养在核心素养与创新思维培养中的具体体现，主要表现为创新的交叉点。这一概念指的是学生在解决问题和推动创新思维发展时，能够发现不同学科领域之间的交叉融合之处，从而形成新的思考和创新的可能性。首先，创新的交叉点要求学生能够将多个学科领域的知识进行整合，这不仅仅是简单地将不同学科的知识放在一起，更是通过对知识的深刻理解，找到各个学科之间的关联和相互作用，通过整合不同学科的知识，学生能够在解决问题和进行创新思考时，更全面地考虑问题的多个方面，形成更为综合和全面的思维体系。其次，创新的交叉点强调学生能够在不同学科领域之间建立联系，这种联系不仅仅是知识上的关联，更包括思维方式、方法论等层面的交叉。通过建立学科之间的联系，学生能够更灵活地运用不同学科的思维工具，为问题的解决提供更为多样化和富有创意的途径。在创新的交叉点中，学生需要敏锐地察觉不同学科领域之间的共同点和相互影响，这要求学生具备对多学科知识的深入理解，能够在学科的边缘发现新的可能性。通过发现学科之间的共通性，学生能够更好地在交叉点上激发创新思维，形成新的问题表述和解决方式。创新的交叉点还强调了学生在解决实际问题时，能够灵活运用不同学科的方法和理念。问题往往不是单一学科的领域，而是涉及多个方面，通过在不同学科领域之间建立桥梁，学生能够更好地运用多元学科的方法，为问题提供更为创新的解决途径。在创新的交叉点中，学生的思维过程不再受限于特定学科的范畴，而是能够自由地穿越学科的界限，形成新的思考路径。这种跨学科的思维能力有助于学生在创新中找到新的视角，引发新的思考方式，推动创新思维的不断涌现。跨学科的综合素养在核心素养与创新思维培养中的切实体现为创新的交叉点，这一概念强调了学生能够在不同学科领域之间寻找联系和交叉，形成新的思考和创新的可能性。通过在交叉点上灵活运用多学科的知识和思维方式，学生能够更全面、更具创新性地解决问题，为创新思维的培养提供肥沃的土壤。

（六）应对复杂性的能力

核心素养与创新思维培养中的跨学科综合素养具体表现为应对复杂性的能力，这一能力要求学生能够在解决问题和进行创新思考时，灵活运用多学科的知识和思维方式，全面考虑问题的多个方面，更好地应对问题的复杂性。应对复杂性的能力首先体现在对不同学科领域的知识的熟练运用。在面对复杂问题时，学生需要具备对多学科知识的广泛了解和深入理解，以便能够全面地把握问题的方方面面。这种广泛和丰富的知识储备为学生提供了解决问题的基础，使其能够更全面地理解问题的本质和复杂性。跨学科的综合素养还强调了学生在解决问题时需要具备整合不同学科知识的能力。复杂性问题往往涉及多个学科领域，而解决这些问题需要将不同学科的知识有机结合，形成一个综合的解决方案。通过整合不同学科的知识，学生能够更好地理解问题的多样性，形成更为全面和完善的解决思路。此外，应对复杂性的能力还包括了对多个学科领域的方法论的熟练掌握。不同学科往往有不同的解决问题的方法和思维方式，而学生需要根据问题的性质灵活运用不同学科的方法，这种方法论的多元运用使得学生能够更全面、更深入地分析问题，为解决复杂性问题提供更为灵活和多样化的途径。应对复杂性的能力还要求学生在解决问题时能够形成系统性思维，系统性思维要求学生将问题放置于更大的框架内，全面考虑问题的各个方面，理清问题的内在逻辑。这种系统性思维有助于学生更好地分析问题的结构，找到问题的根本所在，形成更为深刻的认识。在复杂性问题中，学生还需要具备跨学科的沟通与合作能力。由于问题涉及多个学科领域，学生需要有效地与来自不同学科背景的人进行沟通和合作，充分发挥团队的协同优势。跨学科的沟通与合作不仅能够整合不同学科的专业知识，更能够促进创新思维的碰撞与融合。核心素养与创新思维培养中的跨学科综合素养具体体现为应对复杂性的能力，这种能力要求学生能够熟练运用多学科的知识，整合不同学科的方法论，形成系统性思维，以应对复杂问题。通过培养这种能力，学生能够更好地适应现代社会复杂、多变的挑战，为创新思维的发展提供有力的支持。

二、批判性思维

跨学科的综合素养在核心素养与创新思维培养中的具体表现，主要彰显为批判性思维，这一能力要求学生能够在解决问题和进行创新思考时，以批判性的眼光审视信息、观点和解决方案，从而深刻理解问题的本质，推动创新的发展。批判性思维首先涉及对信息的分析和评估。在面对复杂多变的问题时，学生需要具备辨别信息真伪、准确性和可信度的能力，通过对信息来源、论证方式和证据的审查，批判性思维能够帮助学生过滤出高质量、可靠的信息，为问题解决提供坚实的认知基础。此外，批判性思维要求学生对不同观点和思想保持开放的态度。在跨学科的综合素养中，学生需要接纳来自不同学科领域的观点，理解其背后的逻辑和推理，而不是简单地拒绝或接受。通过开放性的思考方式，学生能够更全面地认知问题，为创新思维提供多元的思维素材。批判性思维还要求学生能够深入挖掘问题的根本原因。在解决问题的过程中，批判性思维能够帮助学生追溯问题的根源，分辨问题表象和本质，通过深入挖掘问题的根本原因，学生能够形成更为深刻的对问题的理解，为创新思维提供清晰的问题表述基础。在批判性思维中，学生需要能够对解决方案进行全面的评估，这包括对解决方案的可行性、效果和可能的副作用进行全面权衡。通过批判性思维的评估，学生能够更好地选择最为合适和创新的解决途径，避免盲目从众或一刀切的决策。批判性思维也体现在对自身思维的反思和调整上，学生需要能够审视自己的观点和假设，不断反思思维的合理性和有效性，通过对自身思维的不断调整和优化，批判性思维有助于学生更为精准地把握问题的本质和复杂性。最后，批判性思维在解决问题时能够激发创新的动力。通过对问题的深刻分析和全面评估，批判性思维有助于学生发现问题中的潜在机遇，引发创新性的思考，这种深度思考和全面评估能够推动学生不断挑战传统思维，勇于尝试新的思维路径，推动创新思维的不断涌现。跨学科的综合素养在核心素养与创新思维培养中的批判性思维体现为对信息的分析和评估、对不同观点的开放态度、深入挖掘问题的本质、全面评估解决方案、对自身思维的反思和调整，这一能力有助于学生更全面、更深入地理解问题，更精准地把握问题的复杂性，为创新思维提供有力的智力支持。

三、社会参与与实践

（一）核心素养

核心素养与创新思维的培养，以及社会参与与实践的融合，构成当今教育体系的关键要素，这一综合性教育理念超越了简单的知识传授，致力于培养学生更为全面的能力，使其在不断变化的社会中能够灵活应对各种挑战。核心素养的培养并非仅仅是对学科知识的被动接受，更强调学生对知识的深刻理解和主动运用，涵盖语文、数学、科学等多个学科领域。核心素养的培养要求学生能够跨足不同领域，形成对多学科知识的全面把握。这种广泛的学科涉猎为学生提供了更为丰富的认知体验，使其能够更好地在解决实际问题中运用所学知识。批判性思维是核心素养中的重要组成部分，旨在培养学生具备对信息进行分析和评估的能力。学生需要学会提出问题，并形成独立见解，这种思维方式使得学生能够超越表面，深入思考问题的本质，为未来面对复杂的社会问题做好思维准备。创新思维的培养强调问题解决能力，引导学生从实际问题出发，通过运用创新思维解决挑战，这不仅要求学生具备实际应用知识的能力，更需要他们在面对未知情境时能够灵活运用创新思维寻找解决方案。问题解决能力是创新思维中的一个关键环节，培养了学生在复杂环境中迎难而上的勇气和智慧。创造性思维是创新思维的核心，要求学生不仅要理解和运用已有知识，还要敢于挑战传统观念，提出新颖独特的见解。通过这种思维方式，能够帮助学生培养创造性的灵感，推动思维的进步，为未来的发展提供新的动力。适应性思维则强调学生在不同情境下的灵活性和变通性，这种思维方式使学生更能够适应社会多样性和变化，具备更好的自我调整能力。适应性思维不仅是解决问题的手段，更是一种战胜困难的心态，帮助学生更好地迎接未知的挑战。团队合作在社会参与与实践中占据重要地位，通过与他人协作，学生能够更好地理解团队协作的价值，培养有效的沟通和合作技能，这种经验不仅有助于学生在团队中发挥个人优势，更能够提高整个团队的创造性和综合素养。实地体验是社会参与与实践中的一种重要形式，通过亲身参与社会实践，学生能够在实际操作中更深入地理解所学知识。实际问题的解决是社会参与与实践的核心，要求学生能够将所学知识与实际情况相结合，通过创新思维解决问题。这种实际问题解决的能力不仅使学生在学业上更具竞争力，也为将来的职业发展奠定了坚实的基础。社会意识是社会参与与实践中不可或缺的一环，通过提高学生对社会问题的认识，促使其关注社会动态，培养对社会的责任感。社会意识使学生更加理解学生与社会的相互关系，从而更好地融入社会。核心素养与创新思维的培养，以及社会参与与实践的有机融合，共同构建了一个全面的教育体系，这种教育理念突破了传统的知识传授模式，注重培养学生的综合能力，使其在不断变化的社会中能够灵活应对各种挑战，这种全面培养的教育模式有助于培养更具创新精神和社会责任感的未来人才。

（二）创新思维

核心素养与创新思维的培养在当今教育中扮演着至关重要的角色，这种培养不仅仅限于学科知识的传授，还包括了社会参与与实践以及创新思维的有机结合。核心素养的培养要求学生具备跨学科的综合能力，而不仅仅是对特定学科的了解。语文、数学、科学等多个学科的融合有助于学生更好地理解和应用知识，培养他们全面发展的素养。这种广泛涉猎不仅加深了学生对各领域知识的理解，同时也为他们建立更为完整的认知体系奠定了基础。批判性思维是核心素养的重要组成部分，强调学生对信息的审辨和评估能力，学生需要培养提出问题、形成独立见解的能力，以便更好地适应日益复杂和多变的社会环境，这种思维方式使得学生在面对各种问题时能够更具分析力和判断力。创新思维的培养是当前教育中的热点，着眼于培养学生面对未知情境时能够提出独特解决方案的能力。问题解决成为创新思维的关键。通过挑战和解决问题，学生能够培养自己独立思考的能力，这样的培养不仅让学生适应了未知的挑战，更促成了他们对学科知识的创造性运用。社会参与与实践在核心素养与创新思维培养中起到了极为重要的作用，实地体验不仅可以让学生从纸面上的知识走向实际应用，同时也能够加深他们对社会实际运作的理解。创新思维在社会参与与实践中的体现尤为显著。在解决实际问题的过程中，学生需要运用创新思维，提出符合实际情境的解决方案，这种实际问题解决的方式，不仅培养了学生的实践能力，也激发了他们在面对挑战时勇往直前的信心。团队合作是社会参与与实践的必备元素之一。通过与他人共同合作，学生能够更好地理解团队的力量，并在协同中提升素养，这种协作精神不仅在解决问题时显得尤为重要，也为将来步入职场提供了必备的团队协作能力。适应性思维的培养不仅在核心素养中具有重要性，在社会参与与实践中同样不可或缺。社会环境的多样性和变化使得学生需要具备更强的适应性，能够在不同情境下迅速调整自己的思维和行为方式，以更好地适应社会的发展变化。社会意识是社会参与与实践的一个关键方面，通过提高对社会问题的认识，学生能够更加深刻地理解社会的运行机制，意识到学生与社会的相互关系，这种社会意识的培养有助于学生更好地融入社会，对社会的发展起到更积极的作用。核心素养与创新思维的培养，以及社会参与与实践的结合，共同构建了一个全面的教育体系。这不仅强调学科知识的广泛涉猎，更注重学生的批判性思维、创新思维和实际问题解决能力的培养。通过社会参与与实践，学生得以更深刻地理解社会，培养自己的社会责任感和团队协作精神，这种全面培养的教育理念有望为培养更具创新力和实践能力的未来人才奠定坚实的基础。

（三）社会参与与实践

核心素养与创新思维的培养是当今教育体系的关键组成部分，这种培养不仅限于传授学科知识，更包括了社会参与与实践的要素。社会参与与实践不仅是培养核心素养的手段，而且也是创新思维的源泉。核心素养的培养涉及广泛的学科知识，强调学生的学科综合能力，这包括了语文、数学、科学等多个学科领域，使学生能够更全面地理解世界，这不仅有助于形成更为完整的认知结构，同时也为未来解决复杂问题提供了扎实的基础。批判性思维是核心素养的重要组成部分，要求学生具备对信息的分析和评估能力，这种思维方式使学生能够超越表面现象，深入思考问题的本质，培养了他们对问题独立思考的能力。批判性思维使得学生不仅仅是知识的接收者，更成了知识的创造者。创新思维的培养强调问题解决的能力，学生需要通过创新思维来应对未知挑战，不拘泥于传统的解决方案。问题解决能力的培养使复杂的现实问题迎刃而解，从而使学生能更好地适应社会的发展。社会参与与实践则是核心素养和创新思维的有机结合。实地体验让学生从理论知识走向实际运用，使他们更深入地理解所学知识。社区服务项目则强调社会责任感，促使学生通过实际行动参与社会事务，从而更好地融入社会。实际问题解决是社会参与与实践的重要环节，要求学生能够将所学知识应用到解决实际问题的过程中，这不仅加深了对学科知识的理解，更培养了学生解决实际问题的能力。通过解决实际问题，学生能够更好地应对日益复杂的社会挑战。团队合作是社会参与与实践的一个重要组成部分，通过与他人协作，学生能够更好地理解团队协作的价值，培养出色的沟通和合作技能，这种协作精神使得学生在社会参与中更容易发挥学生优势，共同推动团队进步。适应性思维是社会参与与实践的重要环节。社会环境的多样性和变化使得学生需要具备更强的适应性，以适应各种情境。适应性思维的培养使学生能更灵活地应对变化，具备更好的自我调整能力。社会意识是社会参与与实践的一个关键方面。通过提高对社会问题的认识，学生能够更好地理解社会的运行机制，认识到学生与社会的相互关系，这种社会意识的培养使得学生更具社会责任感，能更积极地参与社会的发展。核心素养与创新思维的培养，以及社会参与与实践的结合，共同构建了一个全面的教育体系，这种综合培养不仅强调学科知识的广泛涉猎，更注重学生的批判性思维、创新思维和实际问题解决能力。通过社会参与与实践，学生得以更深入地理解社会，培养了自己的社会责任感和团队协作精神，这种全面培养的教育理念有助于培养更具创新力和实际能力的未来人才。

四、道德与价值观

核心素养与创新思维的培养是教育体系中不可或缺的重要组成部分，这种培养的目标不仅仅是传授学科知识，更在于塑造学生的品格和价值观。在这个过程中，道德与价值观的培养显得尤为重要，因为它不仅关系到学生的行为准则，也涉及整个社会的和谐与进步。核心素养的培养追求的是学生的全面发展，而这不仅仅包括了学科知识的广泛涉猎，还涉及学生的道德水平。道德素养是核心素养的一部分，它强调了学生在面对各种问题时的正确判断和行为准则，通过培养学生的道德素养，教育体系更好地服务于社会的长远发展。批判性思维是培养核心素养的重要手段之一，学生通过批判性思维，能够更好地分辨是非，形成独立的判断。而这其中，道德与价值观在指导学生正确思考问题、形成独立见解方面发挥着重要的引导作用。批判性思维的培养使学生在面对道德和伦理问题时能够更理性、更明智地做出判断。创新思维的培养也与道德价值观息息相关。创新不仅仅是对知识的创造性运用，更是对社会问题的独立思考，在这个过程中，学生需要考虑到道德和伦理的因素，确保创新成果符合社会的价值观。创新思维的培养使学生在追求新颖想法的同时，更加注重其对社会的积极贡献。社会参与与实践是培养核心素养与创新思维的重要途径。通过参与社会实践，学生能够更深入地理解社会的运行机制，同时也能够接触到不同的道德观和价值体系，这种实践使学生在复杂的社会环境中更好地应对各种伦理和道德问题，同时也促使他们对自身的道德水平进行反思和提升。实际问题解决是社会参与与实践中的一个关键环节，在解决实际问题的过程中，学生需要考虑到伦理和道德因素，确保问题的解决方案是符合社会价值观的，这种实际问题解决的方式培养了学生在面对道德困境时的决策能力，使其在实际工作和生活中更具备责任心。团队合作在社会参与与实践中占有重要地位，通过与他人合作，学生能够更好地理解团队合作的价值，并培养出色的沟通和合作技能。团队合作也是道德价值观培养的一部分，因为在团队中学生需要考虑团队成员的意见和价值观，达成共识，推动团队共同发展。适应性思维的培养是在社会参与与实践过程中的一个自然体现，社会环境的多样性和变化使得学生需要具备更强的适应性，能够在不同情境下迅速调整自己的思维和行为方式。适应性思维的培养使学生能更灵活地应对变化，具备更好的自我调整能力。社会意识是社会参与与实践的一个重要方面，通过提高学生对社会问题的认识，能使他们更好地理解社会的运行机制，认识到他们与社会的相互关系。社会意识的培养使学生更具社会责任感，更积极地参与社会的发展。核心素养与创新思维的培养，以及社会参与与实践的结合，共同构建了一个完善的教育体系。这不仅强调学科知识的广泛涉猎，更注重学生的批判性思维、创新思维和实际问题解决能力的培养。通过社会参与与实践，学生得以更深入地理解社会，培养了自己的社会责任感和团队协作精神。这种全面培养的教育理念有望为培养更具创新力、有道德担当的未来人才奠定坚实的基础。

五、团队协作和沟通能力

核心素养与创新思维的培养构成了当今教育体系的核心目标，这一理念不仅注重学科知识的传授，更强调了团队协作和沟通能力的培养。团队协作和沟通不仅是核心素养的一部分，更是创新思维的关键环节，对于培养学生的综合素质和适应社会的能力起着至关重要的作用。核心素养的培养旨在培养学生的全面能力，使其能够在不同领域中具备综合素质。团队协作是核心素养的一项重要内容，强调了学生在集体中的角色和作用，通过参与团队活动，学生能够更好地理解团队协作的重要性，并逐渐培养出卓越的团队合作能力。沟通能力也是核心素养的不可或缺的一部分，良好的沟通能力使学生能够更清晰、更准确地表达自己的想法，并且能够更好地理解他人的观点，这种双向沟通的能力有助于学生更好地参与团队合作，形成良好的协同效应。创新思维的培养强调的是学生在解决问题和面对挑战时的创造性思考，而团队协作和沟通能力在创新思维中具有特殊的价值。创新不是单打独斗的产物，而是团队智慧的结晶，学生在团队中学会协作、沟通，将学生的思维与团队的智慧相结合，能够更容易产生富有创意的解决方案。团队协作在实践中体现了多元化的思维方式，在一个团队中，不同成员可能拥有不同的专业背景、经验和观点。团队协作的过程中，学生需要学会尊重和倾听他人的意见，这有助于拓宽他们的视野，从而更好地适应和融入多元化的社会。沟通能力则是团队协作的桥梁，良好的沟通能够有效减少信息传递的误差，使团队成员之间能够更加顺畅地交流，这种清晰的沟通有助于避免团队内部的摩擦，促进共同目标的达成。团队协作和沟通能力在社会参与与实践中扮演了关键角色，通过参与实际项目和社会活动，学生能够更直接地体验到团队合作和沟通的重要性，这种实践不仅有助于培养学生的实际问题解决能力，更能够锻炼他们的团队协作和沟通技能。实际问题解决是团队协作和沟通能力的一个直接体现。在解决实际问题的过程中，学生需要通过团队协作，集思广益，发挥每个成员的优势，共同找到最佳解决方案，而有效的沟通则是保证整个过程顺利进行的关键，有助于及时纠正和调整方案。适应性思维的培养也是团队协作和沟通能力的一部分。在团队中，情境可能会不断变化，要求成员能够灵活调整自己的思维和行为方式，适应性思维使得学生在团队协作中更具灵活性，更容易适应变化。社会意识的培养也与团队协作和沟通能力密切相关。通过参与团队和社会实践，学生能够更深入地理解学生与社会之间的关系，认识到团队的目标常常与社会的需要息息相关，这种社会意识的培养有助于学生更具责任感地参与团队合作，更好地为社会做出贡献。

六、可持续发展观念

核心素养与创新思维的培养是现代教育体系的中流砥柱。这种培养并非仅仅限于传递学科知识，更深层次地涉及可持续发展观念的培养。可持续发展观念是指在满足当前需求的同时，也要保护和维护未来社会的发展需要。在这个培养过程中，学生不仅需要具备广泛的学科知识，还需要培养对环境、社会和经济等方面的可持续发展思维，以应对当今社会面临的重大挑战。

核心素养的培养着眼于学生的全面成长，旨在培养其在不同领域中具备综合素质，而可持续发展观念被视为核心素养的一个重要组成部分，这一观念要求学生不仅仅关注自身学科领域的发展，更需要认识到学生的行为与整个社会、环境的关系。通过培养可持续发展观念，学生将更深刻地理解他们的行为对社会和环境的长远影响。创新思维的培养强调学生在面对未知挑战时能够提出独特解决方案的能力，可持续发展观念在创新思维中扮演着重要的角色。创新不仅仅是对问题的独特思考，更是对未来社会可持续性的关注。通过培养创新思维，学生将更好地理解如何在解决问题的同时考虑到社会、环境和经济的长远发展。可持续发展观念的培养需要学生具备批判性思维，在面对社会和环境问题时，学生需要深入思考问题的本质，分析不同方案对可持续性的影响。这种批判性思维能力不仅有助于学生更好地理解可持续发展观念的重要性，更能够使他们在面对社会挑战时形成明智的决策。社会参与与实践在可持续发展观念的培养中具有特殊的意义。通过参与社区服务项目或实际工程，学生能够亲身体验到可持续发展的实际问题，这种实践不仅加深了学生对可持续发展观念的理解，更培养了他们解决实际问题的能力。实际问题解决是社会参与与实践中的一个重要环节，在解决实际问题的过程中，学生需要考虑到社会、环境和经济的可持续性，确保问题的解决方案是全面、长远的，这种实际问题解决的方式培养了学生在面对复杂问题时的实际能力，使其能够更好地适应社会的发展。团队合作是社会参与与实践的必备元素之一，通过与他人共同合作，学生能够更好地理解团队的力量，并在协同中提升学生素养，这种协作精神不仅在解决问题时显得尤为重要，也为将来步入职场提供了必备的团队协作能力。适应性思维的培养不仅在核心素养中具有重要性，在社会参与与实践中同样不可或缺。社会环境的多样性和变化使得学生需要具备更强的适应性，能够在不同情境下迅速调整自己的思维和行为方式，以更好地适应社会的发展变化。社会意识是社会参与与实践的一个关键方面，通过提高对社会问题的认识，学生能够更加深刻地理解社会的运行机制，意识到学生与社会的相互关系，这种社会意识的培养有助于学生更好地融入社会，对社会的发展起到更积极的作用。可持续发展观念在团队协作和沟通能力的培养中发挥着重要作用。在团队合作中，学生需要考虑到社会和环境的可持续性，确保团队的目标符合可持续发展的要求。同时，良好的沟通能力使得学生能够更清晰地传递自己的可持续发展观念，促进团队成员之间的理解和合作。适应性思维的培养在团队协作和沟通中也显得尤为关键。团队合作中，情境可能会不断变化，要求团队成员能够灵活调整自己的思维和行为方式，适应性思维的培养使得学生在团队协作中更具灵活性，更容易适应变化。社会意识则在团队协作和沟通中发挥着引导作用，通过提高学生对社会问题的认识，使他们更好地理解团队合作的价值，并将自己的行为与社会的长远利益相结合，这种社会意识的培养使得学生在团队中更具社会责任感，更能够为社会的可持续发展做出积极贡献。

核心素养与创新思维的培养，以及可持续发展观念、团队协作和沟通能力的提升，形成了一个全面的教育体系，这不仅注重学科知识的广泛涉猎，更强调学生在解决问题和面对挑战时需要具备可持续发展的观念。通过社会参与与实践，学生得以更深入地理解社会，培养自己的社会责任感和团队协作精神，这种全面培养的教育理念有助于培养更具创新力、适应性和社会责任感的未来人才。

第三章 单元作业设计的概念与原则

第一节 单元作业设计的定义

一、作业设计的研究

在国外，教育者们普遍认可作业在教学过程中的作用，并予以高度重视，虽然在对教学的研究过程中，会涉及对作业的研究，但较少单独开展对作业的研究。在一大批学者中，美国杜克大学的库珀和他的研究团队，目前被公认为作业研究方面的权威。综合而言，国外对于作业设计的研究主要涉及以下两个方面：第一方面是作业设计价值与功能定位。早在17世纪，赫尔巴特与凯洛夫等教育家就提出想法，把作业设计看作是进行教学管理的一种重要手段，并将它纳入教学工作中。到了19世纪，以杜威为代表的美国教育家认为：作业设计是达成课程目标的一种学习活动。除此以外，泰勒、布鲁姆等教育家则把作业设计看作一种诊断评价和反馈作业是否达成目标的方法。第二方面是作业设计的类型与内容。在赫尔巴特和凯洛夫思想的影响下，作业的内容往往以书面形式的文本呈现，而杜威则强调作业的自主性，他认为作业与生活和社会相关联。泰勒则将重心放在作业内容与作业目标一致上，强调以社区活动为主。布鲁姆的教育目标分类理论则在作业设计形式方面使之多样化。

郭要红认为作业是在特定的环境下，学生和教师为完成既定的课程学习目标而选择的共同任务，通过师生间的交流与互动能达成有效果与有效益的教学活动就是有效作业设计。提高作业设计的有效性，首先要做的，就是设定具有相对难度的学习目标，再根据目标精心挑选作业题，作业内容不仅要考虑到学生的差异性，富有弹性，而且要关注作业在实施中的高效反馈，因此，要利用合理的形式动态生成矫正作业，达到良好效果。肖正德提出优化作业设计的策略，如为了减少作业的重复性而注重设计作业的典型性，考虑到学生的差异，而设计层次性作业，提高作业的趣味性，尽量减少机械性作业，通过设计开放性作业来激发学生探究的欲望。

单元作业通常指一个单元中全部作业的集合，这并不是将内容进行简单的整合，而是按照一定的逻辑和方式有机地整合在一起。例如：以教科书中自然编排的章节为依据，来进行单元的划分；或者以教科书中的某一个主题项目、某一个大概念或者某一个实际问题等为依据，进行相关内容的重新整合，同时要保证每一部分内容的主题相关或一致，且每个部分又都具有一定的独立性。崔允漷认为，单元就是一门小课程，一种以"大任务"为动力，将许多学习活动有机地结合在一起的学习单元，所有的学习活动都是以目标、内容、实施和评价为中心的。孟凡龙等人还提出了一个观点，即"学习单位"是一个由"主题""目标""活动""评价"四个要素组成的，具有一定要求和标准的、有系统的过程。李学书建议，一个单元的作业，要用一个大的概念，将目标、情境和知识点组织起来，如此就可以组成一个比较完善的、有很高难度的、需要多课时才能完成的学习过程。这样单元作业便具有综合性、系统性和探索性等特点。上海市教委在"提高中小学作业设计与执行质量"的项目中指出，单元作业应该是以一个学习单元为依托，整合单元内的全部作业进行设计，应包含该单元中每一个课时的任务。结合以上观点及单元的特性，下文所定义的单元作业应包含一个自然单元中涉及的全部作业。在该单元作业中，各个课时的作业内容之间，存在着交叉关联性、逻辑衔接性和难度进阶性等特征。单元作业设计要以满足课程标准为目标，结合学科核心素养的基本要求，将单元作业与单元教学的目标、课时分配、学情等因素相联系，将一个大的概念或实际问题作为锚点，对作业目标、作业情境、作业类型、作业难度与作业体量等因素进行总体规划。

二、单元作业研究

目前各国对单元作业设置已经进行了较为深入的探讨，主要包括：反向教学设计、三元教学与评价设计、建构式学习设计等范畴。另外，其他国家的作业虽然不属于单元作业，但对于单元作业的学习仍然有一定的参考价值。例如，新加坡设置"小组作业"，让同学们以小组为单位，挑选他们有兴趣的主题，展开调查，最后将结果以书面报告、口头陈述、小组作业文件等形式提交，而老师则扮演着提供观点及指导的角色。美国的"专题作业"，也就是所谓的"长作业"，指的是让学生用小组协作的方法，来解决教材上所列的专题作业，学生可以将其作为单元作业，留到下课后再做，期限可能是数星期，也可能是数个月。这些不同种类的作业启示教师，有三个因素必须被纳入单元作业设计中：一是要把学生放在核心位置。在作业设计的过程中，要注重培养学生的独立意识，引导学生积极地获取新认识，不断地提升自己的能力，同时，教师还要做好指导者和监督者的工作。二是要重视对学生的协作能力的训练。学生在一起探讨问题时，既可以互相探究，又可以互相学习，以提高学生的协作能力。三是注重全面的评价。评价不仅要注意学习成果，还要注意学习行为在完成作业过程中的具体体现，把学习过程与学习成果有机地融合起来。

从 2018 年起，单元作业设计越来越重视教学目标与单元作业设计的整合。例如，刘燕慧等人在自己的教育实践基础上，从教育实际情况出发，认为在教学过程中，要根据实际情况来改变自己的教学理念，从注重知识的传授转移到注重培养学生的能力上来，并主张在教学过程中要注重知识的多样化和系统性。严艳认为在单元教学中，想要体现"教—学—评"的一致，应以问题或者是以活动为导向，创造一个与单元教学相关的真实情境，同时根据具体内容，将学生所学知识进行一个全面的转化。通过以上分析可以看出，各个科目在进行单元作业设计时的共性在于：肯定了单元作业设计在与真实情景的一致性结合、作业类型的多样化及在完成作业时提高学生探究性等方面的作用。对于单元作业设计方面的研究，已经有了很多的探讨，每一门学科的作业设计都根据自己的学科特点，给出了相应的设计方案，同时，不同科目之间的作业设计方案也可以进行学习借鉴。各科目单元作业设计的流程以及单元作业设计的详细内容等，对于其他科目的教学同样具有重要的参考价值。

第二节 单元作业设计的原则

一、整体性原则

在课程视域下，单元作业设计不仅是教学过程中的一个环节，而且是实现课程目标、检测学生学习效果的重要工具。

（一）目标导向明确

在单元作业设计中，首先要明确课程目标、教学目标和作业目标的关系。单元的学习目标是一个整体目标，是通过课堂教学、课后作业，共同达成的所有目标的总和，应根据单元学习目标，确立单元教学目标和作业目标。作业目标要与教学目标一致。每一个作业任务都应有助于达成特定的作业目标，从而使学生通过完成作业深化对教学内容的理解。

（二）内容紧扣课程要求

单元作业的内容应当紧扣课程标准和要求，确保学生能够通过作业掌握课程的核心知识和技能。同时，作业内容应与学生的学习进度和认知水平相适应，既不过于简单也不过于复杂。

（三）知识与能力相结合

单元作业设计应兼顾知识掌握和能力培养两个方面。在巩固学生所学知识的同时，还应注重提升学生的分析、综合、评价等高级思维能力，以及实际应用和解决问题的能力。

（四）形式多样，符合学科特点

针对不同学科的特点和教学内容，作业的形式应有所差异。例如，文科类课程可以采用论文、报告、讨论等形式，而理科类课程则可以涉及实验、计算、图表分析等多种作业形式。多样的作业形式能够激发学生的学习兴趣，提高他们的学习积极性。

（五）难度梯度合理

单元作业的难度应呈现出一定的梯度，从基础性作业到发展性作业，再到拓展性作业，逐步提升挑战性和参与度。这样的设计不仅能够满足不同层次学生的需求，还能够有效地评估学生的学习进步。

（六）及时反馈与评价

作业评价是作业设计的重要环节，教师应及时给予学生作业批改反馈，指出他们的优点和不足，并提供具体的改进建议。同时，评价还应注重过程性评价和结果性评价相结合，全面评估学生的学习成果。

（七）适应学生个体差异

在设计单元作业时，教师应充分考虑学生的个体差异，包括已有知识技能基础、学习能力、兴趣爱好、学习风格、适应性等。通过设计不同难度、不同类型的作业，满足不同学生的学习需求，促进每个学生的个性化发展。

（八）激发学生兴趣和动机

单元作业设计应具有一定的趣味性和挑战性，以激发学生的学习兴趣和动机。通过设计与学生生活、兴趣密切相关的实践探究类、跨学科类作业，以及引入竞赛、合作等机制，增强学生的参与感和主动性。

课程视域下的单元作业设计应遵循目标导向明确、内容紧扣课程要求、知识与能力相结合、形式多样符合学科特点、难度梯度合理、及时反馈与评价、适应学生个体差异及激发学生兴趣和动机等原则。这些原则有助于设计出高质量、有效的单元作业，实现课程目标，并促进学生的全面发展。

二、学科整合原则

（一）任务设计跨学科

在单元作业设计中，学科整合原则的一个具体体现是任务设计跨学科，旨在确保设计的任务能够涵盖多个学科领域，要求学生在解决问题或完成任务时能够全面运用不同学科的知识和技能。首先，任务的设计应该包含多个学科，不局限于一个学科领域，确保学生跨越不同学科的边界，综合运用各种学科知识和技能解决问题和完成任务。其次，任务设计可以包括综合性的问题或挑战，要求学生从多个学科的角度综合运用知识，以寻找全面的解决方案。引入跨学科合作的元素也是重要的，能鼓励学生与其他学科领域的同学合作，共同解决跨学科性质的问题，促进知识的融合和学科间的交流。任务设计的层次结构可以逐步提升学生的学科整合能力，将任务分解成不同层次的子任务，或任务的阶段性设计，促使知识结构化，逐步提升学生的综合能力。此外，任务设计可以基于实际应用情境，使学生在解决问题的过程中面对真实世界的挑战，更好地综合应用所学的多学科知识。采用项目导向的学习方式也是一个有效的手段，包括跨学科的合作项目，使学生能够共同协作解决问题，各自贡献所学的专业知识，通过参与整个项目的各个阶段，学生在实际操作中进行跨学科整合，提高学科综合能力，同时培养学生在解决问题时从不同学科的角度思考，全面理解问题的多个方面，培养跨学科思维。团队协作也是项目导向学习中的关键要素，鼓励学生在小组中合作完成任务，促进知识的交流、共享和整合，培养学生在团队环境中应用多学科知识的能力。最后，评估标准应该涵盖对学生跨学科整合知识能力的评估，以确保他们能够有效地运用不同学科的知识解决问题。通过将学科整合原则转化为任务设计的跨学科性，单元作业促使学生全面理解和应用各学科的知识，培养跨学科整合的能力，提高学科综合素养。

（二）评估跨学科综合能力

在单元作业设计中，学科整合原则的具体体现之一是评估跨学科综合能力。这一原则强调通过设计综合性的评估标准来确保学生在任务中全面发展各个学科的知识和技能，特别是跨学科整合的能力。首先，设计综合性评估标准，以确保评价涵盖学生在任务中综合运用不同学科知识的能力。这可能包括知识的广度和深度、跨学科思维的质量以及解决问题的创新性等方面。

其次，评估要求学生展示在解决问题或完成任务时如何应用多学科的知识。任务中明确定义的跨学科元素有助于确保学生能够综合运用各学科的概念和理论。采用层次化的结构可以更好地评估学生在不同层次上的整合能力的逐步发展。如果任务涉及团队协作，评估标准可以包括学生在团队中如何合作、分享学科知识、共同解决跨学科问题的能力。此外，强调解决真实世界问题的任务设计有助于评估学生在实际问题解决过程中如何综合应用各学科知识。评估可以侧重于学生对实际情境的综合性理解和解决方案的创新性。同时，评估学生的跨学科思维，包括他们是否能够将不同学科的概念和方法有机地整合在一起，形成综合性的思考模式。最后，提供有针对性的反馈，帮助学生理解他们在跨学科整合方面的优势和改进空间。通过这样的评估机制，单元作业设计有效地反映学生在解决实际问题时整合多学科知识的能力，并为他们全面发展提供切实的学习机会。

三、问题导向原则

（一）问题定义与探究

在单元作业设计中，问题导向原则的第一个具体体现是问题定义与探究。这一原则强调以明确定义的问题为学习的核心，通过对问题的深入探究来促使学生获取知识和发展技能。首先，作业设计以明确定义的问题为起点，确保问题具有清晰的范围和目标，避免模糊性和不明确性，这有助于引导学生集中精力解决特定问题，确保任务的针对性。其次，问题导向原则鼓励学生参与问题的制定过程。学生的参与可以使问题更符合他们的兴趣和学习需求，增强学习的个性化和自主性，同时，一个引人入胜的问题有助于激发学生的好奇心和求知欲，使他们更愿意投入到解决问题的探究中。问题的定义应与任务的目标紧密对齐，确保学生在探究问题的过程中能够达到作业目标，确保任务的针对性和有效性。问题导向原则要求学生通过探究问题来应用学科知识。问题的设计应能够引导学生在解决问题的过程中深入运用相关学科的概念和理论。此外，问题导向原则鼓励学生进行自主探究，通过独立思考、提出假设，并通过实际探究来验证或修正他们的观点。问题设计还应鼓励学生进行深度探究，超越表面层次，挖掘问题背后的深层次信息和原理，通过将问题定义与探究融入单元作业设计的教育原则中，引导学生通过解决实际问题来主动获取知识，培养他们的问题解决能力、批判性思维和自主学习技能。

（二）实际问题应用

在单元作业设计中，问题导向原则的第二个具体体现是实际问题应用。这一原则着重强调将学科知识应用于真实的问题情境中，以促使学生在解决真实世界问题的过程中更好地理解和应用所学的知识。首先，作业设计应该创建一个具有实际背景的问题情境，使学生能够将所学知识应用于真实世界的情境中，通过这样的情境设定，学生将更容易理解学科知识在实际应用中的作用。其次，问题导向原则要求任务与实际职业相关，使学生能够将所学的知识和技能与实际职业需求相结合。这种相关性有助于培养学生将学科知识应用于未来职业或生活的能力，提高他们的职业适应力。作业设计的问题应当具有挑战性，并能够反映真实世界的复杂性。这将鼓励学生运用跨学科的知识和技能，以解决实际中存在的问题，从而培养他们解决问题的能力。引入实际案例作为问题的一部分，让学生通过深入研究和分析实际案例来解决问题，这有助于学生将学科理论与实际情境相结合，提高学生的综合应用能力。问题导向原则强调通过解决实际问题培养学生的社会责任感。通过让学生关注和解决实际社会问题，激发他们对社会问题的关切，并鼓励他们为社会做出积极贡献。将实际问题的解决过程与实地调研或实际实践相结合，让学生亲身体验解决问题的过程，这种实践有助于巩固理论知识，并培养学生在实际应用中灵活运用知识的能力。最后，引入行业专业导师，使学生能够直接接触到相关领域的专业人士，这有助于学生更深入地理解实际问题的背景和解决方案，提供实际经验和行业见解。通过实际问题应用的原则，单元作业设计使学生在解决问题的过程中能够更好地应用学科知识，培养跨学科的综合能力，并将理论知识与实际场景相结合，更好地为未来的职业和社会挑战做好准备。

（三）批判性思维培养

在单元作业设计中，问题导向原则的第三个具体体现是批判性思维培养。这一原则旨在通过作业设计激发学生对问题的深入思考，培养他们的批判思维能力。首先，作业设计中的问题应具有一定的复杂性，超越表面层次，这有助于激发学生对问题进行更深入、更全面的思考，培养他们从多个角度审视问题的能力。其次，问题导向原则鼓励学生对问题提出质疑，挑战现有观点。作业设计可以设定引导性的问题，促使学生对信息进行评估、对假设进行挑战，并提出自己的独立见解。引入争议性的话题也是培养批判性思维的有效手段，促使学生思考不同观点之间的辩证关系，培养辩证思维和辩论能力，要求学生在解答问题时进行论证，并提供支持性的证据，有助于培养学生分析问题、构建论点的能力，并倡导基于事实和证据的思考。引入多学科的知识要素，鼓励学生在解决问题的过程中进行多方面的思考，有助于培养学生将不同学科的观点整合在一起，形成全面的认知。作业设计中可以包括引导学生进行反思和自我评价的元素，促使学生回顾自己的思考过程，评估其思考的合理性和深度，从而提升批判性思维能力。组织辩论或小组讨论，让学生在团队中共同探讨问题，激发更深层次的思考和对多元观点的理解。最后，将批判性思维与解决实际问题相结合，使学生在思考的同时能够提出切实可行的解决方案，培养学生将批判性思维应用于实际情境的能力。通过这些实践，单元作业设计旨在培养学生像学科专家一样思考，使其具备独立思考、质疑权威、分析复杂问题的能力，并能够在面对不确定性和争议时做出理性的决策。

（四）跨学科思维培养

在单元作业设计中，问题导向原则的第四个具体体现是跨学科思维培养。这一原则旨在通过作业设计促使学生跨越多个学科领域，综合运用不同学科的知识和技能来解决复杂问题。首先，作业设计的问题应涉及多个学科领域，要求学生在解决问题的过程中整合不同学科的知识，有助于培养学生将不同学科的概念、理论和方法融会贯通的能力。其次，将跨学科项目纳入作业设计，要求学生在解决问题时同时考虑多个学科的要素，使学生能够学习并运用多学科知识，培养解决实际问题的能力。设计跨学科小组合作的环节，让来自不同学科背景的学生共同解决问题，有助于培养团队协作和跨学科沟通的能力，促进不同学科之间的交流和合作。此外，引导学生采用跨学科的研究方法，让他们能够深入研究问题并综合运用多个学科的研究技能，有助于拓展学生的研究视野，提高他们的整体研究能力。同时，引导学生使用跨学科的问题解决策略，帮助他们更全面地分析和解决复杂问题，包括整合不同学科的观点、方法和数据，以便得出更综合、全面的结论。鼓励学生思考不同学科之间的联系，有助于打破学科之间的壁垒，使学生能够更自然地运用不同学科的思维方式来解决问题。最后，设计跨学科的评估标准，以评价学生在解决问题时对多个学科的综合运用能力，确保学生在不同学科领域都能够有高水平的表现。通过跨学科思维设计问题或任务，培养学生的综合思维和全球视野，以更好地应对未来社会复杂的挑战。

四、合作学习原则

在单元作业设计中，合作学习原则是一项关键的教育原则，旨在通过促进学生之间的合作与团队协作，实现共同学习和知识共建。首先，将单元作业划分为小组任务，要求学生协作完成，每个小组可以负责解决作业中的特定部分或子问题，通过合作达成全面地理解和解决方案。其次，在作业设计中明确合作目标，确保学生明白合作的目的和期望的学习成果。这有助于激发学生的合作积极性，使他们更有动力共同努力。设计多层次的任务分配，让每位成员能够贡献自己的专业技能，有助于促进学生之间的互相学习和技能互补。强调学生之间的交流与讨论，通过组内讨论和意见交流，促使他们更好地理解问题、整合观点，并达成共识。定期组织团队反馈环节，让学生有机会分享他们的工作进展、困惑和思考，有助于及时解决合作中的问题，提高团队效能。鼓励跨学科的合作，让不同学科背景的学生能够共同解决问题，促进综合性思考。强调互相学习的重要性，鼓励学生分享自己的专业知识，提供互补的观点和见解，有助于培养学生跨学科的综合能力。在作业设计中引入团队建设活动，加强团队凝聚力，可以包括定期的团队分享、共同制订团队目标等，从而营造整个团队的良好的合作氛围。通过这些实践，合作学习原则在单元作业设计中的应用培养了学生的团队协作精神、沟通技能和问题解决能力，使他们能够更好地应对复杂任务和实际挑战。

五、自主学习原则

在单元作业设计中，自主学习原则是一项重要的教育原则，鼓励学生在学习过程中拥有更多的自主性和主动性。首先，允许学生在单元作业中设定一部分灵活的学习目标，以便他们能够根据个人兴趣和学习需求进行自主调整。其次，在作业设计中提供丰富多样的学习资源，包括书籍、文章、视频、在线课程等，让学生有更多选择和探索的机会。此外，允许学生选择符合他们学习风格和节奏的路径，提供个性化的学习经验，以激发他们的学习兴趣和动力。培养学生提出问题的能力，让他们能够在作业中自主提出研究方向或解决问题，并通过探索找到答案。同时，鼓励学生制订自己的学习计划，包括学习时间安排、目标设定、任务分配等，提高他们的自我组织和管理能力，教师提供及时的反馈和指导，帮助学生了解自己的学习进展，并在需要时调整学习策略，有助于激发学生的学习自觉性。通过设计实践探究性的任务，让学生通过实际调查、实验或研究来深入学习，培养他们主动获取知识的能力。利用技术手段提供在线学习平台、工具或资源，使学生能够更方便地获取信息、进行自主学习，拓展他们的学习途径。鼓励学生选择并进行独立研究项目，促使他们深入学科领域，培养深度思考和问题解决的能力。此外，注意培养学生自主评价和反思的能力，让他们能够了解自己的学习风格、弱点和进步，从而更好地调整学习策略。通过这些实践，自主学习原则在单元作业设计中的应用激发了学生的学习热情，培养其独立思考、问题解决和自我管理的能力，使其在学习中更具自主性和积极性。

六、评估与反馈原则

在单元作业设计中，评估与反馈原则是至关重要的教育原则，旨在有效地评价学生的学习成果并提供及时、有针对性的反馈，以促进他们的学习和进步。首先，需要在作业设计初期明确清晰的评估标准，使学生了解期望达到的水平，并帮助教师更准确地评价学生的表现。其次，采用多样化的评估方法，包括但不限于项目报告、口头展示、小组讨论、实际操作等，以全面了解学生的学科能力和综合素养。形成性评估应融入学习过程，通过形成性评估促使学生在作业进程中反复思考、调整学习策略，提高学习效果。鼓励学生进行自我评价，并引入同伴评价机制，有助于促使学生在团队中相互学习，培养他们的评价能力。另外，及时的反馈是评估与反馈原则的重要体现，教师应强调学生在何处做得好，指出需要改进的地方，并为他们提供改进建议，以激发学生积极的学习动力。个性化反馈也是关键，要考虑学生的学科水平、学习风格和个人目标，以便更好地满足其个性化的学习需求。同时，反馈应该具有指导学习的作用，通过引导学生进一步学习，指明他们下一步的发展方向，推动他们在学科知识和技能上的不断提升。教师应及时记录学生的作业完成情况，以更好地跟踪他们的学习历程，为个别辅导和支持提供依据。在单元作业中设立评估里程碑，让学生在特定时间点进行自我评估和教师评估，以确保作业目标的逐步实现。最后，给予学生反思的机会，帮助他们回顾整个作业完成过程，思考自己的成长和改进空间，以促使深层次的学习。通过这些实践，评估与反馈原则在单元作业设计中的应用能够更有效地支持学生的学习进展，激发他们的学习兴趣，并帮助他们不断提高学习能力和综合素养。

七、可持续发展原则

在单元作业设计中，可持续发展原则是一项重要的教育原则，旨在培养学生对社会、经济和环境可持续性的理解，并激发他们在解决现实问题时考虑可持续性的能力。首先，这一原则要求将可持续发展理念融入作业设计的各个阶段，确保学生在解决问题和完成任务时考虑社会、经济和环境的可持续性。其次，通过选择与可持续发展相关的主题或问题，让学生通过实际的调研和实践活动深入了解可持续性挑战，并提出创新性的解决方案，这涉及培养学生的系统思维，引导他们以系统性的方式思考问题，了解各种因素如何相互关联，从而更好地理解可持续发展的复杂性。此外，可持续发展原则要求跨学科整合，通过整合不同学科的知识和技能，使学生能够全面理解可持续发展问题，包括社会、经济、环境、文化等多个方面。鼓励学生与社区或场馆合作，实施实地调研、项目或解决方案，以促进社区的可持续发展。在这一原则的指导下，单元作业设计还应引导学生进行伦理思考，培养他们对可持续性决策和行为进行伦理思考的能力，使他们能够在复杂情境中做出负责任的选择。引入国际视野，让学生了解不同地区和文化对可持续发展的理解和实践，培养全球公民意识。同时，设立评估标准，使学生的作业不仅评价其学科知识和技能，还要考虑其解决方案对社会、经济和环境可持续性的影响。通过这些实践，单元作业设计通过可持续发展原则的引导，更好地培养学生对可持续性问题的认识和解决能力，使其成为有社会责任感和全球视野的未来领导者。

八、适应性原则

在单元作业设计中，适应性原则是一项关键的教育原则，旨在满足学生差异，促使他们在灵活和包容的学习环境中取得最佳的学习成果。首先，这一原则要求设定个性化的作业目标，考虑到每个学生的学科水平、兴趣爱好和学习风格，以确保目标的适应性和可达性。其次，适应性原则强调采用差异化教学策略，包括小组合作、学生辅导、技术辅助学习等，以满足不同学生的学习需求。教师可提供丰富多样的学习资源，包括书籍、文章、视频、在线课程等，以满足学生对不同类型学习材料的需求。任务分层是另一个实践，将任务分解为不同层次，使学生能够选择适合其水平和能力的挑战，保持学习的适应性和挑战性。适应性原则还要求允许学生在一定范围内自主掌握学习节奏，确保他们能够以最适合自己的速度深入学习。同时，设计灵活的评价方法，允许学生以不同的方式完成作业，展示他们的理解力和技能，以更全面地了解他们的学习表现。此外，对于有特殊学习需求的学生，提供额外的支持和资源，确保他们在单元作业中也能够获得收获。考虑不同学生的认知风格，包括场独立型与场依存型、沉思型与冲动型、辐合型和发散型等，以提供更符合学生差异的作业设计和学习体验。鼓励学生在单元作业中有一定的自主权，可以选择符合自己学习兴趣和风格的任务或项目。最后，通过提供实时的反馈机制，让学生能够根据反馈及时调整学习策略，以更好地适应学习环境和任务。通过这些实践，适应性原则在单元作业设计中的应用创造了一个灵活的、个性化的学习环境，使每个学生都能够在适应性和支持性的氛围中充分提升其学科能力和综合素养。

九、实践导向原则

在单元作业设计中，实践导向原则是一项关键的教育原则。这原则旨在通过将理论知识与实际应用相结合，促使学生在实际问题解决中培养综合能力。首先，这一原则强调问题导向学习，设计以实际问题为导向的学习任务，鼓励学生通过探究、研究和解决实际问题来获取知识和技能。其次，将单元作业设计为项目，使学生能够在解决实际问题的过程中应用学科知识，培养实际操作和团队协作能力。实践导向原则还包括引入实地调研和实践活动，让学生亲身体验和感知所学知识在实际环境中的应用，从而提高他们的实际解决问题的能力。此外，实践导向原则还鼓励案例分析，通过分析真实案例，学生可以了解理论知识在实际情境中的应用，促进深度理解。通过模拟实验或实际操作，学生在模拟环境中进行实践，提高他们的实际问题解决能力。设计具有挑战性和创新性的任务，激发学生的创造力，并鼓励他们在实践中尝试新的解决方案。成果展示是另一个重要的方面，要求学生通过成果展示的方式呈现他们的实际项目成果，培养他们的沟通和表达能力。同时，实践导向原则强调提供实时的反馈机制，使学生能够在实践活动过程中及时调整学习策略，逐步提高解决实际问题的能力。最后，这一原则还强调将实践导向与社会服务和责任相结合，使学生认识到自己的学习和行动对社会的影响。通过实践导向原则的贯彻，单元作业设计培养了学生在真实场景中运用所学知识和技能的能力，促使他们更好地适应未来职业和社会需求。

十、培养终身学习原则

在单元作业设计中，培养终身学习原则是一项关键的教育原则。这一原则旨在激发学生对终身学习的兴趣和动力，培养他们具备不断学习、掌握新知识和技能的能力。首先，实践这一原则的方法之一是通过作业完成方法的指导。引导学生掌握多样化的学习方法，包括阅读、研究、实践、交流等，以帮助他们在未来终身学习的过程中更高效地获取知识。其次，通过学生自主学习完成作业的过程，鼓励学生主动探究和解决问题，使其在未来能够独立获取新知识。跨学科知识整合也是培养终身学习的重要途径，引导学生在单元作业中整合不同学科领域的知识，培养他们跨学科思维能力，使其能够更好地适应未来多领域的学习需求。实际问题解决是另一个实践终身学习的方式，通过将学科知识应用于实际问题的解决中，激发学生的实际学习兴趣，并使他们认识到学习与实际生活的密切联系。此外，培养信息素养也是关键步骤，培养学生获取、评估和应用信息的能力，使他们具备在信息爆炸时代迅速适应和学习的能力。持续反思与目标设定方面，帮助学生设定明确的学习目标，并努力实现个人和职业的发展。学科知识更新是终身学习的核心，引导学生理解学科知识的不断更新，激发他们对新知识的好奇心，培养乐于接受新信息和思想的态度。技术应用与数字化素养方面，教育学生掌握当代技术工具，培养数字化素养，以更好地适应数字时代的学习方式和信息获取途径。社会参与与专业发展是终身学习的实践，鼓励学生参与社会活动、职业体验和专项培训，以促使他们在不同领域中实践并不断提升自己的专业能力。最后，跨文化交流与全球视野是培养终身学习的重要组成部分，使学生能够在不同文化背景下学习，更好地适应全球化的学习环境。通过贯彻培养终身学习原则，单元作业设计有助于使学生具备在不同阶段、不同领域不断学习的能力，为他们未来的终身学习和职业发展打下坚实基础。

第三节　单元作业设计的特点

单元包括自然单元、重组单元和"自然单元＋重组单元"，重组单元包括学科内重组、学科间重组、跨学科重组等，这里重点讲的是自然单元下的作业设计。单元作业是能够有效考查学生对单元核心知识的整体性、概念化理解的作业。单元作业不是一种固化的作业形态，设计单元作业要根据不同学段学生的认知特点、教材单元的内容逻辑进行灵活处理。单元作业具有整合性、进阶性、实践性、相对独立性的特点。

一、整合性

单元作业的设计具有整合性，意味着作业内容不仅仅局限于一节课单一的知识点或技能点，而是能够将一个单元、不同领域的知识、技能和思维方式进行整合，这样的设计有助于学生在完成作业的过程中形成完整的知识体系，培养系统性思考能力和综合解决问题的能力。

例如小学语文学科。统编小学语文教材是以"双线组元"的方式来设计教材单元的。围绕单篇的知识点一课一课地布置作业，很容易陷入对知识点、能力点重复训练的怪圈，难以充分发挥统编教材的优势。学生花费大量时间，却很少有意识地建构起知识之间的内在关联，也很难对单元内容形成整体性的理解。设计单元作业，一是要整合单元人文主题、语文要素、文本内容、助读系统等，规划作业类型，建立知识关联，结构化地融入事实性知识、概念性知识、程序性知识和元认知知识。二是在准确定位本单元的训练重点，及其在本册教材、本学段教学中的地位的基础上，整合单元内外资源，构建知识的前后关联，发挥作业促进学生迁移运用能力形成的作用，使学生经历问题解决的过程，生成高质量学习成果，实现对单元核心知识的深度理解。

二、进阶性

单元作业的另一个显著特点是其进阶性。作业设计应该遵循学生的认知发展规律，从简单到复杂、从基础到高级，逐步提升学生的知识和技能水平，这种递进性的设计能够确保学生在完成作业的过程中逐步提升自己的能力，形成系统的学习路径。

例如小学语文学科。单元作业重在促进学生对单元内容的整体性理解，但并不排斥基础知识、基本能力。单元作业应遵循由低阶到高阶、以高阶素养带动低阶素养发展的原则，通盘考虑单元主题、语文要素、文本特点、教学计划、学习时间、学习方法等，使单元作业设计能够有机整合目标、内容、实施与评价，成为一个完整的、循序渐进的学习过程。低阶素养主要指向学生的识记、理解、运用能力，使学生通过积累、梳理经典语料，形成语感，重点掌握单元内的事实性知识、概念性知识；高阶素养则主要指向学生的分析、评价、创造能力，使学生通过品味、鉴赏典型文本，进行创造性的读写实践，掌握程序性知识和元认知知识，内化语文学习策略。

三、实践性

实践性是单元作业设计的核心特点之一。作业应该注重实践应用，让学生在完成作业的过程中能够将所学知识应用到实际生活中，解决实际问题，这样的设计有助于培养学生的实践能力和创新思维，让他们更好地理解和掌握知识。

语文课程是一门实践性的课程。小学生虽然形象思维发达，但抽象思维尚在形成阶段，通过抽象的方式学习语文不符合其认知特点。传统的语文教学过于重视教师的讲授，忽略了学生在语文学习过程中的主体性，难以适应核心素养时代教学改革的需要。语文核心素养的培育需要学生在真实的语言运用情境中，在已有的知识、经验的基础上，通过积极的语言实践活动实现自主建构。致力于培养学生语文核心素养的单元作业，应以语文实践活动为主线，以进阶性的学习任务为载体，使学生在语言实践的过程中挑战自我，学习新知识，并运用知识解决问题，逐步建构起对单元核心知识的理解。

四、相对独立性

虽然单元作业设计具有整合性和进阶性，但每个单元的作业也应该保持一定的相对独立性，这意味着每个单元的作业应该围绕该单元的核心知识点和技能点进行设计，确保学生在完成作业的过程中能够对该单元的内容有深入的理解和掌握。同时，相对独立性也有助于教师在批改和评价作业时更加准确地评估学生的学习情况。

小学语文单元作业的相对独立性首先体现在知识点的独立性上。每个单元的作业应该围绕该单元的核心知识点进行设计，从而确保学生能够清晰地界定每个单元的学习内容。除了知识点的独立性，还应该体现技能训练的独立性。每个单元的作业应该针对该单元所要求的基本技能进行训练，如阅读理解、写作表达、口语交际等，这些技能训练应该是相互独立的，每个单元的重点不同，从而帮助学生逐步提升各项语文技能。题目设计的独立性也是小学语文单元作业体现相对独立性的重要方面。题目设计应该具有独创性和新颖性，可以激发学生的学习兴趣和积极性，让他们在完成作业的过程中感受到挑战和乐趣。此外，单元作业的学习目标也应该具有独立性。每个单元的作业应该设定明确的学习目标，与课程的大纲和教学目标紧密相连，这些目标应该是相互独立的，能够清晰地反映出每个单元的学习重点和难点，从而帮助学生更好地规划自己的学习路径。内容选择的独立性是小学语文单元作业体现相对独立性的又一重要方面。作业内容选择应该具有代表性和典型性，能够充分体现出该单元的学习重点和难点，帮助学生更好地掌握所学知识。最后，单元作业的拓展延伸也应该具有独立性。拓展延伸是对课堂学习内容的补充和延伸，能够帮助学生进一步拓展知识面和提升综合能力。拓展延伸的内容应该具有一定的挑战性和探索性，能够激发学生的学习兴趣和求知欲，促进他们自主学习和自我提升。

综上所述，单元作业设计具有整合性、进阶性、实践性和相对独立性的特点，这些特点共同构成了有效的单元作业设计，有助于提高学生的学习效果和提高学生的综合能力。在实际教学中，教师应该根据学生的学习需求和课程要求，灵活运用这些特点进行作业设计，以达到最佳的教学效果。

第四节 单元作业设计的关键要素

一、明确单元作业目标

在单元作业设计中，明确学习目标是至关重要的一个关键要素。学习目标是指教学活动的目的和期望达到的学生学习成果。为确保单元作业的有效性，以下是一些建议：首先，学习目标应与整个课程的目标一致，确保学生在完成作业后能够达到课程所设定的要求。目标的具体性和清晰性也是关键，学生需要明白他们预期达到的是什么水平，这有助于他们更好地定位和理解任务。学习目标应该是可以被测量和评估的，以确保教师能够有效地评估学生的表现，并为提供有针对性的反馈做准备。此外，激发学生兴趣和动机也是学习目标的重要方面。通过制定吸引人的学习目标，可以使学生更愿意投入时间和精力来完成作业。分阶段的学习目标设置也是一个好的策略，帮助学生逐步达到更高的学术水平。与实际生活或实际应用相关的学习目标有助于增加学生对学习内容的实际兴趣。综合而言，明确的学习目标是单元作业设计的基石，有助于确保教学活动的有效性，使学生更容易理解任务的目的，并在完成作业后能够实现预期的学习效果。

二、任务设计

单元作业设计的关键要素之一是任务设计。设计良好的任务有助于激发学生的学习兴趣，促使他们深入思考，并培养其解决问题和完成任务所需的各种能力。首先，任务应该具有一定的挑战性，以激发学生的思考和学习动力。过于简单的任务可能无法激发学生的兴趣和主动性。其次，任务描述应该清晰明确，确保学生了解预期的任务和目标，以避免混淆和误解。任务最好与实际生活或实际应用相关，使学生能够将所学知识应用到实际场景中，提升学习的实用性。任务设计还应该能够启发学生的思考，鼓励他们提出问题、进行独立研究，并寻找创新的解决方案。在任务设计中可以考虑融入不同形式的学习，如文本阅读、实地考察、小组讨论等，以满足不同学生的学习风格。如果可能，将任务分解为不同阶段，让学生逐步深入，并能够在每个阶段获得反馈和指导。任务设计应与整体学习目标一致，确保学生在完成任务时能够达到预期的学习水平。另外，要确保学生能够获取完成任务所需的必要资源，包括书籍、资料、技术设备等。最后，任务设计最好具有实际应用的意义，使学生能够看到他们的学习与实际生活紧密相连。通过关注这些任务设计的要素，教师可以更好地引导学生进行深入学习，培养他们的综合能力和解决问题的能力。

三、标准和评估

单元作业设计的关键要素之一是标准和评估。明确的评估标准对于教师更有效地评估学生的学习成果，同时为学生提供明确的期望和反馈至关重要。首先，评估标准应该是清晰、具体、可量化的，以确保学生了解被期望达到的水平，并为教师提供一致的评价依据。这些标准应与整体学习目标一致，确保评估的是与课程目标相符的关键技能和知识。其次，多样性的评估方法也是重要的。考虑使用多种评估方法，如项目作业、考试、口头报告、小组讨论等，以全面评估学生的能力和理解。实时反馈机制是另一个重要方面，确保学生在完成作业的过程中能够得到及时的反馈，以便他们能够在需要时进行调整和改进。公平和透明的评估过程同样重要，学生应该了解评估标准和评估过程，以提高评估的公正性。此外，引入自评和同伴评估的元素可以鼓励学生参与评估过程，促进对自己工作的深入理解和反思。提供有质量的反馈，明确指出学生的强项和改进的空间，有助于促使他们更好地理解和应用反馈信息。最后，评估工具的选择要符合教学目标，同时保持一定的灵活性，以适应不同学习风格和能力水平的学生。记录和归档评估结果可以为学生提供长期发展的反馈，并帮助教师了解教学方法的效果。通过关注这些标准和评估的关键要素，教师可以更好地支持学生的学习，提供有针对性的指导，并确保评估过程对于学生和教学都具有意义。

四、资源需求

单元作业设计的一个至关重要的关键要素是资源需求。确保学生能够轻松获取完成作业所需的各种资源，包括书籍、资料、技术设备等，对于作业的成功完成和学习目标的达成至关重要。首先，设计单元作业时需要明确所需的各种资源，确保学生清楚了解这些资源在完成作业过程中的重要性。其次，要确保所需资源是学生可以方便获得的。如果涉及特殊设备或工具，要确保学校或教育机构提供足够的支持。鼓励学生利用图书馆和在线资源也是关键。教育机构应确保图书馆拥有相关的书籍和期刊，并向学生提供对在线数据库的访问权限。此外，如果作业需要使用特殊的技术设备，要确保学生能够轻松获得这些设备，或者提供替代方案。对于涉及实地考察或实践活动的作业，确保学生能够获得所需的支持和许可，以便顺利完成任务。在资源需求方面，合理安排使用时间也至关重要。对于有时间限制的资源，如实验室设备的使用时间或某些在线资源的期限，要合理安排学生的使用时间，以确保充分利用资源。此外，考虑学生的经济状况，确保所需资源的获取对于大多数学生而言是经济可行的，避免对学生造成过大的经济负担。最后，对于涉及技术使用的作业，提供足够的技术支持，以确保学生能够正确使用所需的技术工具。通过确保资源的充足和易获得性，可以促进学生的学习和任务完成，同时提供一个良好的学习环境。在作业设计的初期，充分考虑资源需求并提前规划，有助于避免后续问题的发生。

五、学生自主或小组合作

单元作业设计的一个关键要素是确定学生是以学生自主形式完成任务，还是以小组合作的方式。这一决策对于作业的整体设计和学生的学习体验都有着重要的影响。在考虑分组或学生合作时，需要综合考虑以下关键要素。首先，要考虑作业的学习目标以及任务的复杂性。有些任务可能更适合学生完成，而另一些可能需要学生之间的协作与团队合作。其次，团队协作技能也是一个重要考虑因素。如果分组合作是一个关键目标，那么作业可以被设计成培养学生的团队协作技能，包括分工合作、沟通、冲突解决等方面的要素。学生责任和贡献的明确性也是关键。在小组合作中，每个学生都应该有明确的责任和贡献，以避免成员懒惰的问题，并确保每个学生都能从协作中学到东西。此外，如果作业涉及有限的资源，如材料或设备，需要合理分配给学生或小组，确保任务的公平性和有效性。在整个设计中，灵活性是一个重要的考虑因素，允许在学生和小组合作之间进行切换，以满足不同学生的学习需求。评估方式也需要被明确定义，特别是对于合作的评估方法，以考察团队协作和学生贡献。同时，还需要考虑学生的偏好和多样性，为每个学生提供更加包容的学习环境。最后，提供足够的教师支持和指导也是确保分组或学生合作成功的关键。教师可以通过引导团队协作、解决潜在冲突、提供反馈等方式，支持学生在合作中取得更好的成果。通过综合考虑这些关键要素，教师可以有效地设计分组或学生合作，促进学生的协作能力和提供更加灵活和多样化的学习体验。

六、时间安排

单元作业设计的一个至关重要的关键要素是时间安排。有效的时间管理对于确保学生有足够的时间完成任务，同时能够提供适当的反馈和指导至关重要。首先，明确截止日期是关键的。通过设定明确的截止日期，可以帮助学生规划他们的时间，并避免拖延。其次，将单元作业分解为不同的阶段或任务，并为每个阶段设定截止日期，有助于学生逐步完成作业，减轻压力，同时提供更多的学习机会。提前规划整个过程也是必要的。在作业开始之前，学生需要了解每个阶段所需的时间、资源和步骤，以确保整个作业按计划顺利进行。为应对不可预见的情况，留下一些弹性也是重要的，例如可能的延误或学生需要额外时间来处理特殊情况。此外，尽量将单元作业的时间安排与教学内容的时机相协调，确保学生在完成作业时已经学过相关的知识和技能，以提高任务完成的质量。及时的反馈对于学生的学习也至关重要。在学生提交作业后尽快提供反馈，有助于学生了解自己的表现，并在需要时进行调整和改进。考虑其他学科活动和考试安排，以避免单元作业与其他课程的任务产生冲突，有助于减轻学生的学业压力。在作业说明中明确作业预计所需的时间投入，帮助学生更好地规划他们的任务和学习时间。最后，提供一些时间管理工具或建议，帮助学生有效地组织和规划他们的时间，确保任务的及时完成。通过关注这些时间安排的关键要素，教师可以更好地支持学生，确保他们有足够的时间来完成单元作业，并在整个过程中提供必要的指导和反馈。

七、反馈机制

单元作业设计的关键要素之一是反馈机制。有效的反馈对于学生的学习至关重要，它能够提供指导，帮助学生理解自己的学习进展，提供改进的机会，同时也有助于教师了解教学的有效性。首先，反馈应该是及时的，以确保学生在完成作业的过程中能够得到即时的指导和建议。延迟的反馈可能减弱其对学生学习的影响。其次，反馈内容应该是明确和具体的，明确指出学生在哪些方面表现出色，哪些方面需要改进。这有助于学生更清晰地理解自己的表现，并有针对性地调整学习策略。与此同时，反馈应与单元作业的学习目标和标准对齐，以确保反馈是有针对性的，与课程目标一致。鼓励性的反馈也是重要的。在提供指导性反馈时，注重鼓励学生，积极的鼓励可以激发学生的学习兴趣和动力。此外，考虑学生的学生差异，提供个性化的反馈，因为不同的学生可能需要不同类型的支持和指导。反馈应该与学生的学习目标相关，帮助他们更好地理解自己的学术发展，并指导他们朝着设定的目标努力。确定反馈的传递渠道也是至关重要的。这可以是书面反馈、口头反馈、电子邮件等，选择适当的渠道以确保反馈能够被学生及时接收和理解。鼓励学生参与反馈过程，可以通过自我评估、同伴评估等方式，这有助于学生更深入地理解自己的学习过程。最后，提供关于学生长期发展的反馈，而不仅仅是关注一次作业，有助于学生理解自己在学科上的整体进步和成长。通过综合考虑这些反馈机制的关键要素，教师可以更有效地支持学生的学习，促进他们的进步和提高整体学业水平。

八、融入多样性

单元作业设计的一个至关重要的关键要素是融入多样性。在设计单元作业时，体现多样性有助于创造一个更具包容性和丰富的学习环境。首先，确保作业能够融入多元文化的视角，反映不同文化、背景和经验的学生，从而提高学生对全球多元文化的理解和尊重。其次，尝试整合不同学科的元素，使作业更加综合和全面，激发学生的跨学科思维，培养他们综合运用知识的能力。在考虑多样性时，需要考虑到不同学生的学习风格。设计灵活的任务，以满足各种学生的需求，包括视觉、听觉、动手等多样的学习方式。此外，确保语言使用上的多样性，提供多语言的支持，鼓励学生用他们最擅长的语言进行表达。设计多样性的任务也是关键，涵盖不同难度、形式和类型，以满足学生的学生差异，这可以包括项目作业、小组讨论、实地调查等。在评估方面，使用多元的评估方法，包括书面报告、口头展示、作品展示、实际操作等。确保评估方法能够充分反映学生的多样性技能和才能。此外，作业设计中还应反映社会多样性的方面，如性别、种族、宗教、性取向等，以促进包容性和尊重。遵循包容性教育原则，确保作业能够迎合不同学生的需求，包括有特殊教育需求的学生。通过提供机会让学生表达自己的观点、文化认同和个人经验，以及将作业与不同职业领域相关联，可以建立一个鼓励多样性的学习环境，促使学生更全面地发展，并培养对多元世界的理解和尊重。

九、社会关联

单元作业设计的关键要素之一是社会关联。通过将作业与社会相关的问题、实践或现实情境联系起来，能够增强学生的学习体验，使其更具实际意义和社会意义。首先，可以将作业设计成与当前社会问题相关，以激发学生对社会问题的关注和思考，培养他们的社会责任感和公民意识。其次，考虑如何将学到的知识和技能应用于实际生活中的情境，通过实际应用使学生更好地理解学科知识的实际意义。鼓励学生参与社区活动或项目也是社会关联的重要体现，将课堂学习与社区实践相结合，加强学生与社会的联系，促进社区参与和服务学习。与专业领域的导师或实际从业者合作，让学生能够直接接触专业实践，有助于促进学生对社会职业领域的了解。同时，设计需要学生进行社会调查和研究的作业，让他们深入了解社会现象、问题和趋势，培养调查和研究能力。在作业设计中，还可以考虑培养学生的社交技能，如团队合作、沟通和领导力等，这对于社会参与和职业发展至关重要。评估作业的社会影响和引导学生思考社会公正与平等的问题也是重要的要素。通过将单元作业与社会关联，不仅能够提高学生的学科理解水平，还能够培养他们的社会意识、批判性思维和实际解决问题的能力。这样的作业设计使学生能够更好地理解知识与实践的联系，为他们未来的社会参与和职业发展奠定坚实的基础。

十、技术整合

单元作业设计的关键要素之一是技术整合。通过巧妙地整合技术，可以提升学生的学习体验，促使他们更灵活地应用技术工具解决问题，同时培养数字素养。首先，可以整合在线资源，包括数字图书馆、学术数据库、在线学习平台等，以丰富学生的学科内容。其次，鼓励学生使用多媒体工具，如图像、音频、视频等，进行创作和表达，提高他们的创造力和表达能力。协作工具也是技术整合的关键要素，如 Google 文档、在线白板、团队协作平台等，促进学生在团队中共同协作和分享信息。虚拟实验和模拟软件的使用能够使学生进行实验和模拟，提高他们的实际操作能力。此外，利用在线调查工具和反馈系统，收集学生的观点和反馈，有助于了解他们的学习需求，并进行及时调整。数字化文档管理工具的教导有助于学生更好地进行文件的共享、存储和管理。虚拟参观和远程学习工具为学生提供了从远距离获得实地参观和课外学习的体验。引入编程和数据分析工具可以培养学生的计算思维和数据处理能力，提高他们对科技领域的兴趣。在线评估工具和自动化反馈系统能够提供实时的评估和反馈，帮助学生更好地学习。最后，通过个性化学习平台，根据学生的学习风格和水平提供定制化的学习资源和活动。通过整合这些技术，教师可以打造更具交互性、个性化和创新性的单元作业设计，帮助学生更好地应对当今数字化社会的学习需求，同时培养他们在技术使用方面的技能和意识。技术整合不仅丰富了学习资源，也拓展了学生的学习方式和视野。

十一、可持续性

可持续性是单元作业设计的一个至关重要的关键要素。通过在作业设计中融入可持续性的理念，可以促使学生关注社会、经济和环境的可持续发展，培养他们的全球公民意识和责任感。首先，将单元作业设计与联合国可持续发展目标相关联，鼓励学生思考如何通过自己的学习和行动促进全球可持续发展。其次，作业设计应引导学生思考他们的学习和行为对环境的影响，通过培养环保意识，提倡可持续的生活方式。社会责任也是可持续性关键要素的一部分，作业设计可以鼓励学生思考他们在社会中的角色和责任，以及如何为社会的可持续发展做出积极的贡献。此外，将经济可持续性的概念融入作业设计，使学生了解经济决策对社会和环境的长期影响，并思考可持续的商业和经济模式。通过社区参与项目，学生能够亲身体验社区的需求和挑战，从而培养他们对社区可持续性的关注。作业设计还可以引导学生了解和评估他们的生活方式对地球资源的影响，通过提倡减少生态足迹的行为，促进可持续发展。同时，教导学生有关循环经济的概念，通过作业设计探讨如何减少浪费、提高资源回收利用率，促进可持续的生产和消费。跨学科整合是另一个关键要素，将可持续性概念整合到不同学科的作业设计中，使学生能够全面理解可持续性的多个方面，包括科学、社会学、经济学等。鼓励学生思考未来的挑战和机会，通过作业设计培养他们对未来可持续发展的规划和创新思维。最后，在作业设计中包括对学生可持续性表现的评估，提供反馈，以促使他们在学习过程中不断改进和深化对可持续性的理解。通过这些关键要素，单元作业设计可以培养学生的全球视野，使他们更好地理解和应对社会、经济和环境的可持续发展挑战，成为未来可持续发展的积极参与者。

十二、灵活性

灵活性是单元作业设计的一个关键要素。在设计单元作业时，考虑到学生的差异性和学生需求，以及适应不同的学习环境和情境，灵活性成为确保作业成功的关键要素。首先，允许学生在一定框架内选择或调整学习目标，以满足学生差异和兴趣，使学习更具个性化。其次，设计多样性的任务，允许学生选择不同难度和类型的任务，以适应不同学生的水平和学科兴趣。为了提高学习效果，需要提供多条学习路径，允许学生根据他们的学习风格和学习效率选择适合自己的路径。在资源方面，提供丰富的学习资源，包括书籍、文章、视频、在线课程等，使学生能够选择适合自己学习风格的资源。此外，允许学生在一定时间范围内安排学习时间，以适应不同学生的日程安排和学习习惯。设计多样的评估方式，包括项目作业、口头报告、考试等，以满足学生不同的评估偏好和能力。在考虑学习环境时，要考虑到学生可能面临的不同学习环境，包括线上学习和线下学习，确保作业设计能够适应这些不同的情境。同时，提供定制化的反馈，关注学生的优势和改进空间，帮助他们更好地理解和应用知识。允许学生在个别任务中选择合作学习或独立学习，以满足不同学生的合作需求。最后，考虑到学生可能面临的变化，提供任务调整的可能性，以确保作业的连贯性和有效性。通过考虑这些灵活性的要素，单元作业设计能够更好地适应学生的多样性和变化，激发他们的学习兴趣，提高学习的效果和质量。灵活性使得学生能够在学生差异和学科需求中找到适合自己的学习路径，从而更好地实现学习目标。

十三、激发创新

激发创新是单元作业设计的一个关键要素。通过在作业设计中融入激发创新的元素，可以培养学生的创造性思维、解决问题的能力以及对新颖观点的开放性。首先，设计开放性的问题，鼓励学生思考多种解决方案，并提供空间让他们展示独特的创意和见解。其次，采用项目导向的学习方式，让学生在实际项目的设计和实施中发挥创造性，培养解决实际问题的能力。实践性任务是激发创新的另一个关键要素，教师通过布置实践性的任务，让学生能够将理论知识应用到实际情境中，从而激发创新的动力。将多个学科或技能元素结合在一个项目中，鼓励跨学科的思考和创新。同时，使用启发式方法，引导学生通过探索和发现的方式解决问题，培养他们的独立思考和创新思维。实验和原型制作也是激发创新的重要手段，鼓励学生进行实验和原型制作，通过实践性的实验过程培养创新和解决问题的技能。与相关行业建立合作关系，并邀请行业专业人士或导师参与，为学生提供实际经验和支持创新项目。整合现代技术，如虚拟现实、人工智能等，为学生提供创新性的工具和平台。团队合作是激发创新的有效手段之一，通过团队合作，学生能够共享不同的思维和创意，促进集体创新。最后，提供及时和建设性的反馈，鼓励学生不断迭代和改进他们的创新项目，培养持续创新的习惯。这些激发创新的要素融入单元作业设计，可以为学生提供一个激发创造力和培养创新思维的学习环境，有助于培养他们在未来面对复杂问题时的创新能力。

第五节　单元作业设计存在的问题

综观目前教育领域作业研究与实践的现状，作业问题虽然日益得到重视，但依然是教育研究领域亟须开垦的荒原。在新课标背景下，学科单元作业已经成为作业设计中一个备受关注的热点，然而在落地实践时，我们依然发现诸多问题。

一、教师的作业观问题

（一）作业功能定位不准

当前，部分教师对作业的功能存在理解上的偏差。他们往往将作业视为单纯的知识巩固手段，而忽视了作业在培养学生思维能力、创新能力以及情感态度等方面的作用。主要表现在只顾作业不管教学；以练代讲，搞题海战术。通过根源分析，主要原因是教师不清楚作业的内涵和价值，不明白作业与课程、教学和评价的关系，认为作业只是学科知识与技能的巩固练习，没有利用作业培养学生自主学习的能力、落实学科素养，没有利用作业分析学情，改进教学，这种片面的理解导致作业设计缺乏深度和广度，无法满足学生全面发展的需求。

（二）作业设计能力缺失

许多教师在作业设计方面缺乏系统的培训，导致他们在设计作业时缺乏科学的方法和策略。由于缺乏有效的指导，教师们在设计作业时往往仅凭个人经验和直观感觉，缺乏科学依据和实证研究，这不仅影响了作业的质量，也制约了教师的专业发展。主要表现在只管拿来不去设计，直接利用教材、教辅上的现有习题布置作业。通过根源分析，主要原因在于作业内容缺乏设计，不会对现有习题进行选编、改编、创编，忽视作业的功能和价值，忽视学生的学情，不能像学科课程专家一样对单元作业的系统性、关联性、综合性、递进性、差异性进行系统思考和设计。

（三）作业案例缺少实践

在实际教学中，许多教师缺乏对作业案例的实践引导。他们往往只是简单地布置作业，而没有提供具体的案例和实践场景，导致学生无法将所学知识应用于实际问题中。这种缺乏实践引导的作业设计，不仅限制了学生实践能力的发展，也削弱了作业的实效性。主要表现在只要成果不去实践，参评作业设计案例评选只是为了评选而评选。通过根源分析，主要原因在于参评案例成果缺乏实践基础，没有检验评价反馈环节，不能推广应用，割裂了作业成果与作业实践之间的关系。

二、单元作业设计问题

教师在单元作业设计方面，也存在诸多问题亟待改进。第一，缺乏整合性。许多单元作业设计未能有效地整合知识点和技能点，导致作业内容零散、缺乏系统性，不利于学生形成完整的知识体系，也影响了他们对知识的综合运用能力。第二，缺乏进阶性。一些单元作业设计在难度上缺乏层次性和递进性，无法有效地提升学生的能力水平，这可能导致学生在完成作业的过程中感到困难或无聊，降低了他们的学习积极性和兴趣。第三，实践性不足。

部分单元作业设计过于注重理论知识，忽视了实践应用的重要性，这使得学生在完成作业的过程中无法将所学知识应用到实际生活中，限制了他们的实践能力和创新思维的发展。第四，缺乏独立性。在一些情况下，单元作业设计缺乏独立性，过于依赖教材或参考资料，没有充分体现出教师的独立思考和创意，这可能导致作业内容缺乏新颖性和挑战性，无法有效地激发学生的学习兴趣和求知欲。第五，缺乏个性化。不同的学生具有不同的学习需求和能力水平，但一些单元作业设计缺乏个性化考虑，无法满足所有学生的需求，这可能导致一部分学生在完成作业的过程中感到困难或无法得到有效的提升。第六，缺乏创新性。在当前的作业设计中，创新性作业的数量和质量都相对较低。许多教师仍然沿用传统的作业形式和内容，缺乏对学生创新思维和能力的培养。创新性作业的缺失不仅限制了学生创新能力的发展，也影响了他们适应未来社会的能力。第七，学科特色体现不足。每个学科都有其独特的学科特色和教学要求，但在作业设计中，许多教师并没有充分体现这些特色和要求，他们往往只是简单地按照教材或大纲的要求进行作业设计，缺乏对学科特色的深入挖掘和利用。这种缺乏学科特色的作业设计，不仅无法激发学生的学习兴趣和热情，也无法充分体现学科的教学价值和意义。第八，跨学科整合缺乏。在现代教育中，跨学科整合已经成为一个重要的发展趋势。然而，在当前的作业设计中跨学科整合的元素相对较少，许多教师仍然局限于本学科的框架内进行作业设计，缺乏与其他学科的交叉融合。这种缺乏跨学科整合的作业设计，限制了学生对知识的整体把握和综合运用能力的发展。

要解决这些问题，教师就需要深入研究和理解学生的学习需求和认知发展规律，结合课程目标和教学内容，设计出高质量的单元作业。同时，教师还需要不断反思和改进自己的作业设计方式，以适应不断变化的教育环境和学生需求。

三、单元作业使用问题

教师在作业布置实施过程中，还存在极大问题，不能更好地发挥作业在学生全面发展中的重要作用，不能有效促进教育教学质量的提升。第一，作业目标问题。作业设计与教学脱节，缺乏目标性与整体性。每个单元的作业没有明确的学习目标，学生不能清晰地了解他们需要掌握的知识点和技能，这些目标没有与课程目标和教学目标紧密相连，学生在完成作业的过程中不能有针对性地提升自己。第二，作业难度问题。作业内容没有紧扣单元主题，未能充分体现教材的重难点，不具备针对性，学生不能更好地理解和应用所学知识。作业的难度设计没有遵循层次递进的原则，低难度与中等难度的作业过多，而难度高的作业又远远超过学生身心特点和课标要求，不能体现从基础知识到复杂应用，使学生能够逐步提升自己的能力。这种缺乏递进性的作业设计，不能帮助学生在学习过程中建立完整的知识体系，培养学生的思维能力。第三，作业类型问题。单元作业设计未能注重形式的多样性，大多以书面作业为主，类型单一，机械重复性作业过多，缺乏趣味性，枯燥无味，学生望之生厌、不喜欢。实践探究类、跨学科作业太少，不能让学生在完成作业的过程中保持新鲜感，提高他们的实践能力和解决问题的能力。教师未能通过设计有趣的作业内容、引入游戏化的学习方式、设置奖励机制等手段来激发学生的学习兴趣，不能让学生在轻松愉快的氛围中完成作业，提高他们的学习积极性和参与度。第四，作业结构问题。作业目标、难度、类型、时间等分布比例不合适，设计缺乏整体性、序列性，难以促进学生思维能力提升。而且，部分教师存在作业量过多或过少的问题，导致作业质量无法得到保障。过多的作业给学生带来过大的压力，影响他们的学习兴趣和身心健康；而过少的作业又无法起到巩固知识和提升能力的作用，导致作业量与质的平衡出现问题。第五，作业差异问题。难以兼顾学生的差异和个性需求，发展性作业与拓展性作业、短程作业与长程作业没有针对不同学生进行差异性设计，导致有的学生吃不饱，有的学生消化不了。第六，学生反馈机制缺失。作业是学生学习情况的重要反馈途径之一，但许多教师在布置作业时并没有建立起有效的学生反馈机制。他们往往只是简单地批改作业，而没有对学生的反馈进行深入的分析和利用，未能指出学生的优点和不足，提供有针对性的改进建议。这种缺失反馈机制的做法，使得教师无法及时了解学生的学习情况，也无法根据反馈调整教学策略。

综上所述，要充分发挥作业的功能，避免以上问题，教师不仅要树立正确的作业观，还要提升单元作业设计实施能力，才能够更好地发挥作业的重要作用，促进教育教学质量的提升。

第四章 单元作业设计的步骤与流程

第一节 单元作业目标的设计

一、根据单元学习目标，确立单元作业目标

（一）基于课标、学情和教材形成单元学习目标

单元的学习目标是一个整体目标，是通过课堂教学、课后作业共同达成的所有目标的总和。确立单元作业目标，要依据单元学习目标。如何确立单元学习目标，课标是指南，教材是基本，学情是关键。

从把握课程标准入手，通过分析课程总目标、学段目标、内容要求、学业要求、学业质量，确定单元内容对应的学科核心素养及关键知识技能。在进行作业设计之前，对新课程标准的深入解读是不可或缺的一步，要求教师不仅对课程的内容标准有清晰的认识，即明确课程要求学生掌握哪些具体的知识点和技能点，而且还应对程度标准有准确的把握，也就是了解学生在完成学习后应达到的知识和技能水平。通过课标分析，教师可以确保教学方向与课程要求保持一致，使作业设计更加贴合教学实际。教材分析关系到学习目标的准确制订和教学目的的顺利达成。教师可通过望远镜思维对教材进行纵向联系分析，形成一个"从宏观到微观的总体框架"，即"向外拓展"，打破单元与单元、年级与年级，甚至学段与学段的边界，了解整套教材的编排特点、整体安排等，梳理出相关的要素序列，从而实现学生对要素的整体性、结构性把握，明确教这一单元内容的最终落脚点。用放大镜思维对教材进行横向联系分析，即"向内深挖"，找到大概念，分析单元内部各要素之间的关联，比如单元的概念地图、单元的结构、单元的序列、单元设计的意图等，从而明确单元本质内容，形成专家思维。在此基础上分析学情，从学生生理

和心理特点分析、已有认知基础和经验分析、个体差异分析、学习方法掌握情况分析、可能会遇到的困难分析，特别要把握学生学习的痛点、难点、易错点，确保目标的制订既不过于简单以至于无挑战性，也不难以超越。通过分析法，提出单元大观念，确立单元学习目标。

（二）基于单元学习目标，确立单元教学目标、单元作业目标、单元评价目标

基于单元学习目标，可以确立单元教学目标、单元作业目标、单元评价目标三个目标来支持单元教学的有效实施。

单元教学目标是帮助教师指导教学，帮助学生在特定单元中获得预期知识、技能和理解的目标；单元作业目标是为了挑战学生所学内容的应用和实践，能促使学生巩固所学知识、提高技能，并培养相关的思考和解决问题的能力；单元评价目标是用于评估学生在单元结束时所达到的学习成果和理解水平的目标，教师可以选择适当的评估方法和工具，并提供有针对性的反馈。单元评价目标是从所有的教学目标和所有的作业目标里面去抽样，抽取某些目标来进行评价，是不能脱离教学目标和作业目标的。因此，单元教学目标、单元作业目标和单元评价目标是相一致的。单元作业目标的设定应充分考虑学生的学习需求和能力水平，确保学生在完成作业的过程中能够达到或超越学习目标，这样，作业不仅能够检验学生的学习成果，还能够为他们的进一步学习提供有力的支持。

（三）单元作业目标应涵盖多维度目标

一个高质量的单元作业应当设定涵盖多维度目标，包括知识点、技能点、核心素养和关键能力的培养等方面，通过作业的设计和实施，学生不仅应巩固和复习所学的知识和技能，还应得到核心素养和关键能力的锻炼和提升，这样的作业目标更能够促进学生的全面发展，实现课程目标所期望的教育目标。

首先是基础性目标，也就是知识与技能目标，这是单元作业最基本的目标之一。这些目标通常与课程内容紧密相关，是这一单元一些事实性的零碎

知识，是基础的知识，比如特定的数学公式、文学概念、字词积累等，通常借助选择题、填空题、简答题、连线题、分类摘抄等形式进行检测。学生通过作业，能够展示、巩固他们在课堂上学到的知识和技能。

然后是发展性目标，也就是方法和策略目标。这条目标要与上一条目标紧密联系，一般规律为"通过什么，能够做什么，建立什么意识，归纳什么方法"，侧重于学生在解决问题过程中所采用的方法和策略。这一维度目标的目的是培养学生的思维能力、分析能力、创新能力等。通过作业，教师可以评估学生在面对问题时是否能够运用所学知识和技能进行有效的思考和推理。

最后是拓展性目标，也就是迁移性目标。依据质量标准，把质量标准转换成这一部分的目标。拓展性目标无论是哪个学科，最后都要能在具体的情境中，比如在考试、比赛或生活情境中解决问题。表达范式建议为："在具体的（真实的）生活情境中，运用什么知识（方法、模型或策略等）能够解决什么问题。"能具体则具体，可以有形成什么意识，发展什么能力。如在生活中，通过调查研究、实践操作等方式来解决哪个实际问题。同时，还应关注学生的情感、态度和价值观，评估学生在完成作业过程中所展现出的兴趣、积极性、合作意愿，以及对于学科或话题的态度和价值观。通过作业，教师可以了解学生解决真实问题的能力、对学习的热情程度、对团队合作的认可度以及对于某些社会或道德问题的看法，同时引导学生关注社会问题，培养他们的社会责任感和公民意识。

这三种目标相互联系，相辅相成，能有效地促进学生的全面发展和自我提升。制订过程中，要充分考虑作业目标应与当前或即将学习的课程内容密切相关，帮助学生将课堂知识与实际应用联系起来，加强对课程内容的理解和应用能力。此外，作业目标还应注重实际应用，考虑如何将课堂学习与实际生活、职业需求或社会问题联系起来，激发学生的兴趣和学习动力。

二、单元作业目标应具体、可操作

在制订作业目标时，需要特别注重目标的具体性和可操作性。具体性意味着目标应清晰明确、表述具体，避免使用模糊或笼统的描述，使学生清楚了解他们需要完成的具体任务是什么，完成到什么程度，明确指出学生需要达到的学习成果或能力。这样的目标更能够为学生提供清晰的指导，帮助他们明确需要完成的任务和要求，了解他们应该朝着什么方向努力。可操作性则要求目标具有可行性，能够通过具体的标准或表现来衡量学生的成就，方便学生进行实际操作和完成，这意味着目标应与学生的实际能力和学习条件相匹配，避免设定过高或过低的要求。

（一）语言技能目标

在设计单元作业目标时，确保语言技能目标具有可测量性是至关重要的。以下是一些具体的示例，说明如何设计具有可测量性的语言技能目标：口语表达目标，学生能够在 5 分钟内进行一个自我介绍，包括姓名、年龄、兴趣、爱好等基本信息，并能够与他人进行简单的交流。学生能够在对话中运用至少 5 个新学习的词语和短语，以流利和连贯的方式进行口语表达。听力理解目标，学生能够听懂一个 10 分钟的录音讲座，并在之后回答 10 个相关问题，确保对内容的理解程度。学生能够听懂一个 5 分钟的听力材料，包括电话留言或简短广播新闻，然后简要总结并分享关键信息。阅读理解目标，学生能够阅读一篇 500 字的文章，并回答 10 个问题，验证对文章内容的理解和分析能力。学生能够在 20 分钟内阅读一篇长达 1000 字的中等难度文章，并能够从中提取关键信息和主题。写作能力目标，学生能够撰写一篇短文，描述他们的周末活动或假期经历，字数在 150 字以上，并保证语法和拼写的准确性。学生能够撰写一封正式邮件或信函，表达对某个事件或问题的看法，并提出建议或请求，确保逻辑清晰、语言得体。这些具体的语言技能目标能够帮助教师更好地评估学生的语言水平和能力，同时也为学生提供了明确的学习方向和目标。通过确保目标具有可测量性，可以更有效地追踪学生的学习进度，并为他们提供有针对性的指导和反馈。

（二）数学技能目标

在设计数学技能目标时，确保其具有可测量性至关重要。数学是一门逻辑性强、精确度高的学科，因此，明确的可测量目标能够有效地指导学生学习，并为教师提供有效的评估工具。在设计数学技能目标时，教师需要确保这些目标是具体、可操作且可量化的。下面是一些具体的数学技能目标示例：学生能够在规定时间内解决一定数量的基础算术问题，包括加法、减法、乘法和除法，并且准确率达到特定百分比要求。这可以通过给定一个时间限制和一组算术题目来实现，然后对学生的答案进行评分以确定其准确率。学生能够正确辨认和命名各种几何图形，并能够描述它们的特征和性质。这可以通过提供一组几何图形的图片或名称，然后要求学生用自己的话描述它们的特点来实现，再根据其描述的准确性进行评估。学生能够解决包含变量的简单代数方程，并求出未知数的值。这可以通过给定一些代数方程并要求学生解决它们来实现，然后对学生的解答进行检查以确定其正确性。学生能够从给定的数据集中计算出平均值、中位数和众数，并能够解释这些统计量的含义。这可以通过提供一个数据集，并要求学生计算这些统计量并解释它们的含义来实现，然后根据其计算结果和解释的准确性进行评估。这些具体的数学技能目标是可测量的，因为它们提供了明确的行动指南和评估标准。通过这样的目标，教师可以更轻松地评估学生的学习进度，并及时调整教学策略，以满足学生的学习需求。在评估单元作业目标时，教师可以根据学生的表现和成绩，以及他们对目标的达成程度，来确定是否已经实现了这些目标。这种评估过程有助于教师更好地了解学生的学习情况，为他们提供更有效的指导和反馈，促进他们在数学学习中取得进步。

（三）社会研究目标

单元作业目标的设计需要确保具有可测量性，尤其对于社会研究目标来说。社会研究涉及对社会现象、历史事件、文化背景等进行深入的探究和分析，因此，明确的、可测量的目标对于评估学生的研究能力和理解能力至关重要。以下是一些具体的社会研究目标示例：学生能够收集、整理和分析相关资料，包括书籍、文章、报告、统计数据等，以支持对一个特定社会问题或历史事件的研究。学生能够提出明确的研究问题或假设，并设计合适的调查问卷、访谈计划或实地观察方案，以收集数据并回答研究问题。学生能够运用适当的研究方法和技术，如文献综述、调查研究、案例分析等，对研究对象进行深入的探索和分析。学生能够就研究结果进行合理的解释和讨论，并提出对社会实践或政策制定的建议或改进建议。学生能够撰写一篇结构清晰、逻辑严谨的研究报告或论文，包括引言、文献综述、研究方法、结果分析和结论等部分。这些具体的社会研究目标是可测量的，因为它们提供了明确的研究步骤和评估标准。通过这样的目标，教师可以更容易地评估学生在社会研究方面的能力，并提供有针对性的指导和反馈，帮助他们提高研究技能和对社会科学的理解能力。在评估单元作业目标时，教师可以根据学生的研究报告、数据分析和结论，以及对研究过程的记录和解释，来确定是否已经实现了这些目标。这种评估过程有助于教师更好地了解学生的社会研究能力和社会科学思维水平，并为他们提供更有效的指导和反馈，促进他们在社会科学学习中取得进步。

三、单元作业目标的表述

一般情况下，作业目标的表述建议体现五个基本要素：行为主体（学生）、行为表现、行为条件、表现程度及完成对象，它们共同构成了作业目标的完整框架。

（一）行为主体：以学生为中心

行为主体指的是完成行为的执行者，在作业目标的设定中，学生无疑是这一行为的主体。因此，作业目标应以学生为中心，强调在学习过程中将学生的被动学习转化为主动学习，应以学生的思维活动为主体，确保学生在完成作业的过程中能够主动参与和自主探究。这样的设定不仅符合教育心理学中关于学生主动学习的理念，还能够激发学生的学习兴趣和动力，使他们更加投入地完成作业，从而提高学习效果。

（二）行为表现：具体行为动词

行为表现用于描述学生应完成的具体行为，如"朗读""讲解""撰写""计算""分析"等。在设定作业目标时，教师应使用具体、明确的行为动词，以便学生能够清楚地了解他们需要完成的任务，切不可笼统表述，如"理解""体会"等，就很难让学生明确任务及任务完成的程度。清晰具体的描述不仅有助于学生进行实际操作，还能够方便教师对学生的完成情况进行评估和反馈。

（三）行为条件：明确任务环境

行为条件指的是完成行为所需要的具体条件，包括时间、地点、工具、独立、帮扶或者合作等。在设定作业目标时，教师需要明确这些条件，以确保学生在特定的环境下完成作业。这样做的目的是为了避免因条件不清而导致作业无法完成或完成质量不高的情况。同时，明确的任务条件还有助于培养学生的任务意识和责任感，使他们能够更好地管理自己的学习时间和资源。

（四）表现程度：设定达成标准

表现程度指的是完成行为所应达到的水平或标准，如"正确流利地朗读""准确无误地写出""在限定时间内计算出"等。在设定作业目标时，教师需要设定明确的达成标准，以便衡量学生完成作业的质量。这样做可以确保学生在完成作业的过程中能够达到预期的学习效果。同时，明确的达成标准还有助于激发学生的竞争意识和进取心，促使他们努力提高自己的学习效果。

（五）完成对象：明确具体任务

完成对象指学生在行为或思考时作为目标的人、事、物或问题，也是作业达成的目的。完成对象是学生要进行研究的任何事物，它不仅能表示具体的事物，还能表示抽象的规则、计划或事件，如词语、课文、作文、概念、计算题、应用题等。对象明确，即任务明确。

完整的作业目标表述要具备以上五个基本要素。例如：能独立（行为条件）正确流利地（表现程度）朗读（行为表现）《跳水》这篇课文（完成对象）；能借助课后注释（行为条件）正确完整地（表现程度）翻译（行为表现）《自相矛盾》这篇文言文（完成对象）；能借助思维导图（行为条件），并结合老师提供的资料（行为条件），通过讲解（行为表现）等方式深入理解（表现程度）"不可估量的损失"的含义（对象）；能在老师帮助下（行为条件）会用画图、语言叙述等方式（行为条件）正确（表现程度）表述（行为表现）理解问题和分析问题的过程（完成对象），能独立（行为条件）运用加法、减法、乘法和除法（行为条件）解决（行为表现）简单的实际问题（完成对象），正确率达 100%（表现程度）。

四、单元作业目标具有可实现性

（一）根据学生的能力和水平设置目标

确定单元作业目标的可实现性时，确保根据学生的能力和水平设置目标至关重要。以下是一些具体的步骤和考虑因素：第一，了解学生的已有知识水平和能力至关重要。在设定目标之前，需要收集学生的学术能力、学科兴趣和学习风格等方面的信息。这可以通过之前的评估、学生档案、个别谈话或调查问卷等方式获取。这些信息将有助于确保设定的目标符合学生的实际情况。第二，采用区分性目标设定。根据学生的能力水平，设定不同难度的目标。对于能力较高的学生，可以设定更具挑战性的目标，例如侧重拓展性目标，让学生完成一些跨学科学习、整本书阅读或创作性项目或任务。而对于能力较低的学生，可侧重基础性目标和发展性目标，以练习巩固基本知识和技能，夯实课堂所学，确保他们能够理解和完成任务。第三，差异性目标设定也十分重要。叶澜教授曾在《叶澜自选文集》中指出："承认每一个学生都具有自己的独特性，承认他们每个人都是唯一的这一个，相互之间存在差异，这是学生观中差异性的主要含义。"因此，考虑到每个学生的个体差异，教师要为学生设定差异性的、个性化的作业目标，可以根据学生的已有知识技能基础、兴趣爱好、学习动机、学习能力、认知风格、性格差异、适应性等方面的差异来制订，从而更好地实现因材施教。

（二）将目标分解或分配，形成课时作业目标

单元是按照课时来教的，把单元的教学目标、单元的作业目标通过分解

或分配，形成课时教学目标、课时作业目标。有了课时目标，设计学习活动、设计作业就有据可依了，这是确保单元作业目标可实现性的重要步骤。以下是一些具体的建议：单元作业目标应该概括整个作业或项目的核心，将大的目标通过分解或分配，形成几个更小、更具体的课时目标，每个课时目标都应该是可以单独完成的，有助于学生逐步实现整体目标。课时作业目标应该按照一定的顺序排列，以便学生可以逐步完成并建立起自信心和内驱力，每个目标都应该是具体和可操作的，同样要避免使用模糊的描述，而是使用明确的动词和任务来定义每个目标，还可为每个课时作业目标设定明确的时间框架或截止日期。这有助于学生管理时间，并确保他们按时完成任务。通过将单元作业目标分解为可检测的课时作业目标，学生可以更清晰地了解他们需要完成的任务，并逐步实现整体目标，这有助于确保单元作业目标的可实现性，并提高学生的学习效果和满意度。

（三）提供必要的资源和支持

设计单元作业目标的可实现性需要考虑提供必要的资源和支持。这些资源和支持可以帮助学生成功完成任务，并确保他们在实现目标时有所帮助。具体来说，教学资料是非常重要的，包括课程讲义、参考书籍、学习指南和在线资源等，这些资料可以帮助学生理解任务的要求和背景知识。同时，技术支持也十分关键，尤其是如果任务涉及使用特定的软件或技术工具，教师可提供技术指导、课件讲解和在线教程等支持，能够帮助学生顺利完成任务。除此之外，学校图书馆的资源也是宝贵的学习资料来源，包括图书、期刊文章和数据库等，这些资源可以帮助学生进行深入的研究和资料查阅收集。此外，如果学生遇到困难或需要额外的支持，及时进行指导帮扶能够更好地促进他们的学习进步。教师指导非常重要，他们可以为学生提供实时的建议和反馈，并帮助他们解决遇到的问题，如果学生遇到了困难或需要更多的时间来完成任务，教师可以适当延长截止日期或调整目标难度。同伴互助也是不可或缺的，学生之间可以互相分享经验和资源，促进合作学习。提供个别辅导或补习服务，帮助额外需要帮助的学生解决学习障碍。建立有效的反馈机制，让学生可以及时了解他们的表现，并提供指导和建议。最后，提供丰富的在线资源，如学习平台、教育网站和学术数据库，为学生提供额外的学习支持。通过提供这些必要的资源和支持，学生可以更轻松地完成单元作业目标，并取得更好的学习成果，这有助于提高学生的学习体验和满意度，促进他们的学术发展。

（四）鼓励自主检测和自我评价

单元作业目标的可实现性包括鼓励学生自主检测和自我评价。在开始作业之前，首先学生要清晰地了解本次作业的具体目标，有助于学生更加准确、有针对性地进行学习。在完成作业的过程中，学生要不时地停下来进行自我提问。例如，"我是否理解了题目的要求？""我的答案是否准确无误？""我在完成作业时遇到了哪些困难？""我的学习方法能否在规定时间完成任务？"等，通过自我提问，学生可以及时发现自己的不足和错误。在完成作业后，学生自己可将答案与老师或同学的标准答案进行对比，看看自己在哪些方面做得好，哪些方面还需要改进，对照标准评价有助于学生更准确地评估自己的学习成果。回顾整个作业完成过程，思考自己在哪些方面做得好，哪些方面需要改进。例如，学生可以反思自己的学习方法、时间管理、思维方式等，通过反思找到适合自己的学习方法和策略。最后，将自己在作业过程中遇到的问题和收获记录下来，这些记录不仅可以作为以后学习的参考，还可以帮助学生更好地发现自己的不足和进步。在完成作业后，不妨将自己的答案拿给老师或同学看看，听听他们的意见和建议，他人的意见可以帮助自己更加全面地评估学习成果，同时也有助于发现一些自己忽略的问题。根据自我检测和自我评价的结果，学生要及时调整自己的学习策略。例如，如果你发现自己对某个知识点掌握不够牢固，那么就可以多花些时间在这个知识点上进行深入学习和练习。根据自我检测和自我评价的结果，为自己设定明确的改进目标，这些目标同样应该是具体、可衡量的，例如："下次作业中，我要提高 5% 的正确率""下次作业中，我要在 ×× 方面做得更好"。通过设定和改进目标，学生可以更有动力地进行学习，不断提高自己的学习水平。通过以上步骤，学生可以更好地进行自主检测和自我评价，及时发现自己的不足和进步，不断调整学习策略，提高自己的学习效率和成绩。同时，这些步骤也有助于学生培养自主学习能力、批判性思维能力和终身学习的习惯。

（五）定期监测和评估进展

单元作业目标的可实现性包括教师的定期监测和评估进展，这一步骤有助于确保学生在实现作业目标的过程中保持在正确的轨道上，并及时调整策略以满足目标要求。具体来说，要基于新课程标准（2022版）先行设定作业评价标准，目的是为学生提供一个清晰的作业完成指南，这不仅有助于指导学生明确作业要求，还能为教师提供反馈与评价的依据，从而确保作业设计与教学目标的紧密对接。首先，根据新课程标准，划分多维度的评价指标。教师要深入研究和理解新课程标准的具体要求，包括课程目标、学习内容和学生应达到的能力水平等。基于这些要求，可以划分出多维度的评价指标，这些指标不仅包括传统的知识和技能维度，还应涵盖情感态度、价值观、创新思维等方面。其次，为每个维度设定明确的评价标准与示例。在确定了多维度的评价指标后，要为每个指标设定具体、明确的评价标准，这些标准应该具有可操作性和可测量性，以便学生和教师能够清楚地了解每个指标的具体要求和期望。同时，为了帮助学生更好地理解评价标准，可以为每个标准提供具体的示例，这些示例可以来自学生的实际作业，也可以是教师根据教学经验自行设计的案例。通过提供示例，学生可以更加直观地了解评价标准的具体应用，从而更好地指导自己的学习。

通过设定明确的评价标准，学生可以清楚地了解自己应达到的知识水平、技能运用、思维深度等，这种明确性有助于学生更好地规划自己的学习进度和方向，使他们在完成作业的过程中有明确的目标和参照。这不仅能帮助学生避免在作业完成过程中的迷茫和困惑，还能促使他们更加高效、有针对性地学习，从而提高学习效率。对于教师而言，评价标准是一个重要的评价工具，它为教师提供了客观、量化的标准来监测、评估学生的作业表现。通过参考这些标准，教师可以对学生的作业进行准确、全面的评估，了解学生在知识掌握、技能运用、思维发展等方面的表现。这种反馈不仅有助于教师及时了解学生的学习情况，发现学生在学习中的问题和不足，还能为教师提供有力的依据来调整后续的教学计划和策略。通过持续的反馈和评价，教师可以不断优化教学方法和内容，以更好地满足学生的学习需求，促进他们的全面发展。

第二节　单元作业内容的设计

单元作业内容的设计与组织必须要有真实情境与任务的介入，教师要创设出与学生生活紧密联系的、符合单元主题的大情境，而且需要做到基于目标，与作业目标相一致，保证本体性知识准确、表述清晰明确，还要符合学生的认知能力和身心特征。为避免课时作业只见树木、不见森林的片面性，应注意设计的整体性与系统性，任务设置的整体结构应由"彼此分离"转变为"合理关联"；任务设置的价值取向应由"学科知识"逐渐转变为"学科实践"。教师也可以参考各种习题进行选编、改编和创编。

一、与作业目标相一致

单元作业内容的选择与组织需要与单元作业目标相一致。根据单元作业目标中基础性目标、发展性目标和拓展性目标这三类目标，对应的作业内容设计也应充分一致。基础性作业内容泛指针对全体学生的共性要求，重在强化学生基础知识的积累与梳理，基本技能的掌握，应全面覆盖本单元所涉及的主要知识点，包括核心概念、基本原理、分析方法等，以开口说、动笔写为主要目标与形式。如：朗读课文、字词积累、概括文意、习题演练等作业内容，是全体学生必做的作业，直接服务于基础性目标的达成。发展性作业内容是基础性作业的延续和深化，侧重渗透学习策略，发展学生的思维能力，使学生逐步具备自主学习的能力。它以拓展学生学习空间，着眼能力、习惯养成，促进学生个性和谐发展为价值取向，包括探究性作业、实践性作业。

它具有以下几个特点：从内容上看，它来源于教材，又不拘泥于教材内容；从形式上看，可以是知识型的、智慧型的、情感型的，也可以是活动型的、实践型的；从完成时间上看，可以是长程的，也可以是短程的；从完成形式上看，可独立完成，也可小组合作完成，也可家长协作完成等。学生通过发展性作业不断地练习与实践，能够提高分析问题、解决问题、团队协作、沟通表达等技能。例如，案例分析要求学生运用所学知识分析实际问题，这既是对理论知识的检验，也是对问题解决能力的锻炼。发展性作业内容的设计还应关注学生差异，难易程度拉开梯度，是学生可以选做的作业。拓展性作业内容侧重对学生的学习能力进行拓展与提升，重点引导学生在迁移运用中提高审美创造能力，厚植文化自信。最为明显的作业内容就是整本书阅读和跨学科作业。此类作业内容注重与实际应用相联系，让学生在解决实际问题的过程中加深对知识的理解与运用，有助于培养学生的实践能力和创新意识，为他们未来的专业学习和职业发展打下坚实的基础。通过以上步骤，可以有效地选择和组织与单元作业目标契合的单元作业内容，以提高学生的学习积极性和学习效果，促进他们全面发展。

二、作业内容难度适中

难度过低的作业会导致机械重复性的操练，对学生高阶思维培养不足，会影响学生的作业成就感，最终让学生产生枯燥乏味感，缺乏兴趣。难度过高的作业会让学生失去信心，容易降低学生对作业的兴趣和热情，还可能给学生道德品质、学习习惯的培养等方面带来不良影响。精准的学情分析是保证作业难度适宜的重要手段，也是开展差异化教学、作业和个性化辅导的前提。教师在设计作业内容时，还应该遵循最近发展区理论，一方面考虑学生发展的水平和速度，另一方面也可以考虑创造最近发展区，不盲目地拔高或者降低难度。为了激发学生的学习兴趣，促使学生深入思考和探索，提高他们的学习能力和综合素质，设计具有挑战性的单元作业内容是至关重要的。

（一）设定具有挑战性的任务

作业内容应具有一定的挑战性和复杂性，能够激发学生的思考和探索欲望，提高他们的学习动力和自信心。任务设计上，可以是一个开放性的问题，要求他们提出自己的见解和观点，或者是一个具体的案例分析，要求他们应用所学的概念和理论来解释；可以是一个真实世界的问题或挑战，要求学生提出解决方案或合理化建议，这可以是关于课程内容的实际应用，也可以是针对当前社会或行业中的问题提出创新的解决方案；可以是要求学生创作一个具体的作品，例如研究报告、设计方案、艺术作品、编程项目等，这个项目应该要求他们运用课堂上所学的技能和知识，并且具有一定的复杂性和挑战性；可以是开展调查或实验，要求学生设计并执行一个调查或实验，然后分析数据并得出结论，这可以是关于一个数学问题的实验，一个社会问题的调查，或者是关于市场趋势的分析等；还可以是参与竞赛或比赛，鼓励学生参加相关的学科竞赛或学术性比赛，如汉字英雄大赛、数学建模竞赛，也可以是非学术性的比赛，如艺术比赛等。这些作业任务的设计要有明确的目标和评估标准，以便学生清楚地知道他们需要做什么，并且可以根据一定的标准来评价他们的表现。同时，要鼓励学生在完成任务过程中积极思考、探索和学习，而不仅仅是为了完成任务而完成任务。

此外，教师还可以通过增加任务的复杂性和难度来提高任务的挑战性。这包括增加任务的工作量、减少提供的信息、增加任务的抽象程度等。通过这种方式，教师需要确保学生在完成任务时付出更多的努力和思考。例如，在语文学科中，教师可以要求学生不仅会独自翻译一篇文言文，还要会分析其中蕴含的道理和古今语言表达的特点。为了确保任务的挑战性，教师可以提供更多的支持和反馈。尽管任务难度增加，但学生仍然需要得到足够的支持和指导，以确保他们能够顺利完成任务。教师应及时帮助学生发现并纠正他们的错误，以促进他们的学习和成长。综上所述，设计具有挑战性的单元作业内容需要考虑多个方面，其中包括提高任务难度、设计开放性的任务、增加任务的复杂性和难度，以及提供更多的支持和反馈，教师要确保作业目标具有适当的挑战性，以激发学生的学习兴趣和动力。

（二）注重个性化挑战

单元作业目标的设计应当注重挑战性，其中一个重要方面是个性化挑战的设定。个性化挑战是指根据学生的不同能力水平、兴趣爱好和学习风格，量身定制具有挑战性的任务，以激发学生的学习动力、提高学习效果和发展其个人潜能。第一，个性化挑战需要充分了解学生的学习特点和需求。教师可以通过课堂观察、作业表现、小组讨论等方式收集学生的信息，包括学习风格、学科兴趣、学习目标、优缺点等方面的数据，以便更好地把握每个学生的个性特点。第二，根据学生的个性特点，设计具有挑战性的任务。这些任务可以是针对学生感兴趣的话题或领域，或是结合学生擅长的学科知识和技能，设置具有一定难度和复杂性的问题或项目。例如，对语文学科感兴趣的学生，可以设计开展研究报告的任务；对于喜欢数学的学生，可以设计让学生"找高、认高、议高、画高"，从而理解高的概念。第三，个性化挑战还可以通过不同层次的任务设置来实现。根据学生的能力水平和学习目标，可以设计不同难度和复杂度的任务，让每个学生都能找到适合自己的挑战。例如，对于学习成绩较优秀的学生，可以设置更深入、更广泛的研究课题或探究性项目；而对于学习成绩较一般的学生，则可以设计更具体、更易于完成的任务，逐步提高其学习动力和自信心。第四，个性化挑战需要及时给予反馈和指导。在学生完成任务后，教师应当及时对其表现进行评价和反馈，肯定其取得的成绩，指出存在的问题和改进的方向，引导学生进一步提高自己的能力和水平。同时，教师还可以根据学生的作业完成情况，及时调整任务的设计和要求，进一步提高任务的挑战性和适应性，使学生能够不断挑战自我、超越自我。综上所述，个性化挑战是单元作业内容设计中的重要方面，通过量身定制具有挑战性的任务，可以更好地激发学生的学习兴趣和动力，提高其学习效果和个人发展水平。因此，在教学实践中，教师应当注重对学生的个性化需求和挑战性任务的设置，为其提供更有针对性、更有效果的学习支持和指导。

三、情境化作业设计

在当前的教育背景下，情境化教学方法日益受到重视。对于单元作业内容的设计，情境化同样具有不可忽视的作用。情境化作业设计旨在通过模拟真实的生活或工作场景，使学生能够在做作业的过程中更加深入地理解和应用所学知识，提高其实践能力和创新能力。具体来说，情境化在单元作业内容设计中的体现主要包含五个方面：一是情境导入。情境导入是情境化作业设计的第一步。通过创设与作业内容相关的真实或模拟情境，激发学生的学习兴趣和好奇心，引导学生迅速进入学习状态。情境导入的设计应紧密结合学生的生活实际和认知特点，使其能够迅速融入情境，为后续的作业完成奠定良好的基础。二是情境体验。情境体验是学生在模拟或真实的情境中，通过亲身参与和操作，感知和体验知识的形成过程和应用场景。在单元作业中，情境体验的设计可以帮助学生更加直观地理解知识，深化对知识的认识，同时培养学生的实践能力和问题解决能力。三是情境探究。情境探究是在情境体验的基础上，引导学生通过自主或合作的方式，对情境中的问题或现象进行深入的研究和探讨，这种探究过程可以帮助学生发现问题、分析问题、解决问题，培养学生的创新思维和批判性思维。在单元作业中，情境探究的设计应注重问题的开放性和层次性，以激发学生的探究欲望和思考深度。四是情境应用。情境应用是将所学知识运用到实际情境中解决真实问题的过程。在单元作业中，情境应用的设计可以帮助学生将所学知识转化为实践能力，实现知识与技能的有机结合。同时，情境应用还可以帮助学生更好地理解和把握知识的应用范围和限制条件，提高其综合应用能力。五是情境反思。情境反思是在情境应用后，引导学生对整个学习过程进行回顾和总结的过程，通过反思，学生可以发现自己的不足和需要改进的地方，为今后的学习提供有益的借鉴和指导。在单元作业中，情境反思的设计应注重引导学生对学习过程和学习结果的全面审视和评价，以促进其自我反思和自我提升能力的形成。综上所述，情境化在单元作业内容设计中的应用具有重要意义，通过情境导入、情境体验、情境探究、情境应用和情境反思五个方面的有机结合，可以帮助学生更加深入地理解和应用所学知识，提高其实践能力和创新能力，促进其全面发展。

四、作业内容具有多样化和灵活性

在选择和组织单元作业内容时，多样化和灵活性是至关重要的。多样化的作业内容可以激发学生的学习兴趣，促使他们在不同类型的任务中获得各种经验和技能。同时，灵活性的作业安排可以根据学生的能力水平和学习风格进行调整，确保每个学生都能够找到适合自己的学习方式和节奏。通过多样化和灵活性的作业内容选择和组织，可以更好地满足不同学生的学习需求，提高他们的学习动力和学习效果。第一，多样化的作业内容可以包括不同类型的任务，如阅读、写作、实践、研究等。这样的多样化能够满足不同学生的学习需求和兴趣，让他们在各种任务中找到自己感兴趣的领域，从而更加积极地投入到学习中去。例如，对于喜欢阅读的学生，可以设计一些阅读理解和分析的作业；对于擅长实践操作的学生，可以设计一些实验或实地考察的作业。第二，作业内容的多样化还可以体现在不同的学科和领域之间的融合。通过跨学科的作业设计，可以帮助学生拓展视野，促进不同学科之间的交叉融合和知识整合。例如，可以将语言学习与数学、科学、艺术等学科领域相结合，设计一些跨学科的项目作业，让学生在解决实际问题的过程中，综合运用各种学科知识和技能。第三，作业内容的多样化也可以体现在任务的形式和要求上。除了传统的书面作业外，还可以设计一些创新性的作业形式，如口头报告、小组讨论、多媒体展示、艺术创作等。这样的多样性作业能够激发学生的创造力和想象力，让他们在不同形式的任务中获得更丰富的学习经验和成果。第四，作业内容的灵活性也是十分重要的。灵活性体现在对学生的个性化需求和学习进度的充分考虑上。教师可以根据学生的能力水平和学习风格，为他们提供不同难度和要求的作业选择，让每个学生都能够找到适合自己的学习任务。同时，灵活性还体现在作业选择和时间安排上，可以根据学生的实际情况和课程进度进行调整，确保学生能够在合适的时间内完成作业，不至于给他们过多的压力和负担。综上所述，选择和组织单元作业内容时，多样化和灵活性是至关重要的，通过多样化的作业内容选择和灵活性的作业安排，可以更好地满足学生的学习需求，提高他们的学习动力和学习效果，促进他们全面发展。

此外，单元作业内容与学生的实际生活和社会问题的联系至关重要。这种联系能够帮助学生将所学知识与实际情况相结合，培养他们解决实际问题的能力，并增强他们的学习兴趣和动力。选择贴近生活的主题、设计与社会问题相关的任务是实现这一目标的关键。通过这样的作业内容，学生能够更好地理解课堂知识的实际应用，培养他们的社会责任感和创新思维。同时，鼓励学生参与社会实践并提出解决方案也是重要的，这有助于培养他们的实践能力和团队合作精神。通过这样的作业内容设计，可以使学生更深入地了解社会问题的本质和复杂性，培养他们的创新思维和问题解决能力，促进学生思考社会责任并引导他们积极参与社会公益活动，有助于培养他们的社会责任感和公民意识。因此，将单元作业内容与实际生活和社会问题联系起来，可以更好地促进学生的全面发展。

五、作业总量与时间的限制

2021年4月，教育部办公厅发布《关于加强义务教育学校作业管理的通知》，文件规定严控书面作业总量。学校要确保小学一二年级不布置书面家庭作业，可在校内安排适当巩固练习；三至六年级每天书面作业完成时间平均不超过60分钟。周末、寒暑假、法定节假日也要控制书面作业时间总量。因此，各学科教师要统筹协调、合理控制作业总量和作业时间。学科教师在设计单元作业目标时，必须明确规定任务的时间限制，并向学生解释这一限制的重要性和意义。这有助于学生维持学习进度，避免任务拖延或延误，确保作业任务在规定时间内顺利完成。长期良好的作业习惯能使学生学会合理安排时间、高效利用时间，培养出良好的时间管理能力，这对他们未来的生活和职业发展至关重要。此外，时间限制还能够增加任务的挑战性和紧迫感，激发学生更努力地投入到学习中，还可以提高学习效率，因为学生会集中注意力并努力在规定时间内完成任务。对于科学把控学生的作业总量，学科教师可以用自己做一遍的方式，也可以提供适当的支持和资源，保证作业的质量和科学性，科学预估学生完成作业所需的时间，也可以以班级中等学生的做题速度为标准来衡量。同时，要有意识地引导学生自主安排自己的作业时间，引导学生根据自己的学习特点，补充适合自己的课外学习任务，从而间接达到提高作业针对性和选择性的目的。实践证明，学生完成自主作业的时间越长，提高学习成绩的效果越明显。

六、鼓励学生完成自主作业

自主作业是学生学习过程中的重要环节，它有助于巩固课堂知识、提升独立思考能力和培养自我管理能力。鼓励和支持学生积极完成自主作业，能促进学生自我学习和成长。自主作业不仅是对课堂知识的巩固和延伸，更是培养学生自律性、独立思考和解决问题能力的绝佳方式。通过自主作业，学生可以发现自己的学习弱点和兴趣所在，从而更好地调整学习策略和激发学习动力。

为了有效完成自主作业，教师要先帮学生明确自主学习的任务应该与单元主题和单元学习目标紧密相关，再指导学生制订一个合理的学习计划，这个计划应该包括明确的学习目标、时间管理策略、学习方法和资源利用等，通过规划好每个阶段的学习任务和时间安排，学生可以更加有序地进行学习，提高学习效率。教师在指导学生任务设计时，要引导学生深入思考和探索单元所涉及的知识领域，激发他们对学科知识的兴趣和探索欲望，同时不应过于约束学生的思维和行动，而是给予他们一定的自由度和选择空间，让他们能够根据自己的兴趣和能力选择合适的学习内容、学习方法和学习路径，这有助于激发学生的创造性思维和学习动力，提高其学习效果和学习成就感。学习任务还应该具有一定的挑战性和复杂性，可以包括各种独立研究、实践探索、问题解决等活动，要求学生动手实践、积极探索，并在解决问题的过程中不断克服困难、提升能力。这有助于培养学生的自信心和挑战能力，使其在面对未知和复杂问题时能够勇敢尝试、敢于创新。

在完成自主作业的过程中，要求学生具备较高的自我管理能力。学生需要学会自我约束、时间管理、情绪调节等，以保持学习动力和学习效率。学生还可以尝试建立自我奖励机制，以激励自己按时完成作业。自主作业是学生自我学习和成长的过程，也是享受学习乐趣的过程，学生应该保持积极的学习态度，勇于尝试和挑战自己，通过不断努力和实践，学生可以体验学习的乐趣和成就感，从而更加热爱学习。当然，在学生完成自主作业过程中，难免会遇到一些困难和问题，这时可以积极向老师、同学或家长寻求帮助，获得必要的学习资源和技术支持。通过与他人交流和合作，学生可以更快地找到解决问题的方法，提高学习效果。

完成自主作业后，学生需要及时总结和反思，这包括对作业内容的理解、对解题方法的掌握、对时间管理的感受等方面。通过总结和反思，学生可以找出自己的优点和不足，以便在以后的学习中更好地调整学习策略和提高学习效率。自主作业需要学生持之以恒地坚持，学生需要养成良好的学习习惯和态度，将自主作业作为日常学习的重要组成部分，通过长期的坚持和努力，学生可以不断提升自己的学习能力和综合素质，为未来的学习和生活奠定坚实的基础。鼓励学生完成自主作业是一个长期而持续的过程。通过认识自主作业的重要性、制订合理的学习计划、培养自我管理能力、积极寻求帮助和支持、享受学习的乐趣、及时总结和反思并持之以恒地坚持，学生可以更好地完成自主作业，实现自我学习和成长。

七、差异性作业的设计

苏联教育家沙塔洛夫曾提出"推荐"作业的主张，他认为要布置两类作业：第一类是所有学生都要完成并且也能够完成的，相对比较容易；第二类是难度稍微增强，以满足对学科有兴趣并且学有余力的学生的好奇心和求知欲。差异性作业是根据学生的个性化需求和能力差异，设计不同难度、内容和形式的作业，旨在更好地满足学生的需求，促进他们的个性化发展。差异性作业更加注重学生的主体性，鼓励学生根据自己的兴趣和能力选择适合自己的作业，从而激发他们的学习热情和积极性。因此，差异性作业是实现作业个性化的重要途径，更加符合当前教育改革的方向。

（一）设计差异性作业需考虑的因素

设计差异性作业需要综合考虑学生的个体差异，要充分关注学生在已有知识技能基础、兴趣爱好、学习动机、学习能力、认知风格、性格差异、适应性等方面的差异，从而更好地实现因材施教。一是已有知识技能基础差异。学生知识水平参差不齐，知识储备量存在差异，有的学生基础知识薄弱，有的学生基础知识积累丰富。二是兴趣爱好差异。有的学生对阅读感兴趣，有的学生爱好绘画，有的爱好表演，有的爱好写作，还有的学生爱好语言表达。教师应尊重学生的兴趣爱好，并尽可能地在作业设计中融入相关内容，以提高学生的学习兴趣和积极性。三是学习动机差异。有的学生为了获得好成绩而努力学习，有的学生为了获得家长和老师的认可而努力学习，还有的学生为了实现自己的梦想而努力学习。教师应了解学生的学习动机，帮助学生明确学习目标，激发学习动力。四是学习能力差异。有的学生更倾向于听觉学习，有的学生更倾向于视觉学习，还有的学生更倾向于动手实践。也就形成了有的学生在听力理解方面较强，有的学生在口语表达方面较强，还有的学生在书面表达方面较强，有的学生在思维能力方面较强，还有的学生在创新能力方面较强。教师应根据学生的学习能力差异，采用不同的作业方式和评价标准，充分挖掘学生的潜力。五是认知风格差异。认知风格，是指人们在认知活动中所偏爱的信息加工方式，它是一种比较稳定的心理特征。它是与学生的个性相关的，而且与学生的情感和动机特征等联系在一起。常见的认知风格有以下几种：①场独立型与场依存型：场独立型的学生对客观事物做判断时，常常利用内部的参照，不易受外来的因素影响和干扰，独立对事物做出判断。场独立的学生比较喜欢理科，喜欢结构严密的教学。场依存型的学生对事物做出判断时倾向于以外部参照作为信息加工的依据，容易受周围人们特别是权威人士的影响和干扰，善于察言观色。场依存的学生喜欢文科，喜欢结构不严密的教学。②沉思型与冲动型：沉思型学生在问题解决时常常不急于说出自己的看法，而是先对各种可能的答案进行分析，解决问题时往往强调精度而非速度，所以沉思型的学生更善于对问题的细节进行思考。冲动型学生则常常以很快的速度形成自己的看法，在解决问题时往往强调速度而非精度，冲动型的学生更善于从整体角度思考问题。③辐合型和发散型：辐合型学生在解决问题过程中常表现出辐合思维的特征，表现为搜集和综合信息与知识运用逻辑规律，缩小解答范围，直至找到最适当的唯一正确的解答，从多到一。发散型学生在解决问题过程中表现出发散思维的特征，表现为个人的思维沿着许多不同的方向扩展，使观念发散到各个有关方面，最终产生多种可能的答案而不是唯一正确的答案，因而容易产生有创见的新颖观念，从一到多。六是性格特点和适应性差异。学生的性格特点也存在差异。有的学生性格开朗、外向，善于表达自己的想法和情感，能够很好地与他人合作和相处；有的学生性格内向、文静，不善言辞，不善于与人交往。教师应了解学生的性格特点，采用不同的作业形式，帮助学生发挥自己的优点，克服自己的缺点。学生的适应性也存在差异。有的学生能够很快地适应新环境和新情境，有的学生则需要较长时间来适应。因此，作业设计也要关注学生的适应性差异，帮助学生更好地适应学习和生活环境。

（二）差异性作业设计的基本思路

一是通过不同难度来体现差异。教师可以根据学生的能力水平来确定任务难度，对于能力较高的学生，可以设计更具挑战性和深度的任务，适当难度的作业有助于学生获得成就感；对于能力较低的学生，则可以设计简单和基础的任务，以帮助他们逐步提高能力。二是通过不同的内容来体现差异。教师可以根据学生的兴趣和爱好来确定任务内容，可以是听、说、读、写，可以是计算、实操、实验。三是通过不同的数量来体现差异。对学习能力较弱的学生可以要求其只完成必做作业，对学有余力的学生可以要求其再挑战完成选做作业。例如语文作业内容的设计可以从基础性作业、发展性作业、拓展性作业这三方面进行设计，基础性作业要求全部学生完成，发展性作业可让学生选择完成。四是通过不同完成方式来体现差异。根据学生不同学习风格、学习偏好，教师可以设计符合其学习风格的任务。例如，对于视觉型学习者，可以设计图表分析或绘图任务；对于听觉型学习者，可以设计听力或口语任务。此外，还可以设计一些开放性、实践性的作业，允许学生选择不同的完成方式，这样不仅可以让学生各尽其才，收获丰富的学习效果，而且可以促进学生之间相互学习，让学生在各种表现形式的作业中收获自信，感受兴趣，获得成就感。五是通过个性发展任务体现差异。根据学生的个性特点和发展需求，教师可以设计能够促进其个性发展的任务。例如，对于需要提高自信心和表达能力的学生，可以设计演讲或辩论任务；对于需要提高团队合作能力的学生，可以设计团队项目任务。六是通过给学生提供不同支架来体现差异。教师可以根据学生的最近发展区，为学生的作业要求提供适当的线索、提示、问题等脚手架，让学生通过这些脚手架一步一步地攀升，逐渐发现和解决问题，成长为一个具有自主学习能力的独立的学习者。教师可以给学生一些图表性的结构框架来帮助他们阅读；给学生文章的基本框架，并且要求他们填写一些主要观点；给学生词汇表或者学习笔记来帮助他们回答问题；学生可以通过同伴帮助或者教师指导来完成作业；学生可以通过教师提供的学习网站或者学习资料进行自学，并直接回答问题等。

例如：为学生的作业提供脚手架案例

小学语文四年级上册第七单元《梅兰芳蓄须》——鱼骨图

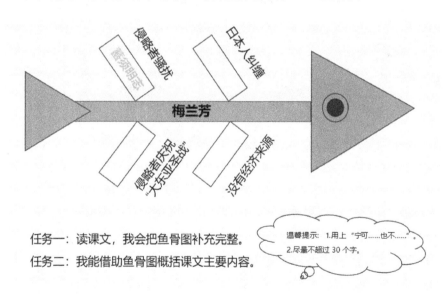

任务一：读课文，我会把鱼骨图补充完整。
任务二：我能借助鱼骨图概括课文主要内容。

小学语文五年级下册第六单元《跳水》——填空梳理课文内容

我能用"因为……所以……因为……所以……因为……所以……"给船长转述事情的起因和经过。

因为水手拿＿＿＿＿，所以猴子＿＿＿＿起来；因为猴子＿＿＿＿＿，所以孩子＿＿＿＿；因为水手＿＿＿＿让孩子＿＿＿＿＿＿，所以孩子为了＿＿＿＿＿＿＿＿。

小学语文五年级下册第八单元《童年的发现》——排序

我能按照"我"的发现经过理出课文的脉络（序号填写在括号内）。

（　）老师给"我们"解答梦中飞行这个奇妙的问题。

（　）老师的解释使"我"想弄明白人是怎么来的。

（　）每天夜里做梦"我"都随心所欲地飞。

（　）"我"对母亲怀胎九月才生下婴儿进行大胆猜测，并为此感到格外高兴。

小学语文六年级上册第二单元《开国大典》——流程图

我能认真朗读课文，按照开国大典进行的顺序，补充填写流程图中关于开国大典的重要场面描写。

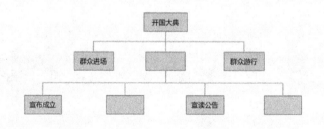

例如：关注学生不同学习风格的作业设计案例——《小蝌蚪找妈妈》

学习小学语文二年级上册第一课《小蝌蚪找妈妈》一文后，教师可以布置以下类型的作业，让学生自主选择其中一道题完成：

1. 画一画，把小蝌蚪长成青蛙的过程画出来；

2. 演一演，跟几个同学或与家长合作，分角色表演小蝌蚪找妈妈的经过；

3. 做一做，你能为表演的同学做几个小动物头饰吗？

4. 唱一唱：选一首歌，如《新年歌》，把课文中的生字词替换进去，如"小小蝌蚪，寻找妈妈，不知不觉变青蛙……"

5. 读一读，你还想知道其他小动物的故事吗？找课外书读一读，到时候开个小动物故事交流会。

……

通过以上差异性作业设计，可以更好地满足学生的学习需求，激发其学习兴趣和学习动机，促进学习效果的最大化。因此，在教学实践中，教师可以充分利用差异性作业的设计，为学生提供更为丰富和多样化的学习体验，帮助学生更好地发挥其潜能，实现个性化发展和全面发展。

第三节　作业类型的多维与融合

一、作业类型的多维

单元作业的类型要具有多样性和层次性，对学生的思维、能力的发展以及提高作业兴趣都能有很好的帮助。作业类型划分的依据比较多样，严格按照逻辑体系，可以分为书面作业和非书面作业、合作类作业和独立作业、开放性作业和聚敛性作业、短周期作业和长周期作业等。从可操作和统计的角度来看，可从书面作业和操作方式两个维度进行综合分类。

语文新课程标准将学习任务群确定为课程内容的载体，并且按照内容整合程度的不断提升，分三个层面设置。第一层设"语言文字积累与梳理"一个基础型学习任务群；第二层设"实用性阅读与交流""文学阅读与创意表达""思辨性阅读与表达"三个发展型学习任务群；第三层设"整本书阅读""跨学科学习"两个拓展型学习任务群。同样，单元作业应涵盖基础性作业、发展性作业和拓展性作业，以全面落实学科核心素养。

在作业设计实施中，区分和体现基础性作业、发展性作业和拓展性作业是非常重要的，这有助于确保学生掌握核心知识，同时促进其能力的逐层提升和思维的拓展。基础性作业旨在确保学生掌握课程的基础知识和技能，为后续的学习打下坚实的基础。教师设计的策略可以采用"直接应用"，即设计一些可以直接应用课堂所学知识的题目，如填空题、选择题等；可以采用"模仿练习"，让学生模仿课本或教师示范的例子进行练习，以熟悉基本的方法和步骤；还可以采用"基本技能训练"，针对学科的基本技能进行反复训练，如数学中的计算、语文中的阅读理解等。发展性作业在基础知识之上，强调学生对知识的深化理解和应用，培养其解决问题的能力。教师设计的策略可以采用"问题解决"，即设计一些真实或模拟的问题情境，让学生运用所学知识解决问题，如应用题、案例分析等；可以采用"批判性思维"，要求学生对某个观点或现象进行分析和评价，培养其批判性思维和独立思考的能力；还可以采用"小组合作"，鼓励学生在小组内进行合作学习和讨论，以促进知识的共享和深化。拓展性作业强调学生的创新和探索精神，鼓励其将所学知识应用于更广泛的领域，实现知识的迁移和拓展。教师设计的策略可以采用"项目式学习"，即让学生在一个较大的项目或课题中，综合运用所学知识进行探究和实践；可以采用"跨学科整合"，鼓励学生将所学知识与其他学科进行整合，以发现新的关联和应用；还可以采用"创新思维"，设计一些开放性的题目或任务，鼓励学生进行创新思考和设计，如创意设计、发明制作等。通过以上设计策略，在作业内容设计中体现基础性作业、发展性作业和拓展性作业是非常重要的，这不仅可以确保学生掌握核心知识，还可以促进其能力的逐层提升和思维的拓展。通过合理的设计和实施，作业可以成为学生知识掌握和能力提升的重要途径。

二、作业类型的融合

根据不同学科特点，单元作业类型的多维与融合涉及将多种类型的作业结合在一起，以形成更为综合的作业类型。这种融合可以在多个方面进行：

（一）任务类型融合

单元作业类型中多种任务类型的融合是作业设计中的一种重要策略，它能够为学生提供更为全面和综合的学习体验，有助于促进他们的跨学科思维能力和综合素养的培养。在作业设计中，任务类型融合是指将不同类型的任务结合在一起，以达到更全面的学习目标，这些任务类型可以包括选择题、解答题、填空题、阅读理解、写作、实验操作、项目设计等，通过将它们有机地融合在一起，可以更好地激发学生的学习兴趣和学习动机，同时也有助于教师更全面地评估学生的学习水平和能力。任务类型融合的一个重要目的是促进学生的综合能力发展。在传统的教学中，往往会将不同的任务类型分开设计和安排，学生在完成作业时只需按照特定的要求进行操作即可。然而，在现实生活中，问题往往是多样化和复杂的，需要学生综合运用多种知识和技能进行解决。因此，通过任务类型融合，可以模拟真实生活中的情境，让学生在解决问题的过程中综合运用所学的知识和技能，培养其跨学科思维和综合素养。任务类型融合可以在多个层面进行。首先，可以在一个作业中融合多种任务类型。例如，在一个拓展性的作业中，可以包括选择题、解答题、填空题和实验操作等多种题型，让学生在完成作业的过程中综合运用各种技能。其次，还可以在教学活动中融合多种任务类型。例如，在一个课堂活动中，可以通过阅读一段文字，然后进行讨论和写作，同时也可以进行实验操作或观察，从而让学生在不同的任务类型中进行切换或转换，提高他们的学习效果和体验。在任务类型融合的实施过程中，教师需要根据学生的实际情况和学习目标进行合理的设计和安排。首先，需要考虑学生的年龄、能力和学科特点，合理选择和安排不同类型的任务。其次，需要明确任务的学习目标和评价标准，确保任务类型的融合能够真正促进学生的综合能力发展。最后，需要注重任务的引导和反馈，及时对学生的学习进行指导和评价，帮助他们不断提高和进步。综合以上所述，任务类型融合是教学设计中的一种重要策略，它能够促进学生的综合能力发展，培养其跨学科思维和综合素养。

在作业设计中，教师可以根据学生的实际情况和作业目标，合理设计和安排不同类型的任务，通过任务类型融合，为学生提供更为全面和综合的学习体验，实现教育教学的最终目标。

（二）知识维度融合

单元作业类型中多种任务类型的融合包括知识维度融合。这种融合涉及将不同的知识领域或学科融合在一起，以形成更为综合和复杂的学习任务。通过在作业设计中融合多个知识维度，可以帮助学生更全面地理解问题，培养他们的跨学科思维能力和综合素养。知识维度融合可以通过以下几种方式实现：跨学科融合，将不同学科的知识融合在一起，设计跨学科性的作业任务。例如，一个作业可以涉及数学、科学、语言文学等多个学科的知识，让学生从不同学科的角度思考和解决问题。知识交叉融合，将不同知识领域之间的关联性进行融合。理论与实践融合，将理论知识与实际应用相结合，设计既包含理论性问题又包含实践性操作的作业任务。另外，将不同层次的知识进行融合，设计既包含基础知识又包含深度思考的作业任务。例如，在一个综合性的作业中，可以包括基础概念的理解题和高阶思维的分析题，让学生在解决问题的过程中不断提高自己的认知水平。通过知识维度融合，学生可以更全面地理解问题，培养跨学科思维能力和综合素养。同时，这种融合也有助于激发学生的学习兴趣，提高他们的学习动机。因此，在教学设计中，教师可以充分利用知识维度融合的策略，设计丰富多彩、综合复杂的作业任务，促进学生全面发展。

（三）认知层次融合

单元作业类型中多种任务类型的融合包括认知层次融合。这种融合是指将不同认知层次的任务结合在一起，让学生在解决问题的过程中涵盖记忆、理解、应用、分析、评价和创造等多个认知层次。通过认知层次融合，可以促进学生全面发展，培养其综合思维能力和创新意识。在认知层次融合中，任务可以设计为多个层次，从简单到复杂，从表层到深层，以满足不同学生的学习需求和能力提升。例如，一个综合性作业可以包括以下几个层次的任务：首先，学生需要回顾和理解所学的知识，例如通过选择题或填空题来测试他们对基本概念和原理的理解程度。其次，学生需要将所学的知识应用到具体情境中，分析问题并找出解决方法，这可以通过解答题或案例分析等任务来实现。最后，学生需要评价已有知识的有效性和可行性，并提出自己的观点或解决方案。这可以通过论文写作、项目设计或实验报告等任务来完成。通过在作业中融合不同认知层次的任务，可以帮助学生全面发展各种认知能力，不仅提高了他们的记忆和理解能力，还培养了他们的应用、分析、评价和创造能力。这样的综合性任务设计有助于激发学生的学习兴趣，提高他们的学习动机，促进他们的综合素养和能力的全面发展。

（四）各种技能融合

单元作业类型中多种任务类型的融合包括技能融合。这种融合旨在将不同的技能要求结合起来，使学生在完成作业时不仅需要运用各种知识，还需要展现多种技能。通过技能融合，可以更好地培养学生的综合能力，提高他们的实践能力和解决问题的能力。在技能融合的作业设计中，可以将各种技能要求有机地结合在一起，形成综合性的任务。例如，一个综合性的作业可以要求学生阅读一篇文章，并根据文章内容进行写作，同时还需要进行数据分析或实验操作。这样的设计既需要学生展现阅读理解和写作能力，又需要他们具备数据分析或实验操作的技能，从而全面发展各种技能。另外，技能融合也可以通过项目式学习来实现。在项目式学习中，学生通常需要完成一个综合性的项目，这要求他们不仅具备各种知识，还需要运用多种技能。例如，一个跨学科的项目可能要求学生进行调查研究、设计方案、制作展示材料，并进行口头演讲。通过参与这样的项目，学生可以全面发展各种技能，提高他们的综合能力和解决问题的能力。在教学实践中，教师可以通过设计多样化、综合性的作业任务来促进技能融合。这样的作业设计不仅能够提高学生的学习兴趣和参与度，还能够更好地培养他们的综合能力，为他们未来的学习和生活打下良好的基础。

（五）项目式学习

单元作业类型中多种任务类型的融合包括项目式学习。这种方法将不同类型的任务融合在一个综合性项目中，让学生在解决实际问题的过程中综合运用各种知识和技能。项目式学习不仅能够促进学生的跨学科思维，还能够培养他们的团队合作能力、问题解决能力和创新能力。在项目式学习中，学生通常会面临一个具体的问题或情境，并需要在一定的时间内完成一个综合性项目。这个项目可能包括调查研究、设计方案、制作产品或展示材料，并最终向同学、老师或社区进行展示或演讲。通过参与这样的项目，学生可以在实践中掌握知识，发展技能，并培养综合素养。项目式学习的优点在于它能够激发学生的学习兴趣和积极性。与传统的课堂教学相比，项目式学习更具有情境感和实践性，能够更好地激发学生的学习动机。此外，项目式学习还能够提高学生的团队合作能力和沟通能力。在完成项目的过程中，学生需要与同学合作，共同解决问题，这有助于培养他们的团队合作精神和沟通能力。然而，项目式学习也面临一些挑战，如项目设计和管理的复杂性、资源的需求等。因此，在实施项目式学习时，教师需要认真设计项目任务，合理分配资源，并给予学生充分的指导和支持。同时，教师还需要及时对学生的学习进行评价和反馈，帮助他们不断提高和进步。综合以上所述，项目式学习是单元作业类型中多种任务类型的融合之一，通过项目式学习，学生可以在实践中综合运用各种知识和技能，培养跨学科思维和综合素养，为未来的学习和生活做好准备。

（六）学科之间融合

单元作业类型中多种任务类型的融合包括学科之间的融合。这种融合涉及将不同学科的知识和技能有机地结合在一起，以形成更综合和复杂的学习任务。通过学科之间的融合，可以帮助学生更全面地理解问题，促进跨学科思维能力的发展，提高综合解决问题的能力。学科之间的融合可以通过以下几种方式实现：跨学科项目设计，设计跨学科的项目任务，要求学生综合运用不同学科的知识和技能来解决一个复杂的问题或完成一个综合性的项目；

跨学科课程整合，将不同学科的课程内容进行整合，设计综合性的教学活动或作业任务；跨学科实践活动，开展跨学科的实践活动，要求学生在实际操作中综合运用不同学科的知识和技能。通过学科之间的融合，可以使学生更全面地理解问题，培养跨学科思维能力，提高综合解决问题的能力。同时，学科之间的融合也有助于激发学生的学习兴趣和动机，促进其全面发展。因此，在教学设计中，教师可以充分利用学科之间的融合策略，设计丰富多彩、综合复杂的作业任务，为学生提供更为丰富的学习体验。

（七）社会问题与实践融合

单元作业类型中多种任务类型的融合包括社会问题与实践融合。这种融合是指将课堂学习与社会实践相结合，通过解决实际社会问题来促进学生的学习和成长。这样的设计有助于培养学生的实践能力、社会责任感和解决问题的能力，同时也能增强学生对课堂知识的理解和应用。在将社会问题与实践结合的作业设计中，教师可以通过以下几个方面来实现。第一，选择与课程内容相关且具有社会影响的问题作为学习任务的核心内容。例如，可以选取环境保护、贫困救助、社会公益等领域的问题，让学生了解问题的背景、原因和影响。第二，设计与选定社会问题相关的实践活动，让学生在实际行动中了解问题的具体情况，并提出解决方案。例如，组织学生参与环境保护志愿活动、社区服务项目等，让他们亲身体验问题所在，并积极参与解决过程。第三，引导学生将课堂学习的知识应用到实践活动中，解决实际问题。例如，学生可以运用所学的科学知识来分析环境污染的原因，运用道德与法治知识来了解贫困背后的社会结构问题等。第四，鼓励学生将实践活动的成果进行展示与分享，与同学、家长或社会大众交流分享他们的体验和心得。这有助于增强学生的自信心和表达能力，同时也能够促进社会的共同关注和参与。通过将社会问题与实践融合，可以激发学生的学习兴趣和参与度，提高他们的实践能力和解决问题的能力。同时，这种融合还有助于培养学生的社会责任感和团队合作精神，促进其全面发展。因此，在作业设计中，教师可以充分利用社会问题与实践融合的策略，设计具有现实意义和社会影响力的作业任务，为学生提供更为丰富和有意义的学习体验。

第四节　作业实施的方法与策略

一、明确目标与要求

在作业实施过程中，学生的自主性是至关重要的，这不仅体现了学生的学习态度，更直接关联到他们学习成果的质量和深度。那么，确保作业实施过程中的学生自主性，实施单元作业时明确作业目标与要求至关重要。第一，明确单元作业目标对学生至关重要，这些目标应该具体、可衡量，并与课程内容和学习标准相关联，确保学生清楚知道作业的重要性和完成标准，这有助于学生形成正确的学习态度，从而更加自主地完成作业。第二，与学生共同设定作业目标可以增强他们的参与感和责任感，同时确保目标与他们的学习需求和兴趣相匹配。明确任务要求也是关键，包括任务性质、内容、格式、提交方式以及评估标准，让学生明白我要做什么、怎么做、做到什么程度、什么时候完成，从而明确作业任务。同时，教师提供范例和模板可以帮助学生理解作业的期望和要求。此外，明确作业评价标准也很重要，用于评价学生的作业质量，涵盖内容、深度、准确性、逻辑性等方面。在实施过程中，不断强调目标与要求是必要的，以确保学生始终专注于实现这些目标，并按照要求完成作业。第三，提供及时的反馈和指导也是至关重要的，帮助学生理解目标与要求，并提出改进意见。最后，定期复盘和调整也是必要的，根据实际情况进行及时调整和优化，确保作业目标始终与教学目标和评价目标保持一致。

二、分解作业任务

单元作业的实施是教学过程中的一项重要任务，需要教师们采取各种方法和策略来确保学生能够有效地完成任务。作业实施过程中的学生自主性是保证学习效果的关键，但一些难度较大、周期较长的作业，是需要分步实施完成的。分解任务是其中的一项关键策略，它能够帮助学生更清晰明确地理解作业的要求，合理安排时间，并逐步完成整个任务。第一，教师应该清楚地定义单元作业的目标和要求。单元作业目标应该与单元教学目标和单元评价目标保持一致，并且能够明确指导学生的学习方向。一旦目标和要求被明确定义，教师可以开始分解任务，这意味着将整个作业分解成更小的部分或阶段，每个部分都能够独立完成，但又与整体目标密切相关。第二，在分解任务的过程中，教师需要考虑到每个阶段的复杂性和学生的学习能力。一些任务可能需要更多的时间和资源，而另一些则可能相对简单，因此，教师需要根据学生的实际情况来合理分配任务，确保每个学生都能够按时完成作业。第三，建立明确的时间表也是非常重要的。教师可以在时间表中列出每个任务或阶段的开始日期、截止日期以及里程碑事件，这有助于学生合理安排时间，避免拖延和临时抱佛脚的情况发生。第四，在实施过程中，教师需要提供必要的支持和指导，这可以通过课堂讨论、个别辅导或在线资源来实现。教师应该鼓励学生积极参与到任务分解和实施的过程中，激发他们的学习兴趣和动力。第五，定期检查学生的进展也是必不可少的。教师可以通过查看学生的作业进度、参与度以及学习成果来评估他们的表现，这有助于及时发现问题并提供必要的帮助和支持。第六，教师应该对作业的实施过程进行反思和总结。他们可以评估每个阶段的效果，找出问题所在，并提出改进的建议，这有助于优化教学方法和策略，提高学生的学习效果。总的来说，分解任务是实施单元作业的重要策略之一。通过合理分解任务，教师可以帮助学生更好地理解作业要求，合理安排时间，有计划完成整个任务。同时，教师的支持和指导也是非常重要的，可以激发学生的学习兴趣和动力，确保学生完成作业任务，提高他们的学习效果。

三、制订时间表

在实施单元作业时，制订时间表是至关重要的一步。这个时间表不仅是学生完成任务的指南，也是确保任务按时完成的关键工具。以下是制订时间表的方法和策略：第一，确定作业的截止日期。这是制订时间表的基础，确保学生有足够的时间来完成任务。根据作业的复杂性和学生的能力水平，可以适当调整截止日期。第二，将作业分解成不同的阶段或任务。这些阶段可以基于作业的不同部分，或者根据任务的性质和要求来划分，确保每个阶段都明确了具体的任务和要求。第三，为每个阶段分配时间。根据任务的复杂性和重要性，合理估计每个阶段所需的时间，并确保考虑到学生可能遇到的其他学习和生活方面的因素。第四，在制订时间表时，还要考虑到学生的差异。不同的学生在完成任务时可能需要不同的时间和支持，因此需要灵活调整时间表，以满足每个学生的需求。第五，与学生共享时间表，并提醒他们遵守时间表。可以通过课堂公告、班级微信群或在线学习平台来分享时间表，并鼓励、监测学生在规定的时间内完成每个阶段的任务。第六，定期检查学生的进展，并根据需要调整时间表。如果有学生落后于时间表，及时提供支持和指导，帮助他们赶上进度。如果整体时间表需要调整，也要及时通知学生并提供新的时间表。第七，及时评估和反馈。当作业完成时，及时检查评估学生的成果，并给学生提供展示分享成果的机会和平台，通过自评、同伴互评、教师评、家长评等多种方式，肯定学生的成绩和进步，这有助于学生了解自己的表现，并在下次作业中做出改进。通过以上方法和策略，制订时间表可以帮助学生更好地组织和管理时间，确保单元作业按时高质量完成。

四、分配资源

在实施单元作业时，分配资源是确保任务顺利完成的重要策略之一，这意味着给学生提供完成作业所需的各种资源和支持。首先，学生需要适当的参考资料和学习资源，以帮助他们理解作业的内容和要求。这些资源可能包括教科书、参考书、学术文章、在线课程等。其次，学生需要必要的工具和设备，如计算机、打印机、绘图工具等，以便完成作业。如果作业涉及使用特定的技术工具或软件，学生还需要得到适当的技术支持和指导。此外，如果作业需要进行实践操作或实地调研，学生也需要获得必要的实践机会和资源，如实验室、场地访问等。除此之外，提供支持和咨询服务也是至关重要的，以帮助学生解决作业中可能遇到的问题和困难。这可以包括教师的助教服务、学术顾问、同行讨论等。鼓励学生利用自己的资源和渠道，积极探索和学习作业相关的内容，也是非常重要的。最后，提供实践案例和模拟练习，帮助学生将理论知识应用到实际情境中，加深他们的理解和掌握程度。通过以上方法和策略，分配资源可以帮助学生更好地完成单元作业，确保他们有所需的支持和条件，从而取得更好的学习成果。

五、提供指导与支持

在作业实施过程中，提供指导与支持是确保学生成功完成作业的关键策略之一。当学生遇到困难或疑惑时，教师可以给予适当的帮助，引导他们独立思考和解决问题，这样的教学方式不仅有利于培养学生的自主学习能力，还能加深他们对知识的理解和掌握。这种支持可以采取多种形式，包括个别辅导、课堂讨论、在线资源、作业说明书、同伴合作、助教支持、反馈机制和学习支持服务。个别辅导能够针对学生的需求进行指导，帮助他们理解作业要求和内容。课堂讨论提供了一个解答疑问和讨论问题的平台，有助于学生更好地理解作业内容。在线资源如教学视频和学习模块则为学生提供了灵活的学习工具，帮助他们自主学习。作业说明书清晰明了地列出了作业要求和评估标准，帮助学生明确如何完成作业。同伴合作可以促进学生之间的交流和合作，共同解决问题。助教支持提供了额外的指导和解答问题的机会，增强了学生的学习信心。有效的反馈机制可以及时回应学生的问题并做出反馈，提供必要的指导和建议。学习支持服务如学习中心和写作中心为学生提供了专业的学习支持，帮助他们解决各种学习问题。通过这些方法和策略，学生可以得到必要的指导和支持，更好地理解和完成单元作业，提高学习效果和成绩。

六、鼓励合作与交流

鼓励合作与交流在实施单元作业时扮演着至关重要的角色。这种策略不仅可以促进学生之间的互动和合作，还能够增强他们的学习效果，提高学习成绩。以下将详细探讨如何鼓励学生合作与交流，并介绍其在单元作业实施中的重要性。第一，合作学习是一种通过小组合作来达到共同学习目标的教学方法。在发展性作业和拓展性作业中，关于实践探究、调查研究类的作业，需要学生分成小组，共同研究和解决作业任务。这种合作学习不仅可以减轻个人学习的压力，还可以提供多方面的思维和观点，学生之间相互交流、讨论和分享知识，发生思维的碰撞，共同解决作业中的问题，有助于提高学生的思维能力，促进他们更高质量地完成作业任务。第二，合作学习活动是实现合作与交流的重要手段之一。教师可以设计各种合作学习活动，如小组讨论、问题解决、案例研究等，以促进学生之间的合作和交流。通过这些活动，学生可以共同探讨和解决作业中的问题，相互借鉴和学习彼此的经验，这种合作学习活动有助于培养学生的团队合作和沟通能力，提高他们的学习效率。第三，同伴评审和反馈也是鼓励合作与交流的有效方法之一。教师可以组织学生相互评审和提供反馈，帮助彼此完善作业。通过同伴评审，学生可以从不同的角度和运用不同思维方式来审视作业，发现自己的不足之处，并得到及时的反馈和建议，这种同伴评审有助于促进学生之间的交流和合作，提高作业的质量和水平。第四，利用在线平台和社交媒体也可以促进学生之间的交流和合作。教师可以创建在线平台或社交媒体群组，让学生在平台上或群组里分享资源、讨论问题，并相互支持和鼓励。通过这种方式，学生可以随时随地进行交流和合作，充分利用网络资源和社交平台来辅助他们完成作业。第五，项目导向学习任务是另一个鼓励合作与交流的有效方法。在这种学习任务中，学生被要求在团队中合作完成特定的项目或任务，这种任务不仅能够培养学生的团队合作和协作能力，还能够提高他们解决问题的能力。通过共同努力，学生可以相互学习和借鉴彼此的经验，共同解决作业中的难题。第六，导师指导也是鼓励合作与交流的重要途径之一。教师可以担任导师的角色，为学生提供必要的指导和支持，确保合作项目顺利进行。第七，鼓励学生分享经验和心得也是促进合作与交流的重要手段之一。在作业完成后，教师可以组织学生分享他们的经验和心得，让他们彼此交流和借鉴。通过分享经验和心得，学生可以从彼此的经验中相互学习，发现新的解决问题的方法和思路，这种交流和分享有助于促进学生之间的交流和合作，提高大家的学习效果和成绩。总之，鼓励合作与交流是实施单元作业的重要方法和策略之一，通过促进学生之间的合作和交流，提高作业完成的质量，从而增强他们的学习效果，提高学习成绩。教师可以通过合作学习、同伴评审和反馈、在线平台和社交媒体、项目导向学习任务以及分享经验和心得等方式来鼓励学生之间的合作与交流。通过这些方法和策略，可以帮助学生更好地理解和完成单元作业，提高他们的学习效果和成绩。

七、定期检查与反馈

在实施单元作业时，定期检查与反馈是至关重要的方法和策略之一。这种方法可以帮助教师了解学生在作业过程中的进展情况，及时发现问题并提供指导和支持，适时鼓励他们继续努力，这样的反馈和评价可以让学生了解自己的学习状况，从而更加有针对性地调整学习策略，确保按时高质量完成作业。以下是关于如何实施定期检查与反馈的详细方法与策略：第一，制订检查计划是至关重要的。在单元作业开始之初，教师应该制订一个详细的检查计划，包括检查的时间点、频率和方法。这个计划应该考虑到作业的不同阶段，以确保学生在整个过程中都能够得到指导和支持。例如，在作业开始时，可以安排一个初始检查，然后在作业的中间阶段再安排一个中期检查，最后在作业完成前进行最终检查。第二，设立里程碑是非常有帮助的。在制订检查计划的同时，可以设立一些关键的里程碑，用来标志作业的重要阶段或时间点，这些里程碑可以是任务的完成、重要事件的发生或作业的截止日期等，在这些里程碑处进行定期检查和评估，有助于确保作业按时完成，并及时发现问题。第三，多种形式的检查也是非常重要的。教师和家长可以采用多种形式的检查方法，包括书面报告、口头汇报、朗读背诵、实际操作等。通过这些不同形式的检查，可以确保不同类型的学生都能够得到适当的检查和反馈，从而更好地理解作业内容和要求。第四，个别检查与集体检查也是必要的。除了对整个班级进行集体检查外，还可以安排个别检查，有针对性地评估每个学生的作业进展情况。这样可以更好地了解每个学生的学习情况，并为他们提供个性化的指导和支持。第五，在进行检查时，提供具体和建设性的反馈意见非常重要。教师应该指出学生的优点和不足，并提出改进的建议，这有助于学生了解自己的表现，并知道如何进一步提高。第六，鼓励学生自我评价也是很重要的。在反馈过程中，可以鼓励学生自我评价，让他们参与评估自己的表现，这有助于培养学生的自我认知能力，并促进他们对自己学习情况的了解。第七，如果在检查过程中发现学生存在问题或困难，教师应及时处理并提供支持。这可以通过个别辅导、资源提供等方式来实现。教师还应该与家长保持沟通，定期反馈学生的学习情况和进展，以便共同合作解决问题。综上所述，定期检查与反馈是实施单元作业的重要方法和策略之一，通过这种方法，教师可以更好地了解学生的学习情况，及时发现问题并提供支持，从而确保学生能够成功完成作业，提高他们的学习效果和成绩。

第五节　作业的批改诊断与评估

　　单元作业设计不是一次性的工作，而应是一个持续性的过程，每次学生完成作业后，教师应及时查阅批改，诊断分析学生的作业完成情况，并及时反馈意见，给出合理化建议。同时，认真反思自己的作业设计，对下一次的作业设计进行调整和优化，使其更加符合学生的实际需求和核心素养要求。

一、作业的批改与分析

（一）注意作业批改的有效性

　　教师要注意作业批改的及时性和有效性。学生完成作业后，教师应尽快批改学生作业，以便学生及时了解自己的学习成果，并根据反馈意见进行调整、订正。教师在作业批改时还应注意：第一，作业批改不能仅仅打对错，教师在"勾叉式""等级制符号"评价的同时，应附上"文字式评语"激励，以及奖励章、贴纸式、喜报等形式给予学生赞扬和鼓励，还要给出明确的修改建议。对作业完成优秀的学生要给予正面的鼓励和肯定，评语能够激发学生的学习热情，使他们在未来的学习中更加投入；对有明显错误或者有改善提高空间的学生作业，要指出学生的错误之处，在错误旁做批注，明确指出存在的问题或解决问题的思路，还可解释出正确的解题方法，切记不写无关痛痒的评语，不利于学生的改进提高。第二，批改时建议对学生典型的错误与可能出错的原因进行记录，如果能够对不同的学生进行个性化记录更好。第三，如果是学生自批或者互批的作业，教师一定要抽查，确保学生完成作业的态度和积极性。第四，对于需要修改订正的学生作业，教师一定要检查学生的订正情况，进行二次批改，可以不过分在乎作业批改符号的使用，但一定要有明确合理的意见建议。

（二）统计错误题的错误率

学生完成作业的错误率主要通过学生群体的掌握情况来判断。教师批改作业时，应记录每个题目中学生的错误情况，包括错误的类型、频率等，分析学生出错的原因，是由于概念理解不清、解题方法不当，还是粗心大意等。错误率高的共性问题，说明大多数学生不理解，教师课堂上要进行重点讲解，而且要及时登记到错题库，便于后期的变式练习和复习巩固。对于错误率低的题目和做错题的学生，教师要分析学生的出错原因，是因为个别学生不理解不会做而出错，还是因为马虎不认真出错，还是做题习惯不好，这样便于教师采取针对性、个别化辅导，或者采用同学互助的方式给予帮助。总之，统计学生作业中每个题目的错误率，有助于教师了解学生的学习难点和薄弱环节，对课堂教学的改进有指导意义。

（三）统计分析学生的典型回答

批改作业时，教师应留意学生的典型答案，包括正确的和错误的，这是一种以质性记录为主的分析方式。尤其是开放题的回答可以进行分类统计，可以有优秀的典型回答，也可以有错误的典型回答。教师可以根据学生不同的表现，分析学生作业答案的特点，如解题思路、方法运用、语言表达等，并将典型答案进行分类，总结各类答案的优点和不足。同时分析学生达成各种核心素养的水平，并分析不同表现的学生分别有哪些值得进一步提高的地方，为后续讲评辅导提供依据，而且这样的质性统计的作业资源，也可以成为今后有效的教学资源。

（四）统计分析作业目标的达成度

通过统计学生在各项作业目标上的达成度，有利于教师对教学、作业设计进行改进和完善。在批改作业之前，教师应再次明确作业的设计目的和预期目标，然后将学生的实际表现与作业目标进行对比，评估他们是否达到了预期的学习效果，最后分析学生达成作业目标的程度，包括完成度、质量等。通过有效的批改和统计分析，教师可以更好地了解学生的学习状况，为他们提供更有针对性的指导和帮助。

二、作业的诊断与评估

（一）诊断学生的理解

作业的诊断与评估具体为诊断学生的理解，这种评估方式强调对学生完成作业的理解程度进行全面诊断，着重考查学生对任务要求、作业内容的理解是否正确，他们在作业中是否能够准确把握任务要求并做出符合要求的回答。在进行作业批改时，教师可以采取以下方法进行全面诊断。第一，要检查学生是否正确理解了作业的题目和要求。教师可以查看学生的答案是否与题目要求相符，以及是否涵盖了题目中提出的所有要点。对于复杂的作业任务，教师可以将任务分解为若干个具体的步骤或要求，然后逐一检查学生是否完整地理解了每个步骤或要求。教师可以对学生的答案质量进行诊断评价，包括内容的准确性、深度和逻辑性等方面。第二，诊断评估学生是否能够根据任务要求进行必要的分析、解释和推理。在批改作业的同时，教师可以提供针对性的反馈和指导，帮助学生更好地理解任务要求，并指导他们在以后的学习中提高作业完成的质量。第三，分析学生的作业答案。仔细阅读和分析学生对作业问题的回答，了解他们对问题的理解程度。通过诊断学生的答案，教师可以发现他们在理解作业要求、应用知识和解决问题方面可能存在的困难或误解。第四，诊断学生思维过程。除了诊断学生的答案外，教师还可以尝试理解学生的思维过程，通过观察学生的解题思路和表达方式，可以更好地了解他们的理解水平和学习能力。如果发现学生对作业内容的理解存在问题，教师需要进一步分析其原因，可能的原因包括知识点的理解不深入、概念模糊、逻辑推理不清等。通过查找问题的根源，教师可以有针对性地给予学生指导和支持。通过以上诊断方法，教师可以更好地了解学生的理解情况，及时发现和解决学生在学习过程中可能遇到的问题，并采取相应的措施加以改进，促进其学习效果的提升。

（二）及时进行评估

对学生作业及时进行评估，可以让教师更全面、客观地评价学生的作业表现，为学生提供有针对性的指导和帮助，促进学生的全面发展。第一，评估作业内容的准确性。这包括答案的正确性、计算的精准度以及信息的准确性。教师需要仔细核对学生的答案，确认其是否符合题目要求，是否能够正确反映学生的知识掌握情况。第二，评估学生对知识理解的深度。这包括学生是否能够深入理解题目背后的意义、概念、原理和方法，是否能够运用所学知识解决实际问题，教师可以通过学生的解题步骤、答案解析等方面来判断学生的知识理解程度。第三，评估学生是否展现了创新思维。这包括学生是否能够提出新颖的观点、解决方案或解题方法，是否能够独立思考、勇于尝试新的思路，教师可以通过观察学生的解题思路、答案的创造性等方面来评估学生的创新思维。第四，作业的格式和规范性也是评估的重要方面。教师需要检查学生的作业是否符合规定的格式要求，如字体、行距、标题等是否统一、清晰，字迹是否工整，作业是否干净整洁，表达是否流畅、具体和完整等。第五，在评估学生作业时，教师还需要考虑学生的态度和努力程度。这包括学生是否认真对待作业、是否付出足够的努力来完成作业，教师可以通过观察学生的作业完成情况、字迹工整程度等方面来判断学生的态度和努力程度。第六，评估学生作业时，教师应提供具体的反馈意见，指出学生的优点和不足，并给出具体的改进建议。这有助于学生了解自己的学习状况，明确努力方向。同时，教师还应关注学生的改进空间，鼓励他们继续努力、不断进步。第七，在评估学生作业时，教师应考虑作业与课堂内容的关联度。这包括学生是否能够将课堂所学知识应用于作业中，是否能够体现对课堂内容的理解和掌握，教师可以通过观察学生的作业内容、解题方法等来判断作业与课堂内容的关联度。第八，教师需要给出综合评价与建议。综合评价应全面考虑学生的作业表现，包括准确性、知识理解深度、创新思维、格式规范性、态度与努力程度等方面。在给出建议时，教师应针对学生的具体情况提出具体的改进建议，帮助学生提高学习效果和作业质量。同时，教师还应关注学生的个体差异，给予适当的关注和支持，促进他们的全面发展。通过以上八个方面的评估，教师可以全面、客观地评价学生的作业表现，为学生提供有针对性的指导和帮助，促进学生的全面发展。

（三）记录和跟踪进度

作业的诊断与评估具体为记录和跟踪进度，这种评估方式强调持续地记录学生的学习进展和作业完成情况，并跟踪他们在学习过程中的进度和表现。在记录和跟踪学生的进度时，教师可以采取以下具体方法：建立档案，教师可以建立学生的档案，记录每个学生的作业成绩、表现和进展情况，这可以帮助教师及时了解每个学生的学习情况，并为他们提供个性化的指导和支持。定期检查作业，教师可以定期检查学生的作业，并及时给予反馈和评价。通过对作业的检查，教师可以了解学生对知识的理解和掌握程度，并及时发现和纠正他们可能存在的问题。跟踪学习进度，教师可以定期跟踪学生的学习进度，包括课堂表现、作业完成情况和测试成绩等。通过跟踪学生的学习进度，教师可以及时发现学生在学习过程中遇到的困难和问题，并及时采取措施加以解决。个性化辅导，根据学生的学习进展和表现情况，教师可以为他们提供个性化的辅导和支持，帮助他们克服学习障碍，提高学习效果。定期反馈，教师可以定期向学生和家长提供学习进展的反馈。通过及时的反馈，家长可以了解学生的学习情况，及时了解学生在学习过程中遇到的困难和问题，并共同探讨解决方法。通过以上记录和跟踪学生的进度方法，教师可以及时了解学生的学习情况，发现和解决学生可能存在的问题和困难，为他们提供个性化的指导和支持，从而提高他们的学习效果。

三、与家长的沟通反馈

单元作业的批改诊断与评估具体为与学生和家长沟通。这种评估方式强调教师与学生及家长之间的沟通与交流，通过及时、有效的沟通，增进对学生学习情况的全面了解，以便为其提供个性化的指导和支持。在与学生和家长沟通的过程中，教师可以采取以下具体方法：第一，定期会谈。定期与学生和家长进行面对面的会谈，了解学生的学习情况和存在的问题，并共同探讨解决方法。在会谈中，教师可以向学生和家长反馈学生的作业情况和表现，并听取他们的意见和建议。第二，电话或电子邮件沟通。通过电话或电子邮件等方式，与学生和家长进行及时沟通，向他们介绍学生的学习情况和作业进展情况，提供必要的反馈和建议，并及时回答他们的疑问和关切，也可以指导家长对学生进行适度帮扶。第三，召开家长会议。定期举行家长会议，邀请学生和家长参加，共同讨论学生的学习情况和存在的问题。在家长会议上，教师可以向家长介绍课程设置和教学目标，提供学生的学习成绩和表现反馈，并与家长共同探讨学生的学习计划和发展方向。第四，学生作业本、成绩单等书面反馈。通过学生的作业本、成绩单等书面材料，向学生和家长提供详细的反馈和评价。教师可以在作业本或成绩单上注明学生的优点和不足之处，并提供必要的建议和改进措施。第五，问卷调查和家访。教师可以通过问卷调查、家访等方式，向家长了解学生在家的学习表现、学习需求和问题，根据其反馈给予必要的方法指导，并提出合理化建议。通过以上与家长沟通的方法，教师可以及时了解学生的学习情况和问题，为他们提供个性化的指导和支持，促进他们的学习进步和成长。同时，这种沟通方式也有助于建立良好的师生家长关系，形成学校、教师、学生和家长之间的良好合作氛围，共同促进学生的全面发展。

第六节　评价与反馈机制的建立

一、建立作业评价机制

作业评价的最终目的是为了促进学生的学习，培养学生的自学能力，养成优良的品质，改善教师的教学。新课程标准也从评价功能方式、主体、整体性和综合性四个方面进行阐释，强调评价要能够真实、准确反映学生的学习水平，并努力发挥评价的多种功能，促进学生的学习。因此，作业评价设计要注重学生的过程性评价和终结性评价，尤其是过程性评价，有利于转变学生的作业态度，激发学生的作业兴趣。可见，建立作业评价机制的重要性不言而喻。这一机制旨在确保学生在学习过程中获得充分的指导、支持和反馈，以便他们能够有效地理解学习目标、提高学习成绩，并最终实现个人学业发展。

（一）设计多维评价标准

作业的评价标准不能只根据统一的标准，或根据某一方面的能力评价每一位学生。教师要看到每个学生的多元智能，也就是每个学生的差异性与特长，要能通过多维的评价标准促使每个学生都有发展的空间，都能全面发展。基础性作业评价维度主要评估学生对课堂知识的理解和掌握程度，以及他们运用知识解决问题的能力。发展性作业评价维度主要关注学生在完成作业过程中展现的思考过程、解题方法以及合作与交流的能力。拓展性作业评价维度侧重于评价学生在学习过程中表现出的态度、兴趣、自信心以及价值观的形成，还有学生在完成作业过程中是否能够展现创新思维和批判性思维。为了使多维评价标准更具操作性和可评估性，教师在作业评价标准设计中，要注意定性评价与定量评价相结合，针对小学生形象思维胜于抽象思维、渴望得到他人赞赏和表扬等心理特点，在评价结果的表述中，实行"等级制"，并把"等级制"化为形象化的标记，如五颗星、小红花等，从而真正使"等级制"对学生的学习起到一种激励和促进作用。

（二）注重学生的全面评价

教师对学生的全面评价，要注重过程性评价与终结性评价相结合。实施过程性评价时，教师需要关注学生在完成作业过程中的表现，而不仅仅是结果。以下是实施过程性评价的具体步骤：第一，观察记录。教师在学生完成作业的过程中要密切观察，记录学生的表现、思考过程、解题方法等，为后续评价提供依据。第二，交流与反馈。教师应定期与学生进行交流，了解他们在完成作业过程中遇到的困难和问题，并提供及时的反馈和指导。第三，自我反思。鼓励学生进行自我反思，让他们评价自己在完成作业过程中的表现，找出自己的优点和不足，并制订改进计划。第四，档案袋评价。为学生建立作业档案袋，将他们在完成作业过程中的作品、反思、评价等资料收集起来，以便后续进行综合评价。通过过程性评价的实施，教师可以更全面地了解学生的学习状况和发展需求，为学生提供更有针对性的指导和帮助，促进他们的全面发展。同时，这种评价方式也有助于培养学生的自主学习能力、合作精神和创新能力。

终结性评价是对学生学习成果的总结性评价。在实施终结性评价时，应确保评价的公正、客观和有效性。教师可以采用考试、测验、作品展示、成果分享等方式进行评价，终结性评价的结果应能够反映学生的综合能力和学习成果。单元学习结束或学期结束，教师要将过程性评价与终结性评价的结果进行整合，可以更全面地反映学生的学习状况和成长轨迹。通过对比分析两种评价结果，可以发现学生在不同阶段的发展特点，为未来的教学提供有益的参考。同时，整合评价结果也有助于提高评价的准确性和公正性，增强评价的说服力，可以更好地促进学生的学习和发展，提高教育教学的质量和效果。

（三）评价主体多元化

评价主体主要包括教师、学生、家长、学校和社会。因此，教师要改变过去"单一"的以教师为主体的评价方式，让多个主体参与到作业评价中来，要将教师评价、学生自评、师生互评、生生互评、家校共评充分地运用起来，重视学生完成作业的形成性评价，对学生完成单元作业的过程和结果也能做出全面、客观的评价。其中加强学生的自主评价和学生间的互评是最重要的方式，这样的评价能让学生更加主动地参与到学习中来，而改掉学习事不关己的状态，让学生在评价中学会学习、明确作业目标，知道评判的标准，还可以让学生在评价的过程中学习别人的优点，找到自己的不足。这种方法有助于培养学生的自我评价能力和批判性思维，同时也能够增强学生的团队合作精神和责任感。以下是建立自我评价和学生互评的关键步骤和策略：第一，明确自我评价和同伴相互评价的目的和意义。教师应该向学生解释清楚自我评价和相互评价的重要性，以及如何帮助自己更好地了解学习情况，提高学习效果和成绩。第二，提供指导和支持。在进行自我评价和同伴互评之前，教师应该向学生提供必要的指导和支持，帮助他们了解评价的标准和要求，以及如何进行有效的评价。这可以包括提供评价标准和范例，示范评价过程等。第三，为同伴互评提供机会和平台。教师可以通过作业展览、课堂展示、小组交流等方式组织评价活动，促进学生之间的互动和合作。第四，提供及时的反馈和指导。在学生完成自我评价和相互评价之后，教师应该及时向他们提供具体和建设性的反馈，帮助他们了解自己的优点和不足之处，并提供具体的改进建议。这样可以促进学生的自我成长和学业发展，提高他们的学习效果和成绩。第五，建立积极的评价文化。教师应该积极宣传自我评价和同伴互评的重要性，引导学生客观公正去评价，虚心接受别人的评价意见，感谢别人提出的中肯的意见和建议，鼓励学生相互之间进行合作和支持，共同提高学习成绩。教师可以通过奖励制度、表扬鼓励等方式激励学生参与到评价过程中来，建立积极的评价文化。同伴互评方式有助于培养学生的批判性思维能力、分析问题和解决问题的能力，同时能够丰富自己和同伴的认知方式，增强其纠错能力，提高他们的自我监控和评价能力。

（四）评价方法多样化

传统的作业评价往往以单一的分数或等级作为衡量标准，难以全面反映学生的学习情况和个体差异，而采用多样化的评价方法可以更全面地了解学生的学习情况，更准确地提供反馈和指导，促进他们的学习成绩。以下是几种体现作业评价方法多样化的具体做法：第一，分数评价法。分数评价法以分数作为衡量学生学习成果的标准。这种方法具有客观性和可比性，能够准确反映学生的学习水平。但同样需要注意的是，分数评价法可能导致学生过于追求分数而忽视学习的真正意义。第二，等级评价法。等级评价法将学生的作业成果划分为不同的等级，如优、良、中、差等。这种方法简单易行，能够快速对学生的学习成果进行大致评估。但需要注意的是，等级评价法往往过于注重结果，忽视了学生的学习过程和个体差异。第三，描述性评价。描述性评价法强调对学生学习成果的具体描述和解释，而不是简单地给出分数或等级。这种方法能够更全面地反映学生的学习情况和发展趋势，为教师提供更有针对性的指导建议。第四、作品展示法。作品展示法要求学生将作业成果以实物形式进行展示，如绘画、手工制作、调查报告等。这种方法能够直观地展示学生的学习成果，激发学生的学习兴趣和创造力，同时也有助于培养学生的表达能力和审美能力。第五，表现性评价。表现性评价法注重评价学生在真实情境中的表现能力，如演讲、实验、操作等。这种方法能够真实反映学生的应用能力和实践能力，有助于培养学生的实践精神和创新能力。第六，差异性评价。差异性评价法关注学生的个体差异和特长发展，尊重每个学生的独特性。这种方法强调教师在评价过程中要考虑学生的背景、兴趣、能力等因素，为每个学生提供个性化的评价方案和发展建议。以上这些多样化的评价方法，不仅能够更全面地反映学生的学习情况和个体差异，还有助于激发学生的学习兴趣和创造力，促进学生的全面发展。

二、建立作业反馈机制

（一）建立定期反馈机制

定期反馈机制是确保学生在学习过程中得到及时指导和支持的关键步骤之一。它通过在作业过程中的关键时间点提供反馈，帮助学生及时发现问题并加以改进，从而提高学习效果和成绩。以下是建立定期反馈机制的关键步骤和策略：第一，确定关键的时间点和频率。教师应该在单元作业开始之前确定关键的时间点和频率，例如中期评估和最终评估。这些时间点应该与作业的重要阶段和里程碑相对应，以确保学生在整个作业过程中都能够得到及时的反馈和指导。第二，确定反馈的形式和内容。在每个反馈时间点，教师可以采用多种形式的反馈，如书面反馈、口头反馈、评价表格等。反馈内容应该具体明确，包括学生的优点和不足之处，以及改进的建议和指导。第三，确保反馈及时和有效。教师应该在规定的时间内提供反馈，确保学生能够及时了解自己的学习情况和进展。反馈应该具有针对性和个性化，根据学生的实际表现和需要进行调整和优化。第四，鼓励学生参与反馈过程。教师可以鼓励学生积极参与到反馈过程中来，如自我评价、同伴互评等。通过参与反馈过程，学生可以更深入地了解自己的学习情况，发现自己的不足之处，并加以改进。第五，建立有效的反馈循环。在提供反馈之后，教师应该与学生进行沟通，确保他们理解并采纳反馈意见，并加以改进。同时，教师也应该密切关注学生的反馈，并根据需要进行调整和优化，以确保反馈机制的有效性和可持续性。通过建立定期反馈机制，可以确保学生在学习过程中得到及时的指导和支持，帮助他们发现问题并加以改进，从而提高学习效果和成绩。定期反馈机制不仅有助于教师更好地了解学生的学习情况，还能够促进学生的自我认知和学习动机，为他们的学习成长提供良好的支持和指导。

（二）提供具体和建设性的反馈

提供具体和建设性的反馈能够帮助学生更清晰地了解他们的学习情况，指出他们的优点和不足之处，并提供具体的改进建议，从而促进他们学习成绩提高。第一，明确反馈的目的和意义。在提供反馈之前，教师应该向学生明确说明反馈的目的和意义，即帮助他们了解自己的学习情况，发现不足之处，并提供改进的机会，这样可以让学生更加重视反馈，并愿意接受和应用反馈。第二，提供具体的反馈。反馈应该具体明确，针对学生作业中的具体问题和不足之处。教师可以指出学生在内容、结构、准确性、逻辑性、表达等方面的优点和不足之处，并提供具体的例子和改进方法，以帮助学生更清晰地了解自己的表现。第三，提供建设性的反馈。反馈不仅要指出问题，还要提供建设性的改进建议。教师可以根据学生的实际表现和需要提供具体的改进建议，帮助他们改进作业质量和学习效果。这些建议应该具体可行，能够帮助学生明确下一步的学习方向和目标。第四，鼓励学生参与反馈过程。教师可以鼓励学生参与到反馈过程中来，让他们分享自己对作业的看法和感受，提出自己的改进建议。通过学生的参与，可以让反馈过程更加积极和有效，促进学生的自我认知和学习动机。第五，及时提供反馈。反馈应该及时给予，以便学生能够及时了解自己的学习情况和进展，并加以改进。教师可以在作业提交后尽快提供反馈，或者设立固定的反馈时间点，定期给予学生反馈和指导。通过提供具体和建设性的反馈，可以帮助学生更清晰地了解自己的学习情况，发现不足之处，并提供具体的改进建议，从而促进他们的学习成果和成绩提高。这种反馈不仅有助于学生提高学习效果，还能够促进他们的自我认知和学术发展，为他们的学习成长提供良好的支持和指导。

（三）持续改进和优化机制

持续改进和优化机制是为了确保评价与反馈过程的有效性和可持续性，以适应学生不断变化的学习需求和学习环境。以下是建立持续改进和优化机制的关键步骤和策略：第一，收集反馈和意见。教师应该定期收集学生、家长的反馈和意见，了解他们对评价与反馈机制的看法和建议，可以通过课堂讨论、问卷调查、反馈表格等方式进行，以收集各方的意见和建议。第二，分析反馈和意见。收集到的反馈和意见应该进行仔细分析和总结，找出其中的共性和问题，并加以归纳和整理，这可以帮助教师更清晰地了解评价与反馈机制存在的问题和不足之处，为进一步的改进提供参考依据。第三，制订改进计划。根据分析的结果，教师可以制订具体的改进计划，包括优化评价标准、调整评价方法、改进反馈方式等，这些改进计划应该具体可行，能够有针对性地解决问题和提高效果。第四，实施改进措施。教师应该根据制订的改进计划，积极主动地实施改进措施，确保评价与反馈机制能够不断优化和改进，这可能涉及调整教学方法、提供更有效的指导和支持、加强与学生和家长的沟通等方面。第五，持续监督和评估。教师应该持续监督和评估改进效果，了解改进措施的实施情况和效果，及时发现问题并加以解决。这可以通过定期评估和自我反思来进行，以确保评价与反馈机制不断优化和改进，适应不断变化的学习需求和教学环境。通过建立持续改进和优化机制，可以确保评价与反馈机制始终保持有效性和可持续性，适应不断变化的学习需求和教学环境。这种机制不仅有助于提高评价与反馈的质量和效果，还能够促进学生的学习成绩提高，为他们的学习成长提供良好的支持。

第五章　案例分析与实践应用

第一节　小学语文单元作业设计（案例一）

部编版小学语文五年级上册第四单元
——"爱国情怀"单元作业设计

教材来源：义务教育教科书／人民教育出版社 2019 年版

内容来源：小学五年级语文（上册）第四单元

单元学习主题：爱国情怀

一、单元作业概况

五年级语文第四单元以"爱国情怀"为主题，精选的四篇课文所涉及的年代、人物、事件各异，贯穿其中的是中国人代代相传的爱国情怀，表现了中国人"天下兴亡，匹夫有责"的责任感和使命感。本单元的语文要素"结合资料，体会课文表达的思想感情""学习列提纲，分段叙述"。鉴于此，本单元的作业设计以《新课程标准》和"作业管理"精神为依据，面向全体学生，突出了"新、优、活"的特点，不局限于单纯的文字性书写表达，而更加重视活学活用，体现了语文课程工具性与人文性统一的基本特点。学生们通过本单元的学习，结合资料，更深入地理解课文内容，体会课文的思想感情。充分利用广阔的语文环境，引导学生在生活中学习语文，并把语文学习的成果运用于生活实践，从而加强语文和生活的联系。

本单元作业以单元的学习目标为设计依据，对学生进行有重点、有层次、有趣味的引领和指导。单元作业的设计体现如下导向：一是紧扣要素，凸显主题。本单元的主题是"爱国情怀"，语文要素是"结合资料，体会课文表达的思想感情""学习列提纲，分段叙述"，在设计作业时紧密围绕单元主题，重点在于对语文要素的落实情况展开评估；二是立足整体，统筹设计。作业设计时对整个单元前后观照，对内容相近或联系紧密的教材内容进行整合；三是注重协同与互补，即作业在适当巩固教学内容的基础上，发挥课外时空的优势，与教学环节实现优势互补；四是学情观照，提供选择。即从学生的兴趣出发，设计不同形式的作业，让作业变得有趣、有味，同时，以生为本，从学情出发，设计可供选择的作业，充分照顾学生的作业心理。

二、单元作业规划

（一）学科核心素养细化

本单元的人文主题是"浓浓爱国情"，这样的人文主题，意在陶冶学生的爱国情操，激发学生的爱国情怀，培养学生的民族自豪感。这一单元的课文学习，除了实现人文成长的目标之外，更重要的是落实阅读训练要素，即"结合资料，体会课文表达的思想感情。"结合单元人文主题和选文内容的共性特点，单元阅读学习目标细化如下：

1.阅读饱含爱国情怀的文本，能从文中体会到作者对国家统一的渴望、对家乡的思念和对国家繁荣昌盛的期盼，与文本中的爱国情怀产生共鸣，激发对国家的责任心和集体荣誉感。

2.借助题目、注释，疏通文意，了解文章内容，并初步体会作者表达的情感。

3.通过查找图书、网络搜索、请教他人等方式，结合作者的身世背景、文章内容本身所涉及的文化背景，联系自己的生活实际，丰富对文本内容的认识，更深入地了解文本所蕴含的情感。

4.阅读与文本在主题上有关联的其他文本，体会其表达感情中的相似之处。

本单元的表达训练要素是"学习列提纲，分段叙述"。"列提纲"是组织表达的一种形式。本单元习作的具体学习目标：

1.根据习作要求充分构思，积极调动头脑中相关的内容素材。

2.将构思的素材进行梳理，列出提纲，明确写作的内容和次序。

3.根据提纲，分段叙述，有条理地写下来；把重点部分写具体，主次分明。

4.积极主动地与同学交流提纲书写的心得，互相欣赏习作，分享在习作中感受到的快乐，根据同学的建议进行修改。

（二）单元大概念架构

1.教学过程设计

本单元学习引导学生以查找资料、自主探究、合作交流等方式学习语文学科知识，启发学生会思考、乐表达、爱实践，围绕主要问题组织和创设学习活动。

大主题：读悟家国情怀 抒写爱国之志

大任务：忆往昔，唱赞歌，传经典，述先锋，写未来

大情境：争做强国少年

基于以上活动任务，进行如下的过程设计，分为"内容构建—课时进程—本质问题—真实情境—学习活动"五步骤的学习过程导航。

2.学习资源

学生学习时可以借助课文文本以及教材上已标出的（如课下注释、"阅读链接"）资料进行学习。

3.学习评价

将目标学习具体化，体现"学—评—教"一体化，让教学跟着评价走，有效达成目标。综合运用对话交流、文本分享、小组研讨、学习反思等评价策略，整体以表现性评价为主，设定评价量表，融入诊断性评价和形成性评价，构建一套描述学生学习历史轨迹的"学历案"，作为检测学生是否达到学习效果的真实证据，进而提供有针对性的学业指导。

（三）整体教学流程透视

整体教学流程透视

教学材料	学习活动设计	评价要点
《圆明园的毁灭》	1. 板书课题，齐读课题。 2. 人们梦中昔日的圆明园究竟是怎样的？请同学们放声朗读课文，走进圆明园。 3. 默读课文，了解概括每个自然段的意思。梳理课文三个方面内容。 4. 概括课文主要内容。 5. 圆明园中的文物到底有多么珍贵，请大家看一下资料：（出示课件） 6. 这篇文章题为《圆明园的毁灭》，而大量的篇幅却是描写昔日的辉煌，你觉得这样写合适吗？	1. 自读自悟，同桌交流。通过关键词来理解每个自然段的意思。 2. 概括课文大意。 3. 指导学生体会感情。
《古诗三首》	1. 谈话导入，明确单元目标。 2. 了解背景，自读古诗，读准字音，读出节奏。 3. 理解诗题，质疑题目。 4. 初读诗歌，感知内容。 指导阅读——抓字眼，明诗意，读中感悟。 5. 小组交流合作，交流自己对古诗句意的理解。 6. 总结全诗，归纳学法。	自由读，指名读。 小组交流讨论，教师归纳。 引导学生想象，说出自己的理解。
《少年中国说》	1. 板书课题，理解题意。 2. 了解每个自然段的内容。 3. 讨论少年中国与中国少年之间的关系。 4. 分享为实现强国梦想而做出卓越贡献的人物故事。 5. 配图感受场景，合作集体诵读整篇课文。	1. 通过交流资料，了解写作背景，有感情地朗读课文。 2. 通过阅读材料的拓展，进一步加强爱国意识。
《小岛》	1. 阅读新闻《90后军人成"老海岛精神"》 2. 学生自读课文，同时思考课文写了一件什么事。 3. 将军到了岛上看到了什么意想不到的东西？ 4. 感受菜中的情谊。 5. 播放视频《孤独的海岛守卫者王继才》。 6. 给这些守岛的战士或视频中已经去世的王继才写一封信。	小组交流讨论，全班交流，教师归纳。

教学材料	学习活动设计	评价要点
《二十年后的家乡》	1. 出示二十年前民居、交通、景色等和二十年后的图片进行对比。看了这组图片,你有什么感受?引入主题。 2. 明确写作要求。 3. 指导想象。 4. 指导写作。 开头、结尾怎样用具体的人、事、景、物按一定的顺序把家乡的巨大变化写具体;指导学生编写作文提纲;叙述过程中要详略得当。 5. 观察书写格式及布局,练习书写,关注写字姿势及书写习惯。 6. 展示书写作品。	小组成员提建议,自己修改。 引导学生总结交流。 点评学生作品

（四）单元作业目标

1. 能借助题目、注释和相关资料,了解诗句的大意,体会诗人表达的情感,在此基础上进行相应的拓展。了解古诗硬笔书写的两种行款,并能正确书写。

2. 借助思维导图,理解《圆明园的毁灭》主要内容。能结合相关资料,通过讲解等方式深入理解"不可估量的损失"的含义。

3. 领悟《少年中国说（节选）》中"象征"的表达方式,在熟读的基础上借助背诵提示卡进行背诵。能结合资料,了解为实现强国梦想而做出卓越贡献的人物故事,并制作一份人物专题手抄报,在班级进行展示。

4. 了解《小岛》主要内容,能用将军的口吻讲述自己登上小岛后发生的故事。结合资料,通过班级论坛,深入了解我国守岛部队的生活,体会人物的思想感情。

5. 通过"作业整理站",梳理资料的运用。举行班级诵读会,有感情地进行朗读,加深对课文内容、情感的理解。

（五）作业具体内容设计

作业具体内容

作业主题	作业内容	作业形式	文本落实
查找历史故事	查找资料，整理鸦片战争以来中华民族反抗压迫的故事，开展红色故事分享会。	忆往昔 勿忘家国耻	单元导读
传唱爱国歌曲	学唱一首爱国歌曲，用自己的声音唱响新时代少年的爱国主旋律。	唱赞歌 经典咏流传	《圆明园的毁灭》《小岛》
诵读爱国诗歌	搜集不同时代的爱国诗歌，以个人或集体的形式进行静态和动态展示分享。	传经典 红色诗词展	《古诗三首》
赞扬先锋人物	搜集为祖国繁荣富强而奋斗的杰出人物故事，为他们制作一份人物专题手抄报。	述先锋 先锋人物传	《少年中国说》
书写时代赞歌	完成想象作文《二十年后的家乡》，从家乡巨变中感受祖国日趋强大。	写未来 童心画未来	《主题习作》
合作活动	作品分享，成果汇集成册，集中展示。		

忆往昔——勿忘家国耻

1. 单元导读讲解前，布置前置作业，让学生查找资料，整理鸦片战争以来中华民族反抗压迫的故事，开展红色故事分享会，对学生进行情感上的铺垫。

2. 学生独立搜集整理资料，熟记故事内容，在班级进行红色故事讲解。

唱赞歌——经典咏流传

1. 学习《圆明园的毁灭》和《小岛》两课后，了解百年沧桑党史，体悟祖国百年巨变。

2. 读诵闻一多的《七子之歌》组诗，感受强烈的爱国理想和情怀。

3. 学唱《七子之歌》《少年》等爱国歌曲。

4. 课前依次轮流传唱红色爱国歌曲，用自己的声音唱响新时代少年的爱国主旋律。

传经典——红色朗诵会

1. 学习《古诗三首》后，引导学生搜集不同时代爱国主题的古诗、诗歌或文章。

2. 选择古诗硬笔书写的两种行款，挑选自己最欣赏的红色诗词规范书写，在班级布置文化墙进行展览。

　　3.小组商议确定朗诵内容和方案，分配朗诵任务，分工练习。

　　4.开展班级红色朗诵会，分小组依次进行主题朗诵，推选出最佳朗诵小组参加经典诵读活动。

诗歌朗诵评价标准

朗诵要求	朗诵评价
紧扣主题，内容生动，寓意深刻，富有感召力。	☆☆☆
吐字清晰，声音洪亮，正确把握朗读节奏。	☆☆☆
精神饱满，仪态大方。	☆☆☆
诗歌朗诵的表演形式新颖。	☆☆☆
感情饱满真挚，表达自然，能通过表情动作的变化反应朗诵的情感变化。	☆☆☆
朗诵富有韵味和表现力，能与观众产生共鸣。	☆☆☆

述先锋——先锋人物传

　　1.学习课文《少年中国说》后，明确少年中国与中国少年的关系，立强国志。

　　2.确定一个令自己深受感动、做出卓越贡献的先锋代表，搜集与其相关的传奇故事。

　　3.设计创办不同形式的先锋人物传。

　　4.集体展评，优秀作品参与布展。

先锋人物传参考模板

先锋人物传	
人物姓名	
所属领域	
主要成就	
典型事迹	
颁奖词	

写未来——童心话未来

　　1.学习《语文园地》，辅导完成"单元习作"后，围绕"二十年后的家乡"，构思完成本次想象主题习作。

2.相互交流构思，完成习作初稿《二十年后的家乡》。

3.小组交流，习作修改，优秀范文，集体赏析。

4.优秀作品装订成文集《二十年后的家乡》。

单元习作评价标准

评价内容与标准	自评	互评	师评
构思立意，列出提纲分段表述	☆☆	☆☆	☆☆
畅想未来，反映家乡巨大变化	☆☆	☆☆	☆☆
抒发情感，励志强国	☆☆	☆☆	☆☆

（六）作业质量效果评估

本单元以"爱国情怀"为主题，落脚于结合资料、体会课文表达的思想感情这一语文要素。因此，本单元的作业设计是建立在学生自主搜集资料基础上的，在搜集资料的过程中，学生通过查找、翻阅、删选、归纳等方式，充分挖掘其平时积累的各科知识和生活经验，将它们用在实际问题的解决中。学生在这个实践过程中丰富了知识积累，学会了略读和浏览、筛选和概括、分类标记等方法，有效地提升了阅读能力。在学习《少年中国说》一课后，让学生结合搜集到的资料制作一份先锋人物传，最后收录入强国手册，这不仅促进语文学科与其他学科的有机整合，激发和调动孩子们的学习积极性，也充分发挥了他们的兴趣和特长，让学生在多样化的实践作业中有所选择，有利于学生的发散思维和创造性思维的培养。

配乐朗诵这一作业形式，既能为学生积淀语感，锻炼表达能力，又能提高学生口语水平，展现自我表现力。不仅帮助学生提升了语言构建能力，还提高了学生的审美能力，同时激发了学生的阅读兴趣，进一步营造出书香校园的良好氛围。

此次作业设计理念力求改变学生作业单调枯燥、偏重书本、脱离生活和学生实际的状况，倡导一种趣味性、实践性、开放性、人文性和可行性的语文作业设计方式，而且在作业的布置上采用阶梯式、有层次性，培养学生学习语文的兴趣。通过相互合作等学习方式，在实践中提高语文学习的能力。

　　另外本次作业设计注重培养学生获取新知识的能力、分析和解决问题的能力以及交流与合作的能力。在多层次、多形式的语文作业设计中注重学生的兴趣、爱好、能力等方面的培养和发展，缩短书面作业的时间，减负增效。通过开放的作业设计，努力实现课内外联系、校内外沟通，让作业成为培养和发展学生能力的一座桥梁，从而优化语文学习环境。

　　教者有心，学者得益，作业是课堂教学的延伸，它的优化设计，可以最大限度地拓宽学生减负的空间，丰富课余生活，发展独特个性。所以在作业设计道路上，教师仍然需要不断探索。

三、特色作业说明

　　《语文课程标准》指出："语文是实践性很强的课程，应着重培养学生的语文实践能力，而培养这种能力的主要途径也应是语文实践。"语文书、网络、课外书籍上有一些文本特别适合朗诵，学生可以利用好这些素材。教师让学生在熟读文本的前提下朗诵。教师先在班里选出平时善于朗诵的几位同学做这次朗诵的负责人，再要求他们与班上其他同学自由结合，分成四组来进行表演比赛，结果将评出"最佳团体奖"。最突出的小组代表班级参加经典诵读活动。像这样的课外作业富有情趣性和吸引力，是促使学生全身心感受读物的有效手段，有助于培养学生的语言表达能力、朗诵能力和鉴赏能力。同时为完成这一类作业，学生既有分工、又有合作，大家出谋划策、彼此信任、互相帮助，在互动中促进了交流，在交流中学会了合作，在合作中学会了学习。

　　制作先锋人物传也是很受学生欢迎的作业，因为可以一人自办，也可多人合作，稿件可自己写，也可摘抄，发挥创造性，从给作品起名字到配一些图画都比较自由。先锋人物传制作过程中培养学生多方面的综合能力，特别是创新精神和团结协作精神。同样，先锋人物传的制作也要约定一个时间，把各自的作品张贴在教室里，供大家参观，再投票评选出"最佳设计奖""最佳创意奖"等，让学生尝到成功的喜悦。最后把优秀的作品收纳进强国手册，在班级文化角展览。

作业是一种有目的、有指导、有组织的学习活动，它是教学的基本环节，有助于所学知识的巩固、深化，有益于技能、智能和创造才能的发展，是提高学生素质的重要载体。布置作业是一门艺术，若是教师无法了解自己为什么布置作业，就很容易让学生觉得语文很难学，让教师觉得语文很难教。因此，语文教师在设计作业的时候应该多探索，多从生活实际出发，找寻学生的兴趣点和社会的流行趋势。只有符合学生的兴趣点和流行趋势，学生做起作业来才会接受得快、完成度高，从而达到减轻学生的课业负担、提高教学质量的目的，让学生爱上完成作业、爱上语文学习。

《新课标》指出：语文是实践性很强的课程，应着重培养学生的语文实践能力。最大限度地拓展在学生作业方面的减负空间，激发兴趣、增加自信、锻炼能力、丰富课余生活，发展独特个性，通过改变作业的完成方式和呈现方式，让学生在富有个性的作业中获得自我发展、自我提升。"双减"落地，教研先行，作为教师，要加强集体备课，认真钻研教材，整体规划单元作业，精心设计，专题研究，将"双减"政策落到实处，促进学生全面发展。

第二节　小学语文单元作业设计（案例二）

部编人教版小学语文六年级上册第二单元
——"革命岁月"单元作业设计

教材来源：义务教育教科书/人民教育出版社 2019 年版

内容来源：小学六年级语文（上册）第二单元

单元学习主题：革命岁月

一、单元作业概况

统编小学语文教科书六年级上册第二单元以"革命岁月"为主题，编排了《七律·长征》《狼牙山五壮士》《开国大典》《灯光》和《我的战友邱少云》

五篇课文。《七律·长征》以诗歌的形式概述了二万五千里长征的艰难历程；《狼牙山五壮士》记述了抗日战争时期，五位壮士保家卫国的壮举；《开国大典》描写了新中国成立庆典中的宏大场面；《灯光》回忆了解放战争时期以郝副营长为代表的战士为革命胜利英勇奋战的往事；《我的战友邱少云》讲述了抗美援朝战争中，邱少云同志为了战斗胜利、无畏牺牲的英雄事迹。整个单元通过不同革命时期的场面再现，引导学生感受革命英雄的坚贞不屈、革命领袖的伟人风采，以及革命先辈在艰苦斗争中所展现的革命乐观主义精神。

本单元的作业设计紧紧围绕语文要素展开，搭建学习支架，创设真实情境，通过项目化实践，落实点面结合写场面的方法指导，无痕地渗透革命传统文化，促使学生思维能力和审美体验双向融合，从而达成文与道的和谐统一。

二、单元作业规划

（一）学科核心素养细化

语文课程丰富的人文内涵对学生精神世界的影响是广泛而深刻的，学生对语文材料的感受和理解又往往是多元的。因此，借助文本阅读，学习表达内心情感，丰富学生的情感体验，重视学生"文化自信""语言运用""思维能力""审美创造"等方面核心素养的提升和培养，是本单元的重点教学内容。语文的核心活动是"听说读写"，阅读与写作教学正是此核心活动的综合体现，在此过程中深层次地训练学生的听说读写能力。在整合的基础上，通过有感情的朗读诗歌、梳理文章内容、品味关键语句、分析人物形象、点面结合描写场面等方式来感受战争年代英雄人物的伟大精神。学生在学习中，通过赏析不同作品、评价同学习作等活动，构建起来点面结合写场面的审美意识、审美情趣与审美品位，以及在此过程中逐步掌握了表现美、创造美的能力。综上所述，基于课标、教材、学情及学科基本思想的综合考虑，把本单元的大观念定为"革命精神记心间，点面结合写活动"，通过复习五下第六单元"思维的火花"，注意体会作者描写的场景、细节中蕴含的感情。复习场面描写的方法，结合新学的点面结合的描写方法描写一个活动场面，能够清楚地写出活动过程，并读给他人听。

根据上述分析，单元内容明确指向场面描写的一般写法，与课程标准规定一致；联系点面结合写场面的写作方法，提出建立在一般写法之上的单元大观念，同时提出涉及不同的场景、不同的体裁、相同的特点三个小观念。即：单元大观念为"革命精神记心间，点面结合写活动"。单元主问题为"如何运用点面结合的写法记一次活动？"

单元学习目标：

目标维度	单元学习目标	学科观念
识字与写字	1. 会写 32 个字，会写 40 个词语。 2. 欣赏书写作品，能做到规范书写，养成自我检视的习惯。	观察，分析，整理，发现汉字构字组词特点，从而规范掌握如何运用语言文字，感受汉字文化的内涵。
阅读与鉴赏	1. 能读出诗歌的磅礴气势，说出诗句的意思和表达的情感。 2. 概括出课文主要内容。结合相关背景资料和课文重点语句，感受革命先烈热爱祖国、英勇无畏的英雄气概。 3. 体会课文点面描写场面的方法。读句子，体会重复用语的妙处。	倾听，阅读，观察，整合获取有价值的信息，感受语言和形象的独特魅力，获得个性化的审美体验。
表达与交流	1. 能围绕话题拟定演讲题目，根据要求写好演讲稿。 2. 演讲时能做到语气、语调适当，姿态大方。 3. 演讲时能利用停顿、重复或者辅以动作强调要点，增强表现力。	有效传递信息，满足沟通需要和表达独特体验与思考的需要。培养理性思维和理性精神。
梳理与探究	1. 能运用点面结合的方法写场面，既关注整个场景，又注意人物动作、语言、神态等细节描写。 2. 写出活动中的体会。 3. 学习用多种形式代替"说"，让表达更生动。	总结、梳理、概括语文知识，培养逻辑思维能力。

（二）单元大概念架构

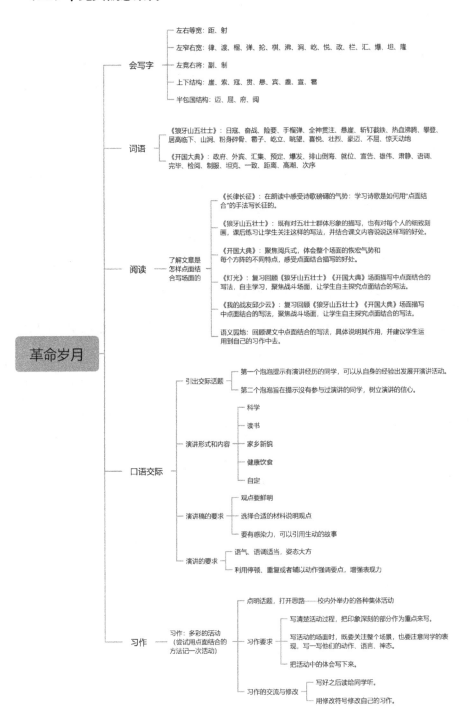

（三）整体教学流程透视

主问题：如何运用点面结合的写法记一次活动场面？			
前置活动："我是开国小主播"国庆节的一幕幕，这个场面我讲最精彩。			
单元目标	课时目标	学习问题	学习活动
1. 积累并会运用有关场面描写的字、词、句。（2课时）	1. 自主学习，至少会读、写40个生字；积累至少30个好词好句。2. 准确、流利地朗读课文。	若想将开国场面描写清楚，需要积累、会用哪些字、词、句？	活动1：以小组为单位，通过"字词游戏""我是书写小达人"等活动交流检测生字词学习情况。活动2：准确、流利地朗读课文，读准生字字音、停顿，并展开各种形式的朗读比赛。活动3：小组合作，灵活选用所积累的字、词、句，完善本小组的"开国场面的描写"，做到用词准确、语句优美、表达清楚。
2. 通过样例分析，建立理解点面描写的基本思路。（5课时）	3. 绘制思维导图，梳理文章内容。	掌握用思维导图梳理文章内容的方法。	活动4：通读《狼牙山五壮士》《开国大典》《灯光》《我的战友邱少云》四篇课文，绘制思维导图，梳理故事内容。师生合作完成《开国大典》思维导图，给予学生模仿支架。
	4. 圈画关键词句，分析人物形象。	人物描写方法对于人物形象塑造有何作用？	活动5：1. 教师"扶着"学生共同探讨《狼牙山五壮士》人物形象。重点聚焦"痛击来敌""顶峰歼敌""舍身跳崖"三部分，抓人物的动作、神态、语言等描写，感悟人物形象。2. 默读《我的战友邱少云》，感受邱少云身上的动人品质（1）圈画出文中有关作者心理描写的语句。（2）在课文旁边对作者的心理描写进行批注。（3）小组合作完善表格内容，展示汇报。

主问题：如何运用点面结合的写法记一次活动场面？			
前置活动："我是开国小主播"国庆节的一幕幕，这个场面我讲最精彩。			
单元目标	课时目标	学习问题	学习活动
2.通过样例分析，建立理解点面描写的基本思路。（5课时）	5.知道点面描写的特点。	点面描写有什么特点？	活动6 关注《狼牙山五壮士》的场面描写，体会点面结合的好处。 1.聚焦第2自然段，看看作者是怎样描写"痛击来敌"这个场面的。 教师点拨：先描写群体英勇无畏的表现，这是"面"的描写，再逐一写五位战士的个体表现，这是"点"的描写。 2.自读课文，能准确找到"点"和"面"的句子，反复朗读体会。 议一议：这部分点面结合的场面描写有何作用？ 聚焦《开国大典》阅兵式部分，学习点面结合的写法。 1.自读11-13段，寻找"点""面"，圈关键词：你从哪些地方感受到阅兵式的庄严？ 2.默读5-13段，对比大典中前三个场面和阅兵式中的"点""面"描写，你有什么发现？
3.根据情境要求，能够运用点面结合的写法描绘一个活动场景。（2课时）	10月1日是祖国母亲的生日，每年的这一天，全国各地都会举办各种各样的活动，以此来纪念这一伟大的节日。郑州高新技术产业开发区莲花街小学"庆国庆——红色之旅"的活动方案已经下发到各个年级，结合六年级的实际情况，10月1日前夕，我们将在各班举办"重温革命岁月，缅怀革命先烈"演讲比赛，同学们或自选一篇文章进行练习，展示你的朗诵能力；或创编一篇革命故事，带领大家走进你营造的革命场景，展示你的写作能力。		

（四）单元作业目标

　　单元作业目标要与单元学习目标一致，要兼顾知识、能力、态度等方面，可参考填写单元作业目标设计表。

单元作业目标设计表

目标序号	单元目标	对应核心素养	认知类型
1	1. 会写32个字，会写40个词语。 2. 欣赏书写作品，能做到规范书写，养成自我检视的习惯。	观察、分析、整理，发现汉字构字组词特点，从而规范掌握运用语言文字，感受汉字文化的内涵。	记忆
2	1. 能读出诗歌的磅礴气势，说出诗句的意思和表达的情感。 2. 概括出课文主要内容。结合相关背景资料和课文重点语句，感受革命先烈热爱祖国、英勇无畏的英雄气概。 3. 体会课文点面描写场面的方法。读句子，体会重复用语的妙处。	倾听、阅读、观察、整合，获取有价值的信息，感受语言和形象的独特魅力，获得个性化的审美体验。	理解、应用
3	1. 能围绕话题拟定演讲题目，根据要求写好演讲稿。 2. 演讲时能做到语气、语调适当，姿态大方。 3. 演讲时能利用停顿、重复或者辅以动作强调要点，增强表现力。	有效传递信息，满足沟通需要和表达独特体验与思考的需要。培养理性思维和理性精神。	理解、应用、评价
4	1. 能运用点面结合的方法写场面，既关注整个场景，又注意人物动作、语言、神态等细节描写。 2. 写出活动中的体会。 3. 学习用多种形式代替"说"，让表达更生动。	总结、梳理、概括语文知识，培养逻辑思维能力。	分析、应用、创造

（五）作业具体内容设计

【第一站：触摸英雄】

创设情境：国庆节是令全中国人民欢欣鼓舞的节日，每年的国庆节全国各地的人们会用不同的形式为祖国母亲庆生，到处都充满了欢歌笑语。在国庆节期间，同学们看到了哪些振奋人心的场景？听到了哪些感人的故事？小组之间讨论分享。

同学们在国庆期间学校即将开展以"革命岁月"为主题的红色活动，这已经是我们进入小学高段以来第四次学习革命传统文化的主题单元了，你的脑海里此刻浮现出哪几位可歌可泣的革命英雄呢？在这个单元中，我们将重温革命岁月，把历史的声音留在心里。同时，我们还会学习"了解文章是怎样点面结合写场面的"这一方法。欢迎来到本次红色之旅的第一站——触摸英雄。

1.寻访英雄笔记：同学们，在之前的学习中，我们读过雨来和黄继光等英雄故事，感受到他们身上可贵的革命精神，同样我们也可以动身去寻访身边英雄的足迹，可以采取访谈、讲故事等方式，让我们做一名讲述人，讲讲自己的见闻，讲讲自己身边的英雄故事。

【设计意图】这项作业以实践性作业为主导，促使学生从书籍中、生活中了解更多的英雄人物，了解更多共产党人的先锋事迹，从中汲取力量，铭记革命历史。

【第二站：触摸英雄】

2.启航单

首先，让我们读读本单元的五篇课文，自主结合文本梳理字词，可以把字词从场面描写、人物描写、事件概括等几方面进行梳理，并试着摘录有关诗歌，注意书写的格式要正确哦！

"红色之旅"启航单

一、字词预学与积累。

字 词	

二、摘抄革命诗歌。

_____

_____

_____

_____

_____

> 书写提示：
> ◎注意行距整齐，布局合理。
> ◎书写要正确，不出现错别字和不规范的字。

3.导图引路：同学们，你们发现了吗？这五篇课文选自于不同的时期，有长征年代、抗日战争、新中国成立、解放战争和抗美援朝战争。生动的故事向我们展现了民族英雄的高尚气节。请你完善以下思维导图，并试着说说每个故事的内容。

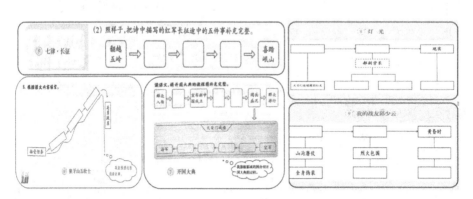

【设计意图】这一项作业设计主题为"触摸英雄"，通过创设情境，激发学生的阅读兴趣，拉近生本之间的时空距离。同时，"启航单"与思维导图都是学生进行自主学习、把握课文主要内容的有力支架。

【第三站：对话英雄】

4.我是小主播：同学们，你们当过小主播吗？开国大典的场景宏伟壮观，你能把这激动人心的场景再现吗？想象自己是一名小主播，此刻你就在开国大典的现场，正向全国人民进行报道。请用点面结合的方法，介绍一下开国大典的场景。

我是小主播

屏幕前的观众朋友们，大家好！您现在收看的是开国大典的现场直播，我是本次主播……

_____

_____

_____

"小主播"评价表		
评价角度	要求	评一评
选材	选材合理，贴合主题，内容充实具体	☆☆☆
情感	符合播讲词的思想感情，声情并茂	☆☆☆
仪态	精神饱满，仪态大方	☆☆☆

5. 童声颂长征

两万五千里长征是我们中华民族救亡图存的历史中辉煌的一笔，英勇无畏的先烈们，在长征路上浴血奋战，克服重重困难，每一步都烙印在新中国成长的历程上。值此国庆来临之际，我们更应铭记历史，礼赞英雄。今天就让我们用歌声唱响我们对先烈们的敬仰，用歌声赞叹我们伟大的祖国。童声颂唱毛泽东的《七律·长征》。

【设计意图】作为精读课文，在点面结合的呈现形式上最为典型。因此，在设计作业的过程中，题型始终围绕语文要素而展开，引导学生逐步明晰"点面结合"的写法；同时，教师将单元内部结构进行调整，分解难点，落实单元统整教学。

6. 自主探究：《灯光》和《我的战友邱少云》的点和面又是什么呢？

活动一：如果我们要将它们拍成一部电影，你打算选取哪些场面进行拍摄，哪些可以拍成全景镜头，哪些可以拍成特写镜头？

我是小记者——"红色之旅"巡航单一

同学们，如果让你当导演，将《灯光》和《我的战友邱少云》拍成一部电影，你打算选取哪些场面进行拍摄，并将哪些内容拍成全景镜头，哪些内容拍成特写镜头？

课文	场面	特写镜头（点）	全景镜头（面）	好处
《灯光》				
《我的战友邱少云》				

如果我们要奔赴现场进行实况播报和采访，你会选择哪一个现场呢？提示：现场一中可以结合郝副营长的动作、神态、语言等细节进行播报；现场二中可以结合战友的心理变化，对他进行采访。

"红色之旅"巡航单二："我是小记者"

同学们，如果你是一位小记者，你想奔赴以下哪个现场，进行播报或采访？

现场一：

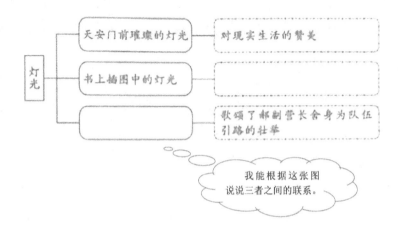

填写思维导图，结合现场人物语言、动作、表情等，进行现场播报。

现场二：

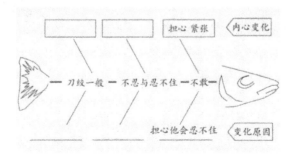

1. 找出描写"我"心理活动的句子，填写思维导图。
2. 同桌合作，模拟小记者采访邱少云的战友。

【设计意图】两篇略读课文的作业设计重在学法的迁移，引导学生在趣味化的情境活动中进一步深化对"点面结合"方法的理解，同时感受革命志士的伟大胸怀。

7. 回顾点面：1934 年 10 月，中央主力红军为了摆脱国民党军队的"围剿"，被迫实行战略大转移，退出根据地进行长征。期间经过 14 个省，翻越 18 座大山，跨过 24 条大河，走过荒无人烟的草地，行程二万五千里，于 1935 年 10 月到达，与陕北红军胜利会师。

同学们，借助资料，我们对长征有了初步的了解，接下来请找找这首诗歌中的点和面分别有哪些呢？

8. 拓展阅读：自主阅读以下材料，找找哪些语句是人物群体描写，哪些语句是个体描写？请分别用"——"和"~~~~~~"画出来，并说说自己对长征精神有什么新的理解。

大雪山在四川省的西部。那里没有人烟，没有花草树木，连条小路也没有。一年四季，山上都盖着厚厚的雪。夏天，别的地方热得摇蒲扇，大雪山上还是白雪纷飞，寒风刺骨。

红军从江西出发已经走了八个月了。他们衣服穿破了，草鞋穿烂了，这样冷的雪山，怎么过得去呢？但是，任何困难也挡不住英雄的红军。为了北上抗日，为了打倒反动派，红军要跟凶恶的敌人作战，也要跟恶劣的自然环境作战。红军要征服大雪山，越过大雪山。

大队人马来到大雪山脚下，战士们把能穿的全都穿上了。有毯子的就把毯子裹在身上，有油布的就把油布披在头上；有的战士找到些布片和枯草，绑在脚上，当做棉鞋；有的战士找到一张羊皮披在身上当做大衣。

——佚名《大雪山（节选）》

1. 必做：找找哪些语句是人物群体描写，哪些语句是个体描写？请分别用"——"和"～～～"画出来。

2. 选做：联系毛泽东《七律·长征》中的诗句，说说你感受到了红军战士怎样的精神？

_____

_____

【设计意图】为了更好地落实单元统整理念，将《七律·长征》置于单元末尾进行作业的设计，一是增加了互文之间黏合度，二是提升学生对"点面结合"这一写法在不同文体中的认知。同时，结合省编《语文作业本》中的阅读材料，进一步拓展学生的阅读视域。

【第四站：礼赞英雄】

9. 选择英雄，演讲致敬：

一个有希望的民族不能没有英雄，一个有前途的国家不能没有先锋。英雄的事迹，历史不会忘记，英雄的精神激励我们前行。在本单元中，宁死不屈的狼牙山五壮士，不畏牺牲的邱少云，甘于奉献的郝副营长，无论走过多少岁月，他们都是时代的楷模。请你结合口语交际，选择要礼赞的英雄，动笔写一写，赞颂我们心中的这些英雄。

结合材料，写好演讲稿。注意演讲时的语气、语调以及停顿、动作等。

"礼赞英雄"材料准备单

有关这位英雄的代表性事件：＿＿＿＿＿＿＿＿＿＿＿＿＿

＿＿＿＿＿＿＿＿＿＿＿＿＿＿＿＿＿＿＿＿＿＿＿＿＿＿＿＿＿＿

＿＿＿＿＿＿＿＿＿＿＿＿＿＿＿＿＿＿＿＿＿＿＿＿＿＿＿＿＿＿

相关的名言警句：＿＿＿＿＿＿＿＿＿＿＿＿＿＿＿＿＿＿＿＿

＿＿＿＿＿＿＿＿＿＿＿＿＿＿＿＿＿＿＿＿＿＿＿＿＿＿＿＿＿＿

演讲编写好后，可以自己按要求练习一下。

◎ 语气、语调适当，姿态大方。
◎ 利用提顿、重复或者辅以动作强调要点，增强表现力。

（六）作业质量效果评估

"讲之功有限，习之功无已。"单元作业作为统整性、主题化的学习内容延伸，可以很好地体现学生的学习所得，促进其思维与认知的提升。

其一要做到"分时"与"分量"结合。本次单元作业的设计建立在"红色之旅"的情境中，根据主题推进的需要，教师需要对教学内容进行结构调整。一份好的作业可以将单元知识系统进行统整，从而最大限度地优化思维。教师要根据课时内容的需求，将单元作业进行无痕穿插，可以分布于课前、课中、课后等不同的时段，打造有利于学生"知情意行"协调发展的训练网。

其二要做到"自主"与"集中"相融。考虑到作业的设计有梯度分层，因此，对于偏基础的类型，学生可以自主完成，体现学习的能动性；对于实践性较强的题目可以结合课堂重难点的突破进行渗透、指导，让学生习得方法，让思维逐步迈向高阶，从而更好地推进语文要素的有效达成。

其三要做到"学习"与"评价"并行。作业是学习过程中直观反映学生知识内化的载体，教师需要注重评价机制的设置，从而落实学、评、教一致性。同时，这三者之间要以提升核心素养为导向，协同发展，实现课程的整体价值追求。

综上，单元作业的设计与运用要以学情实际为准，通过情境性主题的创设，分层推进，从而提升学生的思维能力和审美体验，实现知与行的和谐统一。

三、特色作业说明

部编版六年级上册第二单元围绕"革命岁月"编排，其中《灯光》《我的战友邱少云》是略读课文。本单元的语文要素是"了解文章是怎样点面结合写场面的""尝试运用点面结合的写法记一次活动"。在单元作业设计中，体现知识点的内化与运用，以期获得听说读写的提升。

基于作业目标、作业系统化、实现知识点的迁移与运用，围绕核心目标"了解点面结合的方法写场面"，体现从课文中习得知识点，到练笔实践知识点，再到习作的综合运用。习作设计上，以思维导图的形式，直观呈现习作要点，帮助学生养成写习作提纲的习惯。

在语文活动中，围绕单元主题，融入情感教育。一是体现资料的搜集与整理，帮助理解本单元的课文主题。除学生自主搜集阅读课文背景资料外，拓展了"革命主题"的阅读材料。二是在综合运用中，受到情感的熏陶。如诵读毛泽东诗词，在反复朗读中，体会革命英雄主义；在演讲中，以"从小学党史，永远跟党走"为题，引导学生围绕主题恰当选择材料，综合运用习得革命故事、爱国名言等，以富有感染力的形式传播革命精神。开展丰富的语文实践活动，引导学生感受革命者英勇斗争、不怕牺牲的革命英雄主义及在艰苦卓绝的斗争中表现出来的积极向上的精神。

作业类型多元化，巧设支架，减轻作业负担，让学生乐于作业。如依学情设计预习单与分层作业，设计丰富的作业类型，知识整理表格化、练笔写话情境化，并以多种形式展示学习所得，让学生乐于探究、乐于分享。

第三节　小学数学单元作业设计（案例一）

部编人教版小学数学二年级下册第二单元
——《除法的初步认识（一）》单元作业设计

教材来源：义务教育课程标准实验教科书 / 人民教育出版社 2023 年版

内容来源：小学二年级数学（下册）第二单元

单元学习主题：除法的初步认识（一）

一、单元作业概况

本单元学习应立足于除法概念本质的建立，运用多种表征方式之间的相互转换，帮助学生深入理解除法概念。通过设计丰富、有趣的活动和练习，提高学生表内除法运算的能力，不断提高学生分析数量关系、解决实际问题的能力。

表内除法是学生学习除法的开始，是今后继续学习除法的重要基础。因此，让学生体会除法运算的含义，在理解的基础上，掌握用 2~6 的乘法口诀求商的方法，是本单元教学的重点。而本单元的难点则是：除法的含义，用除法运算解决简单的实际问题。

我们对教材的编排进行了分析，发现本单元不仅要加强除法概念的教学，还要鼓励学生动手操作、合作交流，自主探索求商的方法，在此基础上，重视培养学生分析数量关系的能力，同时深化学生对运算的意义的理解。

二、学科核心素养细化

（一）解读核心素养和课程标准

1. 表内除法是在学生已经熟练掌握表内乘法的基础上进行学习的，熟记乘法口诀以及会用乘法口诀口算表内乘法是本单元的基础。表内除法与表内乘法一样，是数与代数部分最基础的知识，属于学生必须熟练掌握的内容之一，它是整个除法运算知识系统的逻辑起点，是进一步学习乘、除法以及四则运算的必备基础，同时也是解决生活中许多数学问题的重要工具，需要学生在具体情境中体会。除法是乘法的逆运算，体会数和运算的意义，形成初步的符号意识、数感、运算能力和推理意识。在数量关系上，要求学生在简单的生活情境中，运用数和数的运算解决问题，能解释结果的实际意义，形成初步的应用意识。因此，本单元学习应立足于除法概念本质的建立，运用多种表征方式之间的相互转换，帮助学生深入理解除法概念。通过设计丰富、有趣的活动和练习，提高学生表内除法运算的能力，不断提高学生分析数量关系、解决实际问题的能力。

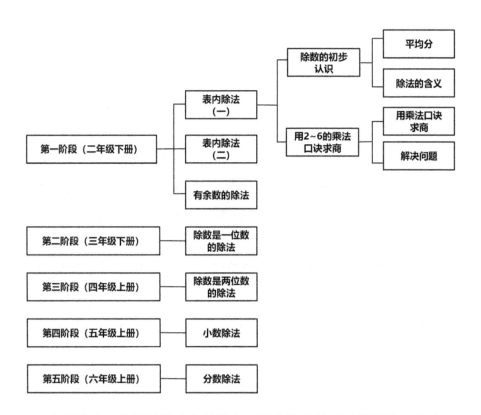

2.在教学中，依据教学内容的特点，结合学生的现阶段的认知基础和发展需要，通过增加知识内容的维度、认识的深度和练习的广度，来呈现大单元教学的理念。以持续、递进为目标，促进学生对知识的理解、迁移和运用，

逐步培养学生的核心素养，提升学习能力。本单元教材划分为"除法的初步认识""用2～6的乘法口诀求商"两节，主要的教学内容包括：平均分、除法的含义，用2～6的乘法口诀求商和用所学的除法运算解决问题。符号意识主要体现在从生活中的物体去进行体会平均分的过程，从中抽象出除法算式、数感、运算能力和应用意识、推理意识、模型意识。

3. 课程标准指引

【内容要求】

探索除法的算法与算理，会简单的整数除法。在解决生活情景问题的过程中，体会数和运算的意义，形成初步的符号意识、数感、运算能力和推理能力。

【学业要求】

能描述除法运算的含义，知道除法是乘法的逆运算，能熟练口算表内除法，形成运算能力和应用意识

【教学提示】

在具体情境中启发学生理解乘法是加法的简便运算，感悟除法是乘法的逆运算。形成符号意识及运算能力、推理能力。

（二）提炼单元大概念

在具体解决生活实际问题的过程中，探索除法的算法与算理，感悟除法是乘法的逆运算，会简单的整数除法并体会数和运算的意义，形成初步的符号意识、模型意识、数感、运算能力、应用能力和推理能力。

（三）制订单元学习目标

学习目标	素养指向
1. 在具体情境中理解平均分及除法运算的含义，能进行平均分。会读、写除法算式，了解除法算式各部分的名称。	数感、符号意识
2. 会用画图、语言叙述等方式表述理解问题和分析问题的过程，能运用加法、减法、乘法和除法解决简单的实际问题。	模型意识、应用能力
3. 初步认识乘法、除法之间的关系，能够比较熟练地用2～6的乘法口诀求商。提高学生的运算能力。	运算能力、分析解决问题能力
4. 养成认真观察、独立思考等良好的学习习惯。	培养数学学习兴趣

三、单元大概念架构

1.通过分析研读教材，了解知识编排体系和特点，确定作业设计的编排要求。本单元学习应立足于除法概念本质的建立，运用多种表征方式之间的相互转换，帮助学生深入理解除法概念。通过设计丰富、有趣的活动和练习，提高学生表内除法运算的能力，不断提高学生分析数量关系、解决实际问题的能力。

2.单元知识内容前后联系

已学过相关内容	本单元主要课时内容	后续学习内容	
学生在一年级下册100以内加减法中，学习了从总数中连续减去同一个数的问题，为本单元学习的平均分和求商提供了基础	1.平均分 2.除法的含义 3.用2~6的乘法口诀求商 4.解决问题	册次	主要内容
		二下	表内除法（二）
		二下	有余数的除法
		三下	除数是一位数的除法
		四上	除数是两位数的除法
		五上	小数除法

由上表可见本单元内容在知识体系中的位置，表内除法是学生学习除法的开始，是今后继续学习除法的重要基础。因此，让学生体会除法运算的含义，在理解的基础上，掌握用2~6的乘法口诀求商的方法及解决问题，是本单元教学的重点。而本单元的难点则是：除法的含义，用除法运算解决简单的实际问题。

四、整体教学流程透视

本单元教材分为除法的初步认识、用2~6的乘法口诀求商两小节，主要的教学内容包括：平均分、除法的含义、用2~6的乘法口诀求商和用所学的除法运算解决问题。

教材内容安排如下表：

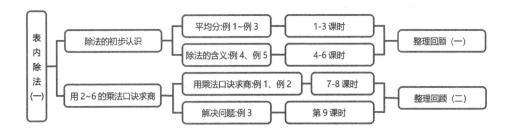

我们对教材的编排进行了分析，发现本单元不仅要加强除法概念的教学，还要鼓励学生动手操作、合作交流，自主探索求商的方法，在此基础上，重视培养学生分析数量关系的能力，同时深化学生对运算的意义的理解。为了更加清晰直观地了解教材编排特点，我们做成图表如下：

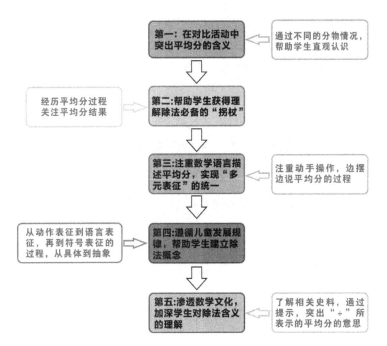

五、作业具体内容设计

（一）确定单元作业目标

序号	作业目标描述	作业类型	学习水平
1	在具体情境中理解平均分及除法运算的含义，能将生活中的物品进行平均分。	选择类	理解
2	会用画图、语言叙述、动手操作等方式表述理解问题和分析问题的过程，理解平均分的意义。	操作类	理解
3	会读、写除法算式，知道除法算式各部分的名称。加强学生的数感和符号意识。	计算类	记忆、理解、应用
4	能运用加法、减法、乘法和除法解决简单的实际问题。培养学生的理解能力。	应用类	应用、分析
5	会结合具体情景，动手实践，体会平均分的过程。	操作类	理解、应用、创造
6	在具体情境中，结合实际、合理选择并能够比较熟练地用 2～6 的乘法口诀求商。提高学生的除法运算能力。	计算类	分析、理解、应用
7	在学科融合中体会除法的含义，并能解决具体问题。	计算类	理解、应用

（二）单元重难点

重点：体会除法运算的含义，在理解的基础上，掌握用 2～6 的乘法口诀求商的方法及解决问题。

难点：在具体情境中感受平均分以及包含除的含义，体会除法的意义。用除法运算解决简单的实际问题。

（三）具体作业内容

任务一：春游食材准备

春游需要准备孩子们爱吃的餐点、餐具以及春游小玩具。请同学们看看他们的餐点设计：

（基础性题目）

1.食材准备——水果：春天外出旅游，不要忘记带上水果哦。明明的妈妈买来 24 个苹果，妹妹将这些苹果放在 4 个盘子里，每个盘子分几个？

（1）你能动手分一分并将你分得的结果尝试画出来吗？请和家人或伙伴

说一说你刚刚是怎么平均分的？（设计意图：动手操作体验平均分的操作过程，体现模型意识，通过模型动手操作，用"圆圈"等符号表示，体现了符号意识，同时抽象出数学模型中的平均分，通过具体题目详细地说说平均分的意义，考察学生数感、语言表达能力，逐步加深学生对平均分概念的理解。）

（2）请跟家人或伙伴说一说，根据刚才分苹果的过程可以列出哪两道除法算式，并写出除法算式对应各部分名称。（设计意图：通过平均分抽象出符号意识，将具体物品转换为算式，尝试列算式，强化对于除法的符号意识和运算能力。）

2. 食材准备——酸奶：一箱酸奶共计25盒，每人分3盒，问分给8个人够吗？

（设计意图：在具体情境中解决关于生活中的平均分问题，合理地判断商的可行性。）

3. 食材准备——饼干：请你把盒子里的饼干平均放在4个格子里，移一移，画一画，每个格子里要放几块饼干？（用○表示饼干）

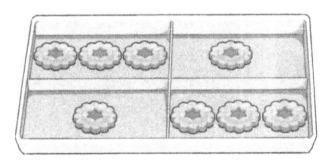

（设计意图：在具体的模型图像中，通过创造应用尝试平均分，加深平均分的含义。）

任务二：春游中的活动

1. "合理分配我最行"

春游的孩子们打算进行划船比赛，提供大船和小船用于比赛，每条大船可以坐5人，每条小船可以坐3人，现在有20人参加比赛，怎样选择才能使所有人都参与比赛？

（设计意图：此题对应核心素养的应用模式，通过学习除法平均分概念，体会在实际的生活中根据实际情况进行合理分配。）

2．"风景中的数学奥秘"

坐船时，明明看到美丽的湖边景色，不由地想起了学过的一首诗《村居》，这是一首非常美的属于春季的诗。一年有 12 个月，12 个月又被平均分为 4 个季度，你能运用学过的除法知识算一算一个季度是几个月吗？

（1）列出除法算式

（2）说说除法算式各部分名称

（设计意图：将除法与语文学科相融合，培养学生学习数学的兴趣，同时提高学生善于发现生活美的能力，进一步巩固强化学生找寻信息、分析解决问题的能力。）

任务三：春游人数猜一猜

不知不觉一天的春游活动在欢乐的学习与游玩中结束，现在请你开动脑筋，猜猜春游人数：可以 3 个人为一组，也可以 4 个人为一组，问春游最少人数是多少？

（设计意图：通过具体大情景，分析、运用、强化对于 2 ~ 6 的除法算式的运算能力，以及巩固强化被除数、除数、商之间的关系，为下一阶段学习"倍"的认识提供基础。）

六、作业质量效果评估

（一）作业设计与实施评估报告

1. 作业设计质量评估

建议以表格的形式呈现：

	题目序号	作业内容	难易程度	认知层面	Solo水平	核心素养
任务一	1	操作类	中	应用、分析、理解	多点结构	符号意识、数感、模型意识
	2	记忆类运算类	易	记忆、运用	多点结构	符号意识
	3	计算类	易	分析、应用	多点层次结构	应用能力
	4	画图题	易	分析、理解	多点结构	模型意识
任务二	5	计算类	难	理解、应用	关联层次结构	运算能力、符号意识
任务三	6	计算类	难	创造、应用	抽象扩展层次结构	运算能力、数感、应用意识

2. 作业实施质量评估

三项任务从春游前中后三个情景入手，样本为107位学生，任务一主要涉及的是第一模块的除法的初步认识概念类，其中包括平均分、包含除，其中，从分一分到列出算式层层递进。

动手分一分作答情况

- 能按要求进行平均分
- 能平均分但未按指定份数
- 不能平均分

说一说作答情况

- 能准确描述平均分的过程
- 不能描述平均分的过程
- 能简单说出分成了几份
- 能基本说出平均分的过程

第三问属于记忆类，理解类

第三问作答情况

- 能正确列式并说出部分名称
- 能正确列式
- 不能正确列式

任务二中租船比赛问题，涉及了核心素养中的推理意识、符号意识、应用意识，在满足条件的前提下合理地分配人员。作答情况如下：

租船作答情况

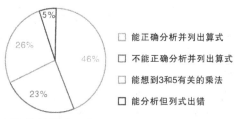

- 能正确分析并列出算式
- 不能正确分析并列出算式
- 能想到3和5有关的乘法
- 能分析但列式出错

古诗中的数学，作答情况如下：

作答情况

- 能分析题意正确列式
- 能正确列式计算出错
- 不能正确列式

任务三："春游人数知多少"主要考查学生对于题目的分析能力，形成推理意识、应用意识、符号意识。

3.学生作答情况

作业内容	学生作答	学生的思维表现
任务一：分饼干	1.食材准备——饼干：请你把盒子里的饼干平均放在 4 个格子里，移一移，画一画，每个格子里要放（ 3 ）块饼干。（用〇表示饼干） 	模型意识、数感、应用意识
任务二："古诗中的数学"	2.坐船时，明明看到美丽的湖边景色，不由地想起了学过的一首诗《村居》，这是一首非常美的属于春季的诗。一年有 12 个月，12 个月又被平均分为 4 个季度，你能运用学过的除法知识算一算一个季度是几个月吗？ 12÷4=3(个) 答:3个月	创新意识、应用意识、运算能力、符号意识
任务三："租船"	3.春游的孩子们打算进行划船比赛，提供大船和小船用于比赛，每条大船可以坐 5 人，每条小船可以坐 3 人，现在有 24 人参加比赛，怎样选择才能使所有人都参与比赛？ 3×5=15 15+3=18 18+3=21 21+3=24 答:大船3条,小船3条。	推理意识、运算能力、模型意识

（二）作业设计质量和实施效果的反思

此次作业设计立足于二年级学生，在设计之初以同学们生活中的场景——春游为背景，将任务分为三大模块，从出发前的准备，到活动中的游戏环节，到最后的与语文学科的融合，都处处体现着数学与生活的紧密联系，培养学生用数学的眼光发现世界，解决生活实际问题，同时增加趣味性。题目以任务一、任务二、任务三的形式逐步对应本单元的三个模块。除法的初步认识，概念性包括平均分和除法算式的认识；任务二主要是熟练计算能力，让学生提高运算能力，形成符号意识；任务三是在具体的情景或其他学科中发现除法的奥秘，解决关于现实世界中的除法问题。缺少实践性作业，可以以本单元的形式设计实践性作业，从学生反馈的结果可以看出题目整体难度不大，学生在纸质类作答上效果良好，语言表达上需要重点强化，今后作业设计方向应着重过程性学习，注重体验感受、描述等能力的提升。

七、作业案例特色说明

（一）符合"双减"要求

2021年5月21日《关于进一步减轻义务教育阶段学生作业负担和校外培训负担的意见》正式通过，国家在8月份开始严厉打击校外培训机构。

"双减"政策自2021年9月1日正式实施。"双减"政策主要是减轻学生的家庭作业量，尽量让他们在学校完成作业，另外就是减少课外的辅导，尽量给孩子多一点的自由空间和时间。

我们的作业设计在数学学科方面具有目的性、针对性、层次性和思考性。在学生方面，作业设计具有趣味性、多样性、科学性、量力性和选择性。

（二）分层作业设计

根据作业难度将本单元每个课时的作业进行分类：基础题、提高题和创新题。尽可能用少的作业量覆盖尽可能多的内容。

分层作业有利于培养学生的高阶思维和问题解决能力，让学生学会思考，学会反思。

我们给作业进行分层，但不对学生进行标签化分层，把主动权交到学生手中，让他们去选择。

（三）创新作业中加入生活实践内容

给学生准备了适合他们年龄特点的实践活动内容，这看似是个慢差事，对学生的影响却是潜移默化的。学习数学的最佳方法，就是结合生活阅历，学以致用。

（四）学科融合

用阅读、绘画等方式，打破学科壁垒，在数学作业中尝试多学科综合能力的锻炼。

第四节　小学数学单元作业设计（案例二）

部编人教版小学数学四年级上册第五单元
——《平行四边形和梯形》单元作业设计

教材来源：义务教育课程标准实验教科书 / 人民教育出版社 2023 年版

内容来源：小学四年级数学（上册）第五单元

单元学习主题：《平行四边形和梯形》

一、单元作业概况

图形的认识与测量是学生经历从实际物体到几何抽象，感悟点、线、面、体的关系。在人教版教材中"平行四边形和梯形"单元是学生在三年级上册"长方形和正方形"单元初步认识四边形后，进一步从边的位置关系认识四边形的特征。属于"图形的认识与测量"范畴中的图形的认识，对应的核心素养是空间观念、几何直观和应用意识。

对于本单元作业设计立足学生的生活经验，设计大情景，检测学生学习效果，同时，学生体验数学与实际生活的联系，培养学生用数学的眼光观察现实世界，用数学的思维思考现实世界，用数学语言表达现实世界。

二、学科核心素养细化

（一）内容要求

2022 版《课标》在"第二学段目标"中提出了"认识常见的平面图形""形成初步的模型意识、几何直观和应用意识"。在内容上要求"了解同一平面内两条直线的位置关系；认识四边形，会根据图形特征对四边形进行分类；在图形认识的过程中，增强空间观念"。

（二）学业要求

要求"会辨认同一平面内两条直线是否平行或垂直；能说出平行四边形

和梯形的特征，能说出图形之间的共性与区别，形成空间观念和初步的几何直观"。

（三）教学提示

图形的认识教学要帮助学生建立几何图形的直观概念。结合实际情境，感受同一平面内两条直线的两种位置关系，借助动态演示或具体操作，感悟两条直线平行与相交的差异，引导学生在认识长方形、正方形、平行四边形、梯形的过程中，感悟这几类四边形的共性和区别。

结合本单元内容，细化核心素养如下：

内容要求	核心素养
能通过想象与操作，理解两条直线的位置关系，会用数学语言表示平行与垂直，能正确判断在同一平面内两直线之间的位置关系	几何直观 空间观念
正确掌握画垂线方法，知道从直线外一点到已知直线所画线段中垂直线段最短；体会平行线之间的距离处处相等	空间观念 应用意识
会利用垂直线段的性质解释一些生活现象，会利用画垂线或平行线的方法准确画出长方形，培养作图能力	应用意识
掌握平行四边形、梯形的定义和特性	几何直观 空间观念 应用意识
基于点到直线的距离，建立高的概念，会画平行四边形和梯形的高	几何直观 应用意识
体会平行四边形和梯形在生活中的广泛应用，能结合所学，学以致用，培养数学应用意识	空间观念 应用意识
感悟四边形的共性与个性，培养良好的学习习惯和对数学的积极态度，感受数学学科的趣味	模型意识 应用意识

三、单元大概念架构

（一）单元内容架构

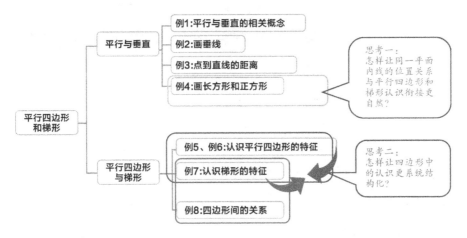

（二）内容分析

本单元主要学习垂直与平行、认识平行四边形和梯形的特征，它属于"图形与几何"的领域，在生活中有着广泛的应用，为培养学生的空间观念提供了一个良好载体。

垂直与平行是同一平面内两条直线的两种特殊位置关系。是学生以后认识平行四边形、梯形、长方体和正方体等几何图形的基础，是小学高年级进一步认识长方体和正方体的基础，是理解圆柱和圆锥的高的基础，是几何研究的基本工具，在几何学中有举足轻重的基石地位，必须牢牢掌握。

在平行四边形和梯形的认识方面，教材着重讲解平行四边形的特征以及它与正方形和长方形之间的关系。梯形在教材中是第一次正式出现，除教学梯形的特征之外，还着重说明它与平行四边形的联系和区别。在检测中，画垂线（包括平行四边形和梯形的高）是作图题的常检测点，平行四边形的特征以及它与正方形、长方形的关系也是判断题的常检测点。

（三）学情分析

学生已经掌握了直线、线段和射线的特点，初步认识了角、长方形、正方形、三角形和平行四边形。本单元的学习将在此基础上进行教学。

学生对几何图形的认识也有一定的基础。本单元的学习内容对学生来说比较抽象，教学中结合这些初步认识和生活经验，经历从实物到抽象，通过动手测量、观察、比较，认识平行、垂直，沟通知识点之间的关系，探索出平行四边形和梯形的特征，加深对几何图形的认识和理解，且有助于学生形成空间观念和初步的几何直观。

（四）确定单元大概念

依托 2022 版《课标》，基于学科核心素养，从单元知识结构、学情出发，确定单元大概念为：

1.能够感知各种几何图形及其组成元素，依据图形的特征进行分类。

2.根据语言描述画出相应的图形，分析图形的性质。

（五）单元目标

1.通过观察、操作等活动，使学生理解平行与垂直的概念。了解并会判断同一平面内两条直线的位置关系。

2.会画已知直线的垂线，感知垂直线段与高的关系；会画给定长度的长方形。

3.学生经历动手操作和自主探究的过程，掌握平行四边形和梯形的特征。

4.通过分类、比较、归纳等多种方式，理解平行四边形、梯形、正方形、长方形之间的关系。

本单元的重点是垂直与平行的认识、平行四边形和梯形的特征。难点是垂线的画法。

整体教学流程透视

课时	目标	教学内容
课时1	正确理解"相交""互相平行""互相垂直""平行线"和"垂直"等概念	动手画两条直线,展示学生不同画法,观察分类,认识相交与不相交。了解相交的特殊情况——垂直
课时2	1.学会画两条直线垂直、过直线上一点和直线外一点画已知直线的垂线 2.学生经历垂直线段的性质的探索过程,知道从直线外一点到已知直线所画的线段中垂直线段最短,知道点到直线的距离 3.认识平行线之间的距离处处相等	怎样过直线上一点画垂线以及怎样过直线外一点画垂线 用三角板画垂线 2.测量直线外一点 A 到直线的几条线段的长度并讨论所发现的问题 3.两条平行线间做几条垂线并测量它们的长度,小组讨论说出自己的发现 总结画垂线的步骤: 一、边线重合 二、平移到点 三、划线标号
课时3	1.掌握长方形的画法,会画一个已知长和宽的长方形 2.经历画长方形的过程,体验类推的思想和方法	1.用画垂线的方法正确画出要求的长方形 2.用画长方形的方法画出正方形并会处理解决问题中的画长(正)方形
课时4	理解并掌握平行四边形的定义及特点。会画平行四边形的高,会找出对应的底和高	实物展示长方形拉动后变成的图形,认识平行四边形,小组交流学习平行四边形的知识
课时5	理解并掌握梯形的概念,认识特殊的梯形,了解梯形各部分的名称	由生活实物抽象出梯形,小组合作探究梯形的特征
课时6	通过分类、比较、归纳等多种方式,理解平行四边形、梯形、正方形、长方形之间的关系	从四边形一般性到特殊性,认识四边形之间的共性与个性 小组活动:给四边形分类并解释 讨论各组的分类依据,引导学生找出平行四边形和梯形之间的关系

四、作业具体内容设计

在我们的生活中蕴含非常多的数学知识,让我们一起来观察发现吧!走进游乐园,你能用数学的眼光发现游乐园中的数学知识吗?

1.走进游乐园,门卫师傅缓缓打开游乐园大门。仔细观察你发现什么平面图形?为什么这里用它来设计?

（设计意图：通过图文结合，引起学生直接经验，感悟平行四边形的易变形性。培养学生用数学的眼光观察现实世界。）

2. 游乐园里的过山车项目很受大家欢迎，康康玩了一遍又一遍。过山车项目中，它的轨道可以被看成两条直线，这两条轨道的关系是（   ）。

（设计意图：由游戏项目引起学生兴趣，考查学生对同一平面里两条直线位置关系的判断，培养几何直观和空间观念。）

3. 空中飞椅、过山车、暴风眼三个游玩项目在地图上如图所示，云云在空中飞椅处，康康在过山车处。他们在同一时间赶去玩暴风眼，谁走的路程短？为什么？

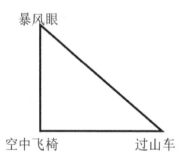

（设计意图：考查学生对"点到直线的距离垂直线段最短"是否明白。培养学生的几何直观和空间观念。）

4. 游乐园中设计了汉字游戏。你能将它们填入合适的位置吗?

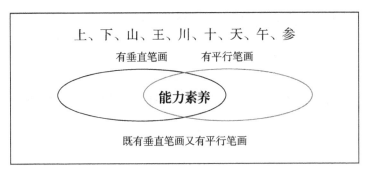

（设计意图：跨学科结合，感悟学科间的联系，考查学生对平行与垂直的理解。）

5. 游乐园有一个投掷的比赛，轩轩和他的三个好朋友进行投掷练习。起掷线到沙包落地地点的距离为同学们的成绩。请你先画出他们的成绩线，再观察判断谁的成绩最好。

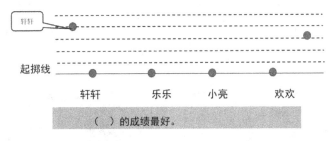

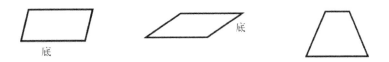

（设计意图：考查学生画垂线的方法，与体育项目相结合，与学生直接经验密切联系，培养学生的空间观念、应用意识。）

6. 游乐园有很多形状的标志牌，康康发现他们中隐藏的平面图形。你能帮他判断出这些平面图形的高吗？

（设计意图：通过作图形的高，考查学生对高的认识，培养几何直观、空间观念。）

7.游乐园准备进行绿地美化。园艺工人打算将红、白、黄三种颜色的花分别种在梯形、平行四边形和三角形的区域中。你能帮助工人设计出三种不同的方案吗？请画出示意图。

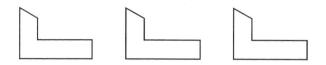

（设计意图：通过美化设计，考察学生对平行四边形和梯形特征的认识。培养学生几何直观、空间观念和应用意识。）

8.快乐的时光总是短暂的。大家来到游乐园的最后一个迷宫游戏场地。现在他们遇到了两个出口，哪个出口是正确的呢？请你仔细分辨找出正确出口。

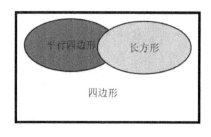
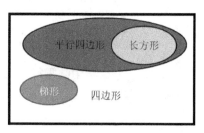

（设计意图：呈现四边形之间的关系，学生会判断出他们的共性和个性。培养学生几何直观。）

五、作业质量效果评估

本单元的作业设计贴合学生的生活，并体现了跨学科的思想。试题的设置和语文的汉字结合、体育投掷练习结合，和美术设计优美图案结合。通过对学生的采访，发现学生很乐意做这样的试题，并且试题与学生现实生活学习经验联系密切，让学生体验数学与实际生活的联系，培养学生用数学的眼光观察现实世界、用数学的思维思考现实世界、用数学语言表达现实世界的能力。

作业评价表

评价指标	评价标准	摘星台
答题的准确性	答案正确，过程完整，3颗星； 答案正确，过程不完整，2颗星； 过程错误，或无过程，不得星。	
作图的规范性	作图规范，答案正确，3颗星； 作图不够规范、完整，2颗星； 作图不规范或无过程，不得星。	
解法的多样性	解法多样，有创新意性，3颗星； 解法多样，答案不完整或错误，2颗星； 常规解法，思路不清楚，过程复杂或无过程，不得星。	
综合评价等级指标	6颗及以上，综合评价为A等；3-5颗星，综合评价为B等； 0-2颗星，综合评价为C等。	

第六章　跨学科作业设计

第一节　跨学科作业的设计实施

一、跨学科作业的内涵和特征

（一）跨学科作业的内涵

美国哈佛大学零点项目首席专家曼斯勒提出跨学科学习的关键点：知识是要应用的东西，仅仅获得知识是不够的，个人要能在各种情况和背景下应用其对概念的理解；跨学科理解受到学科见解的强烈影响，个人要具备两个或更多学科的基础，才能利用它们来完成跨学科任务；学科见解在跨学科学习过程中是整合的，而不仅仅是并列的；跨学科学习有其目的，即促进学生的认知进步。基于曼斯勒等人的阐述，结合跨学科学习的相关研究，形成如下整合的界定：跨学科学习是学生综合两个或以上学科的知识、能力或思维，通过一定的载体（如主题、现象、问题、产品等）形成整合性的跨学科理解的过程。

跨学科作业是个人或群体将两个或两个以上学科或已确立的领域中的观点和思维方式整合起来解决问题的过程，旨在促进学生对一个主题的基础性和实践性的理解，该理解超越单一学科的范围。跨学科作业要求学生能够将信息、资料、技术、工具、观点、概念和源自不同学科的理论加以整合，以创造产品、解释现象或解决问题，在完成作业相关任务的过程中，运用的方式一般是单一学科的手段不可能做到的。跨学科作业形式不仅能够帮助学生巩固和应用所学知识，还能促进他们从多个角度理解和思考问题，培养他们的创新思维和综合素养。跨学科作业更加强调学生在实践中逐渐形成正确的价值观、问题解决能力、元认知能力、批判性思维能力、坚持性、责任心和人际交往能力等；更加有助于发挥作业的课程育人功能，拓宽学习时空；更加强调情境性、主题性、开放性、合作性、长周期性、分水平评分标准等。这种跨学科作业的设计、实施和评价是教育教学改革的重要方向，对于提高学生的学习兴趣和综合能力具有重要意义。

（二）跨学科学习的关键特征

1. 跨学科学习要有真实目的

在进行跨学科学习时，需要考虑为何而跨。如果仅从训练、巩固学科知识的目的出发，所开展的跨学科学习往往会有虚假、不真实的感觉。跨学科学习应具有解决问题、形成作品、创生新知识等真实的目的。当跨学科学习的目的不够明确时，就会出现零散、拼凑的学习。

2. 跨学科学习要有一个跨的载体

跨学科学习的载体可以是主题、问题、现象、概念、成果等。不管是哪种载体，都要对学习者有意义，也都要能带动两个或两个以上的学科整合，载体要有一定的挑战性。

3. 跨学科学习要有多学科基础

跨学科学习涉及两个或两个以上学科，超越单一学科的范围。深度的跨学科学习，需要在相应学科领域进行更深入的学习、探索，从各自的学科汲取养料，再产生更具深度、创造性的融合。

4. 跨学科学习的过程要有创造性和探究性

因为要整合两个或两个以上学科的知识与内容，跨学科学习很难照搬现有的公式，所以往往要在不同的学科中来回筛选、调用，会带有探究性和创造性。

5. 跨学科学习最终要产生整合性的跨学科理解

跨学科理解超越单一学科的范围，是在理解主题、解释现象、解决问题、创造产品的过程中凝结成的新理解，促进学生的认知进步。

二、跨学科学习与相关概念的联系和区别

当前，国内基于 2022 年版课程方案和课程标准所讨论的跨学科学习同时具有课程内容、学与教两个层面的概念。

（一）作为课程内容层面的概念

基于 2022 年版的课程方案和课程标准，"跨学科学习"是以"跨学科主题学习"的样态出现的，首先是一个带有课程内容含义的概念。本次新课程方案提出"设立跨学科主题学习活动，加强学科间相互关联，带动课程综合化实施，强化实践性要求"，"每门课程用不少于 10% 的课时设计跨学科主题学习"，这里的"跨学科主题学习"是一个统称，而到了各学科课程标准中，不同学科有不同的表述方式，如跨学科实践、跨学科学习任务群等，虽然名称不同，但都是内容概念，都强调各学科要将跨学科内容纳入自己的学科课程内容领域。

（二）作为学与教层面的概念

2022 年版课程方案，在课程实施部分倡导学科实践、综合学习。学科实践意味着学生要"参与学科探究活动……加强知识学习与学生经验、现实生活、社会实践之间的联系，注重真实情境的创设，增强学生认识真实世界、解决真实问题的能力"，综合学习意味着"探索大单元教学，积极开展主题化、项目式学习等综合性教学活动"，而在各学科课程标准的教学建议和案例中也都出现了主题类、综合类、项目化学习类的设计。这意味着，倡导跨学科学习不仅是课标内容层面的要求，也是学与教的建议。

（三）跨学科学习与综合实践活动、综合学习、项目化学习等概念之间的关系

综合实践活动是课程概念，而不是学与教层面的概念。综合实践活动可以用综合学习、跨学科学习、项目化学习等方式开展，综合学习是学与教层面内涵最广泛的概念。跨学科学习有众多的载体，如主题、项目等。如果采用主题为载体，就要体现主题的特征，综合不同的学科深化对主题的理解；

如果采用项目为载体，在设计上就要体现项目的要素，通过项目进程产生公开可见的项目成果；如果采用跨学科的内容、项目化学习的设计方法，就会聚合形成跨学科项目化学习。

总之，从大的方向来说，这些学习方式的核心主旨都是类似的，都是指向消弭分学科带来的单科主义，都关注学生的综合素质的培养。只是在内涵范畴、学科视野、设计要素上存在着差异。

三、跨学科作业的设计、实施与评价

（一）跨学科作业的设计

跨学科作业的设计要注重实践性，融合多学科知识，关注学生主体性。第一，注重实践性。跨学科作业设计应尽可能地与学生的实际生活和实践活动相结合，让学生在解决问题的过程中运用所学知识，培养他们的实践能力和创新精神。作业内容要具有一定的挑战性和驱动性，问题和任务往往与社会、生活紧密关联。即作业任务符合最近发展区，能够让学生在充分的探索后产生成就感、价值感。驱动性更加强调作业任务本身的吸引力，即这样的问题与任务让学生乐于去完成，而不是觉得枯燥乏味。同时，问题与任务要有助于学生持续探究下去，而不是简单验证一个实验假设。只有在这样持续的问题解决、真实探究的过程中，学生学会学习、解决问题的能力才有可能真正获得。第二，融合多学科知识。跨学科作业设计应考虑到不同学科之间的关联性，将相关知识点进行有机融合，让学生在解决问题时能够跨越学科界限，综合运用所学知识。而且跨学科作业的完成过程是发生在真实的生活与人际交往中的，而不是虚拟的、抽象的世界中的，这有助于培养学生的人际交往等能力。第三，关注学生主体性。跨学科作业设计应尊重学生的主体地位，鼓励他们主动探究、思考和创新，培养他们的自主学习能力和解决问题的能力。同时，要让学生具有发言权和选择权。让学生能按照自己的思维和解决问题的逻辑进行，而不是简单地执行老师的要求，学生在自主选择、不断交流表达中，会逐步将很多知识内化，并提高自己的学习能力与高级思

维等。另外，跨学科作业的时空相对比较宽松，学生可以不断尝试错误乃至经历失败，从中反思总结，促进元认知能力和素养的发展。

（二）跨学科作业的实施

实施跨学科作业需要教师具备一定的教学策略和方法，包括：第一，教师角色转变。教师应从传统的知识传授者转变为学生的引导者和合作伙伴，激发学生的学习兴趣和积极性，引导他们主动参与学习过程。第二，教学方法创新。教师可以采用项目式学习、探究式学习等教学方法，让学生在解决问题的过程中体验学习的乐趣，培养他们的实践能力和创新精神。同时，教师要注意学生跨学科学习成果的展示交流，有利于让学生在作业中体会价值感和成就感。第三，注重评价反馈。教师在实施跨学科作业时，应关注学生的作业完成情况和学习效果，及时给予反馈和指导，帮助他们发现和解决问题，促进他们的全面发展。在学生做作业的过程中或者完成作业后，通过作业批改、评价量表、个性化辅导等多种形式，对学生在跨学科作业中的表现及学科核心素养的达成情况进行有针对性的分析、诊断与改进。

（三）跨学科作业的评价

跨学科作业的评价应注重以下几个方面：第一，多元化评价。评价不应仅关注学生的作业结果，还应包括他们在参与作业过程中的态度、方法和创新思维等。第二，关注学生发展。评价应以促进学生全面发展为目标，关注学生的个体差异和潜能，帮助他们发现和发挥自己的优势。第三，科学性评价。评价应遵循教育评价的基本原则，注重评价的科学性和客观性，避免主观臆断和偏颇评价。

综上所述，小学跨学科作业是一种富有创新性和实践性的教学形式，它能够有效地促进学生的全面发展和核心素养的培养。在设计、实施和评价跨学科作业时，教师需要充分考虑学生的主体性，注重实践性和多元化评价，以实现教育教学的最优化目标。

第二节　跨学科作业的设计案例

案例一："绿"
——四年级跨学科作业

一、课前观"绿"

（一）校园、公园寻绿

大自然里深浅不一、浓淡有别的绿色，总能让人神清气爽，总能给人以蓬勃的希望。"绿"千姿百态，在诗人王安石的眼里，"绿"是那样神通广大："春风又绿江南岸"，仿佛顷刻间江南两岸便披上了绿衣；在词人李清照的眼里，"绿"又是那样娇憨可爱："知否，知否，应是绿肥红瘦"，那"绿"像是在展示着风雨过后的骄傲。

大自然中到处都有绿色，邀请你的小伙伴一起到校园中、公园里寻找绿色，用眼睛记录下你对绿色的感悟。

1."墨绿、深绿、嫩绿、翠绿、浅绿、粉绿"，这些都是表示绿色的词语，你能用它们来形容你观察到的事物吗？

_____是墨绿的　　_____是深绿的

_____是嫩绿的　　_____是翠绿的

……　　　　　　　　　　……

2.你还能用其他表示绿色的词语形容你观察到的事物吗？

_____

_____

（二）留下大自然的"绿"

在探究的过程中，你一定看到过很多绿色的植物、动物……下面这些照片是同学们拍摄的"绿色"，请你也用手机把你看到的绿色的事物拍下来吧，让它们留在我们的镜头里。

（三）描绘大自然的"绿"

美术课上，你一定学到了很多种绿色，也学到了很多画画的技巧，请你先欣赏下面几位同学的画作，然后试着把你看到的绿色也用手中的画笔画出来。

二、课中赏"绿"

（一）反复诵读课文第四、五小节，结合"挤""重叠""静静地交叉""突然"等关键词,读出景物的变化。

(二)诵读诗歌第五小节,通过"风""舞蹈教练在指挥",说说作者运用什么修辞手法写绿,给你带来什么感受?

(三)诗歌第五小节在你眼前浮现怎样的画面?说一说并用手抄报的形式画出来。

(四)反复读两则材料,完成填空。

材料一

雨中去访灵隐,一下车,只觉得绿意扑眼而来。道旁古木参天,苍翠欲滴,似乎飘着的雨丝儿都是绿的。飞来峰上层层叠叠的树木,有的绿得发黑,深极了,浓极了;有的绿得发蓝,浅极了,亮极了。峰下蜿蜒的小径,布满青苔,直绿到了石头缝里。

——选自宗璞的《西湖漫笔》

材料二

刮的风是绿的,

下的雨是绿的,

流的水是绿的,

阳光也是绿的。

——选自艾青的《绿》

1.艾青文中描写了( )( )( )( )景物的特点,《西湖漫笔》扑眼而来的绿好美呀!作者抓住( )( )( )( )等景物描写"绿"。

2.多么美丽的景象呀,你是不是也想写两句?

_____是绿的　　　_____是绿的

_____是绿的　　　_____也是绿的

3.仿照艾青的身份卡为宗璞做一张身份卡。

艾　青

诗题:《绿》

写作:动静结合

题材:现代诗

读后感受:给人带来更多想象

4.填写下列相同和不同之处

	相同之处	不同之处
宗璞《西湖漫笔》		
艾青《绿》		

三、课后思"绿"

　　绿,是春天的气息,是生命的象征。在诗人艾青笔下,绿有了生命,有了活力。让我们一起走进 5 月的呼伦贝尔陈巴尔虎旗草原,感受其中的绿意,并完成下面练习。

《绿》

一匹白马掠过

碧绿了草地

浅绿了曲水

淡绿了蓝天

充盈着希望的绿色

不负春光

种植自然

自然下的小丘是绿的

牛马是绿的

牧羊女也是绿的

像天然的绿色环

纯绿 豆绿

茶绿 橄榄绿

……

所有的绿静静的

层层叠叠的

交织在一起

只等一阵春风吹过

满地的绿

迎着牧羊女的马鞭奔腾

好像都想钻进凡·高的画里

1.牛马是绿的　牧羊女也是绿的

（1）诗人心中_____，所以把牛、马和牧羊女都写成了绿色。

（2）生活中还有哪些绿色呢？请你写一写。

公园里_____是绿的；校园里_____是绿的；田野里_____也是绿的。

2.只等一阵春风吹过　满地的绿　迎着牧羊女的马鞭奔腾　好像都想钻进凡·高的画里

（1）这节诗主要描写了绿的_____（动态 静态）

（2）"钻"这个字运用了_____的修辞手法，生动形象地写出了春天草原万物_____的特点。

3.言为心声，诗歌更是真情所致，是情感的自然流露。诗人往往将自己的情感融入在太阳、黎明等具有象征性的事物中，结合本首诗歌和艾青的《绿》，谈一谈绿给你带来的意义。

案例二："我的课间我做主"

——六年级跨学科作业

近期，中小学课间十分钟被"圈养"的现象引发全社会的广泛关注。高质量教育要尊重孩子的天性与个性，为了让学生都能成为自己课间休息时间的设计者，实现"我的课间我做主"，六年级语文老师面向六年级全体学生，设计了这个跨学科作业——我的课间我做主，向学生征集课间十分钟活动规划设计。通过本次跨学科作业设计实施，了解我校课间十分钟学生是否有被"圈养"的现象，学生们在课间十分钟的主要活动，以及学生对课间十分钟的需求和看法，从而为学校提供有益的建议，以便更好地利用课间十分钟，给学生提供充分放松和自由活动的选择，让课间十分钟"动"起来。

一、作业内容

（一）调查对象

学校六年级五个班的全体学生，共计 275 人。

六年级所有任课教师，共计 19 人。

（二）调查内容

本次调查主要围绕以下几个方面展开：

1.同学们课间十分钟的利用情况；

2.同学们课间十分钟的活动类型；

3.同学们课间十分钟的需求和期望。

4.学科任课教师有没有拖堂、占用课间十分钟等现象；

5.学科任课教师有什么担忧，有什么好的意见和建议。

（三）调查方法

访谈、在线问卷等调查方法。

（四）实践检验

下课后从教室到操场活动是否可以实现？

如果在走廊或者楼层大厅中学生做喜欢的运动或游戏是否存在安全隐患？

你有什么好的意见、建议，既可以满足学生活动需求，又可以减免任课老师的担忧？

二、作业完成方式

小组合作设计活动计划，合理分工，明确任务。

三、作业完成时间和结果

（一）完成时间

一周完成

（二）作业结果

撰写"课间十分钟活动规划方案"或者"我的课间我做主"倡议书。请把你们的合理化建议形成书面材料，用准确的语言表述清晰，上交学校校务部，如需学校购买配备活动器材，可一并将器材名称、类型、材质、大小、数量、价格等预算清单写清楚，如能配图说明更好。

四、参考资料

为了确保同学们能在规定时间内高效完成作业，老师给同学们提供了一些思路和调查访谈表，仅供大家参考。如果同学们自己考虑得更全面、更周到，那就更好了。

学生问卷访谈表

1. 你的性别：男（　　　）　女（　　　）

2. 你的年龄：（　　　）

3. 下课后你第一件事是做什么？

上厕所（　　　）　　　　　　　　接水（　　　）

做下节课课前准备（　　　）　　　直接出去玩（　　　）

4. 课间十分钟你最喜欢哪项活动？

玩游戏（　　　）　　看书（　　　）　　聊天（　　　）

眺望窗外（　　　）　　其他（　　　）

5. 课间十分钟你玩过的游戏有哪些？（多选）

追逐玩耍（　　　）　　跳绳（　　　）　　　下棋（　　　）　　　猜谜语（　　　）

踢毽子（　　　）　　　拍手游戏（　　　）　　砸沙包（　　　）　　其他（　　　）

6. 你喜欢什么类型的课间活动？（多选）

休闲类（下棋、拍手游戏等）（　　　）

运动类（跳绳、踢毽子等）（　　　）

益智类（猜谜语、脑筋急转弯等）（　　　）

都不喜欢（　　　）

7. 课间你通常和谁玩游戏？

同班同学（　　　）　　自己玩（　　　）　　其他班同学（　　　）

不玩（　　　）　　　　其他（　　　）

8. 课间你通常在哪里玩游戏？

教室（　　　）　　　走廊（　　　）　　　操场（　　　）　　　其他地方（　　　）

9. 课间十分钟最后一两分钟你会怎么做？

提前进教室做好准备，等待教师（　　　）

继续玩直到上课铃响（　　　）

10. 你在课间是否看见过同学打架？

经常看见（　　　）　　偶尔看见（　　　）　　从没看见（　　　）

11. 你在课间是否看见过同学追逐打闹?

经常看见（　　）　　　偶尔看见（　　）　　　从没看见（　　）

12. 你希望课间十分钟开展什么样的活动?并说明理由。

教师问卷访谈表

1. 您是否存在过占用学生课间的情况?

经常（　　）　　　偶尔（　　）　　　从不（　　）

2. 您认为设置课间十分钟的主要目的是什么?

缓解学生学习疲劳（　　）　　　　　　促进学生身心健康发展（　　）

培养学生人际交往能力（　　）　　　其他（　　）

3. 您平时上完课后的课间会在哪度过?

教室（　　）　　　办公室（　　）　　　其他地方（　　）

4. 您课间通常会做什么?

备课、批改作业或指导学生（　　）

参与学生课间活动、与学生交流（　　）

处理班级事务（　　）

休息（　　）

其他（　　）

5. 您了解学生课间十分钟通常在哪里度过吗?

了解（　　）　　　大致了解（　　）　　　不太了解（　　）

6. 您知道学生平时课间开展过哪些活动吗?

知道（　　）　　　大概知道（　　）　　　不太清楚（　　）

7. 您平时和学生一起参与课间活动吗?

经常参与（　　）　　　偶尔参与（　　）　　　从不参与（　　）

8. 您指导过学生的课间活动吗?

经常指导（　　）　　　偶尔指导（　　）　　　从未指导（　　）

9. 您通常对学生课间活动的哪些方面进行指导?

活动类型（　　）活动安排（　　）活动安全（　　）

10. 您认为当前学生的课间活动是否文明？

文明（　　）不文明（　　）不清楚（　　）

11. 课间您更倾向于学生做什么活动？

户外活动（　　）室内活动（　　）

12. 您觉得课间需要有人管理吗？

需要（　　）不需要（　　）

13. 若课间需要管理，您觉得谁来管理最妥当？

教师（　　）学生（　　）专业的课间监护员（　　）

14. 您认为可能造成学生课间安全的主要原因是（多选）：

学校活动场地设置不合理（　　）课间游戏选取不当，具有危险性（　　）
学生交往不当，发生冲突（　　）其他（　　）

15. 您认为当前学校的场地和器材是否满足学生课间活动的需要？

满足（　　）基本满足（　　）不满足（　　）

16. 针对学生课间活动您有何建议？

"我的课间我做主"活动检验记录表

一、从教室到操场活动过程检验

（一）实验对象：
六年级的同学们

（二）实验背景：
六年级教室在教学楼四楼，操场在教学楼一楼东面，从教室到操场大约五百米，如果同学们要到操场活动相当于横穿三分之二的校园，所以平时课间同学们基本不下楼活动。

（三）实验时间段：
课间 10 分钟

（四）实验准备：

选定实验人员、说明实验要求、拟定可实验的运动或游戏、叮嘱安全事项、计时器。

（五）实验阶段：

1. 从教室到操场计时：用时多少分钟？

2. 实验拟定的运动或游戏：需要多少分钟？

3. 从操场到教室计时：用时多少分钟？

（六）实验反馈：

实验应包含同学们去洗手间的时间，这种活动方式和运动游戏项目是否可行？同学们体验感如何？

二、在楼道大厅活动检验

1. 如果在走廊或者楼层大厅中，同学们做喜欢的运动或游戏是否存在安全隐患？

2. 若同学们选择下棋、玩花绳、跳皮筋、推理类（如：谁是卧底）的游戏，是否比较安全？

3. 若同学们选择沙包、抓人、斗鸡等游戏，是否存在安全隐患？

三、提出意见建议

有什么好的建议，既可以满足同学们的活动需求，又可以减免老师的担忧？

案例三：水资源的可持续利用

——六年级跨学科作业

水资源的可持续利用是当今社会面临的紧迫问题。为了培养小学生对这一问题的认识，并促使他们在学科整合、实际问题解决和跨学科思维方面的

发展，教师设计了一个单元的跨学科作业，以深入探讨水资源的相关知识和
应对方法。

一、科学学科

在科学学科中，学生将学习水循环、水资源和水污染的基本概念。通过
实验和观察，他们将亲身体验水的循环过程，以及如何使用简单的工具检测
水的质量。这不仅帮助他们理论上理解水资源的基本概念，而且培养他们实
际操作的科学素养。

二、数学学科

数学学科为学生提供了应用数学解决与水资源相关问题的机会。通过收
集本地水资源使用数据，他们将制作图表，并进行简单的数据分析，比较家
庭用水情况，找出节水的可能途径，这有助于学生将数学知识应用到实际问
题中，同时培养他们的数学素养。

三、道德与法治学科

在道德与法治学科中，学生将了解社会中不同群体对水资源的需求和影
响。通过调查当地社区的用水行为，学生将分析不同家庭、学校或企业对水
资源的利用情况，这有助于培养学生的社会素养，使他们能够理解水资源问
题与社会的关系。同时，强调学生对环境的责任感，讨论个人和团队在水资
源可持续利用中的角色，并提出具体行动计划。

四、语文学科

语文学科为学生提供了表达对水资源问题看法的平台。通过写一篇小论
文，学生将能够深入思考和表达关于水资源的见解，可思考设计一个简易的
家庭节水装置，或提出改进现有设备的创意，同时面向全球各国人民发出节
约用水的倡议，这有助于培养学生的语言素养，提高他们的语言组织、概括
和表达能力。通过小组合作，思考并设计一个在学校或社区中促进水资源可
持续利用的项目，这有助于培养学生的解决问题能力和创新思维能力。跨学

科思维贯穿整个单元，通过探究性学习，将培养学生提出问题、进行调查和解决问题的能力。在团队合作中，学生将共同制订一个水资源教育计划，这有助于培养他们的团队协作和沟通技能。

五、美术学科

美术学科提供了通过艺术作品传达水资源问题的另一种方式。学生将创作一幅描绘水资源问题和解决方案的画作，这有助于培养他们的审美素养和通过艺术表达观点的能力。

此外，在评估方面，教师将进行综合评估，考察学生在对学科的理解、在小组合作中的表现以及对水资源问题的综合思考能力。通过展示，学生将有机会通过口头报告、展示项目、作品或调查结果的方式分享他们的学习成果。通过这个综合的、跨学科的单元作业设计，学生将能够深入了解水资源问题，培养多方面的核心素养，包括科学素养、数学素养、语文素养、道德与法治素养、美术素养等。这样的设计不仅促使学生将知识应用于实际问题，而且培养了他们的跨学科思维，为他们未来的学习和生活打下坚实基础。

第七章 长程作业设计

一、小学数学长程作业的类型

（一）以知识点为导向的长程作业

长程作业设计中的"实际问题应用"任务是为了培养学生在实际生活中运用数学知识的能力。通过选择一个具体场景，例如购物，学生需要深入思考并设计实际问题，如计算购物车中商品的总价。这有助于将抽象的数学概念与实际情境相结合，促使学生将所学知识应用于解决实际问题。在"实践中的数学技能"任务中，学生被要求通过解决一系列具体计算问题来巩固基本数学技能。详细写下解题步骤的要求有助于展示学生的计算思维过程，从而帮助教师了解学生对数学技能的理解程度。同时，要求学生思考如何在实际问题中应用这些技能，使学生更深入地理解数学的实际应用，培养他们的实际问题解决能力。"数学游戏设计"任务则注重学生的合作与沟通能力。通过小组合作设计数学游戏，学生不仅需要理解本单元的知识点，还需通过游戏目的和规则设计，促进小组成员之间的合作与沟通，从而在团队中发挥各自的优势，解决数学问题。最后，通过"数学故事创作"任务，学生将数学知识融入情境中，激发学习兴趣。编写一个小数学故事不仅要求学生构思有趣的情节，还需要在故事中融入数学问题或挑战。这有助于将数学知识融入生活中，使学生更容易理解和接受抽象的数学概念。这个长程作业设计强调了学生构建知识框架、用数学语言进行表达和总结的能力，通过制作思维导图、好题错题总结以及概念的相似相反比较，学生将能够更全面地理解数学知识，并提高他们的思维能力、表达能力以及对数学的兴趣。

（二）以实践探究为导向的长程作业

在这个长程作业设计中，通过数学建模和探究活动，旨在培养学生数据处理和问题分析的能力，这种探究性的学习方式不仅可以使学生更深入地理解数学概念，还能培养他们的团队协作和实际问题解决能力。在探究作业中，学生需要进行小组分工合作。这个过程中涉及到步骤的划分，比如确定研究问题、设计实验方案、实施操作、数据收集和分析、最终得出结论等。通过合作，学生能够学到如何有效地组织团队活动，发挥每个成员的特长，同时克服可能出现的团队协作中的挑战。在实践探究作业的过程中，学生不仅能够发挥自身的特长，也会面临自己薄弱之处的挑战。例如，一个学生可能擅长设计实验方案，而另一个可能在数据分析方面更有经验。这种分工协作有助于学生发现自己在数学建模和探究中的优势和不足，并通过与他人的合作互补彼此的不足。教师在这个过程中扮演着答疑者的角色，密切关注学生的探究进展情况，通过解决学生提出的问题，教师能够引导学生更深入地思考和理解数学问题，同时帮助修正探究中可能出现的偏差，这种互动式的学习环境有助于学生在实际问题中应用数学知识，同时提高他们的数据处理和问题分析的能力。通过数学建模和探究活动的长程作业设计，不仅可以培养学生的实际问题解决能力，还能够锻炼他们在团队中的协作能力和自我发展的能力，这样的设计不仅注重知识的传递，更注重学生综合能力的培养。

（三）以笔记形式为导向的长程作业

在长程作业设计中，通过笔记记录学生的学习过程、感受、困惑和想法等，旨在深化数学学习的理解，培养学生的自我表达和思维总结能力，这种学习方式不仅注重数学知识的积累，更强调学生对数学的感悟和情感体验。学生可以以读书笔记的形式，记录自己在阅读数学小故事或相关书籍时的体会和思考。通过摘抄关键内容，学生不仅能够巩固知识，还可以通过自己的语言记录下对内容的理解和感悟，这有助于培养学生的文字表达能力和逻辑思维能力。另一方面，学生也可以采用观后感的方式，通过观看与数学主题密切相关的影视作品，了解不同时期的数学家们的故事。在观后感中，学生可以记录下影片中引发的数学思考、对数学家人物的认识，以及对数学的新认知，这种方式不仅拓展了学生对数学的理解，也培养了他们对数学的兴趣。

完成这样的笔记过程，不仅是对学生学习过程的自我反思，还是对数学学习情况的文字记录，这有助于学生更好地理解自己在数学学习中的困惑，表达个人的学习感受和想法。通过这样的反思过程，学生逐渐培养了自然语言和图形语言、符号语言相互转化的能力。教师在这个过程中可以扮演指导者的角色，鼓励学生在笔记中进行深入的思考，提供适时的反馈，引导他们更全面地理解数学知识。这样的设计注重培养学生综合运用语言的能力，使他们能够用适当的方式表达对数学的认识和理解。通过笔记记录学生的学习过程、感受和思考，不仅帮助学生更深入地理解数学，还培养了他们的自我表达和思维总结能力。这种形式的长程作业设计注重学生整体素养的培养，使他们在数学学习中既能获得知识，又能体验到数学的美和深度。

二、长程作业如何分阶段实施

在长程作业设计的第一阶段，即准备阶段，学生将通过裁剪、画图等方式来表现相关的图形。这一步骤的目标是帮助学生初步建立对图形的基本认知，同时培养他们的观察和表达能力。在裁剪图形的过程中，学生可以通过手工操作感受图形的边缘和形状。通过这种实际的体验，学生不仅能够更好地理解图形的结构，还能够加深对图形特征的认知。同时，这一过程也是对学生动手能力的锻炼，促使他们在操作中更好地理解图形的属性。画图也是这个阶段的重要环节，学生可以通过绘制图形的过程更深入地理解图形的特征。在画图的同时，学生需要注重细节，如角的大小、边的长度等，这有助于加深对图形性质的理解。与此同时，学生还需要进行图形特征的描述，这是培养学生沟通交流能力的关键步骤。通过用文字表达图形的特征，学生能够锻炼用清晰的语言准确描述抽象概念的能力，这不仅是对数学知识的理解，更是对语言表达和沟通能力的培养。在这个阶段，教师的角色是引导学生认识图形，并提供必要的指导。教师可以通过提出问题、引导讨论的方式激发学生的兴趣，帮助他们更好地理解和描述图形的特征。第一阶段的准备工作通过裁剪、画图和描述图形特征等方式，使学生在动手操作和语言表达中建立对图形的初步认知，这为后续深入学习和探索图形性质打下了基础。

　　在长程作业设计的第二阶段，通过联系实际生活，学生将有机会自己制作图形或从生活中找出与图形相同的物品。这一阶段的目标是帮助学生将抽象的数学概念与实际生活相连接，感受数学在生活中的应用，并增强他们对图形的实际感知。学生可以参与制作具体的图形，比如手工制作各种多边形、立体图形等，这种实际操作不仅能够让学生更深刻地理解图形的结构，还能够锻炼他们的手工能力和动手实践的技能。通过制作过程，学生将亲身体验图形的形成和变化，从而对图形的特征有更为直观的认识。另一方面，学生也可以在日常生活中寻找与图形相同或相似的物品。例如，他们可以发现窗户是矩形，电视机是长方形，蛋糕切片是扇形等。这种实际生活中的观察和发现，能够让学生认识到图形无处不在，图形在生活中扮演着重要的角色，这样的体验有助于将抽象的数学知识与实际应用相结合，使学生更加深刻地理解图形的实用性。通过这一阶段的活动，学生将能够体验到数学的生活化特点，认识到图形不仅存在于课本和纸上，更是生活中不可或缺的一部分。这有助于提升学生对数学的兴趣，并使他们更主动地将数学知识应用于解决实际问题。在教学中，教师的角色是引导学生进行观察、发现和制作，同时促进学生之间的交流与合作。通过与学生一同探讨生活中的图形运用，教师可以激发学生的好奇心和主动学习的积极性。通过联系实际生活，让学生制作图形或找出生活中的图形，有助于将抽象的数学概念与实际生活相结合，为学生深入理解图形的应用奠定坚实的基础，这也为后续的学习提供了更为丰富的经验和更深层次的认知。

　　在长程作业设计的第三阶段，学生将被要求收集自己喜欢的图形素材，并完成图形创意。随后，教师将选择具有代表性的作品进行展示，学生需在展示中阐述创意思路和制作过程，而教师则会进行分析点评，从而培养学生的创新思维。学生的任务是收集自己喜欢的图形素材。这个过程中，学生可以通过各种途径，如拍摄照片、收集图片或在日常生活中发现等方式，积累各种图形素材。这不仅能够激发学生对图形的兴趣，还能促使他们在生活中主动关注和感知图形。接下来，学生需要利用收集到的素材完成图形创意，这个阶段注重学生发挥创造力，运用所学的图形知识，创作出符合个人审美和创意的作品，这有助于培养学生的创新思维和独立解决问题的能力。教师在此阶段的角色是选择性地展示具有代表性的学生作品，这种选择性展示能够起到示范引领的积极作用，为其他学生提供优秀范例，并激发更多学生的创作热情。同时，通过学生对作品的阐述，教师可以深入了解学生的创意思路和制作过程。在展示过程中，学生将有机会阐述自己的创意思路和过程，这有助于培养他们对自己作品的理解和表达能力。教师的分析点评则能够为学生提供有针对性的反馈，促进他们对图形创作的深层次思考，通过这一阶段的设计，学生在实践中不仅巩固了图形知识，还培养了创新思维和解决问题的能力。同时，选择性展示和点评也为学生提供了更广泛的学习参考和启示，丰富了学习经验。第三阶段的设计旨在通过学生自主创作，教师选择性展示和点评的方式，全面培养学生的图形表达能力和创新思维，使他们在数学学习中体验到更丰富的乐趣和深度。

在长程作业设计的第四阶段，学生将参与一个交流反馈的环节，其中每个学生都有机会向全班展示自己的图形创意作品。随后，同学们将对这些作品进行评价，这个过程旨在让每个学生都能够发表自己的看法，展示自己的作品，既保护了学生的自尊心，同时也激发了学生对于数学学习的兴趣。每个学生都有机会向全班展示自己的图形创意作品，这种展示能够让学生在公共场合表达自己的想法和创意，培养他们的表达能力和自信心。同时，学生也能够从其他同学的作品中获取灵感，促进彼此之间的学习交流。随后，同学们将对这些作品进行评价。评价过程中，学生不仅可以分享自己的看法，还能够从不同角度欣赏和理解同学们的创意，这种互相评价有助于学生发现不同思维方式和创造力的多样性，促进学生之间的合作和交流。这一阶段的设计能够保护学生的自尊心，因为每个学生都有机会被全班看到并受到关注。同时，通过同学们的评价，学生可以得到正面的反馈，增强对自己创意的认同感，这有助于建立积极向上的学习氛围，激发学生对数学学习的积极性。教师在这个阶段的角色是引导学生进行有益的评价和交流，教师可以鼓励学生提出具体的问题、给予肯定和建议，促进学生之间更深层次的交流。同时，教师也可以总结整个作业设计的收获和学习成果，为学生提供更加明确的指导和反馈。通过这个交流反馈的阶段，学生不仅能够展示自己的创意，还能够从同学们的反馈中汲取营养，形成更好的学习体验。这样的设计强调了学生间的互动和合作，促进了全体学生的共同成长。

三、设计长程作业应注意的问题

（一）要多维度设立作业目标

在设计长程作业时，采取多维度多阶段的策略是非常有效的，这种策略有助于确保教学目标在整个过程中得到系统性和全面性的发展，使学生在数学学习中形成更为深刻的认知。前期阶段的任务主要着眼于图形的基础认知，通过裁剪、画图等方式，学生将亲身体验图形的形状和特征，建立起对图形的基本认知。这一阶段的目标是帮助学生在数学学习的起点阶段建立扎实的基础，以便后续进行更深层次的学习。随后进入中期阶段，任务集中在联系实际生活，培养学生的实际应用能力。学生通过制作图形或在生活中寻找图形，将抽象的数学知识与实际情境相结合，体验图形的生活化特点，这有助于激发学生对数学的兴趣，使其在学习中更有动力。中期阶段的设计将学生引向创意和创新思维的发展。通过自主创作图形作品，学生有机会发挥自己的想象力，培养独立思考和解决问题的能力。这一环节旨在激发学生的创造力，使他们在数学学习中体验到更多的乐趣。最后，进入后期阶段，学生将展示自己的作品，进行交流和反馈。每个学生都有机会向全班展示自己的创意，接受同学们的评价，这种形式既保护了学生的自尊心，又激发了学生对于数学学习的兴趣。通过同学们的评价和交流，学生可以在团队中更全面地认识到自己的优势和不足。整个设计的目标是通过多阶段任务，帮助学生在数学学习中形成系统性的认知结构。前期阶段打下基础，中期阶段联系实际，后期阶段注重创意和交流，这一过程旨在使学生在数学学习中得到全面的锻炼，同时培养其观察、表达、创意和团队协作等多方面的素养。教学目标的设计也应该围绕多个角度展开，相互联系、相互促进。在前期，学生通过观察和裁剪，巩固基础知识；在中期，学生通过实际生活应用，将知识转化为实际技能；在后期，学生通过创意和创新思维，将所学知识发挥到极致，并通过交流与反馈，得到全方位的提升。通过这样的多维度多阶段的设计，教学目标之间相互联系、相互促进，使学生在不同层面得到充分发展，全面提高数学素养。这一设计不仅考虑到任务的完成性，也确保了学生在整个学习过程中都能有新的收获和进步。

（二）多方式融合教育资源

在长程作业设计中，可以通过将数学知识与实际生活情境相结合，运用知识解决实际问题，以激发学生的学习兴趣。以暑假出游为例，学生可以设计不同计划，并通过时间、费用、路程等方面的对比来选择最佳方案。学生需考虑出游时间，具体计算天数，以确定出发和返回的日期。这一步涉及对日期的计算，培养了学生的时间观念和计算能力。同时，学生还需考虑每个目的地所需时间，以便安排行程。在确定出游时间后，学生需要对费用进行估算，包括交通费、住宿费、饮食费等各项开支。通过对费用的估算，学生锻炼了数学运算能力，同时培养了对实际情境的成本考量和分析能力。接下来，学生需考虑不同出游计划的路程，这一步要求学生理解距离的概念，并通过地图等工具进行测算。同时，学生还需考虑交通工具的选择，比如飞机、汽车等，进一步运用数学知识解决实际问题。在计划制订完成后，学生需要与家长进行沟通，共同讨论各个计划的优缺点。通过与家长的交流，学生不仅能够展示自己对数学知识的应用，还能够从实际经验中获得更多的启示。最后，学生需要根据对比和讨论的结果，选择最佳方案，并解释选择的理由。这一步要求学生对多个方面进行权衡，进一步培养了他们的决策能力和综合思考能力。通过这样的长程作业设计，学生在解决实际问题的过程中，深刻体验到数学知识在生活中的应用，与家长的沟通也为学生提供了更多实际经验，使得学生能够更全面地理解和应用所学的数学知识。这样的设计既强调实际问题的解决，又促进了学生对数学学习的积极参与和深入思考。

（三）探索丰富作业形式

在长程作业布置过程中，教师需综合考虑内容分配、角色分配、小组搭配等因素，以促进学生在实验、探究、调查等环节中的全面发展。对于内容设计，应确保作业既包含相关知识点，又富有挑战性，以激发学生的学习兴趣，促使他们在实践中综合运用所学。在角色分配方面，教师需充分考虑每位学生的特长和发展方向。通过合理分配角色，确保每个小组成员能充分发挥自身优势，同时在合作中相互学习。角色的轮流体验有助于培养学生的团结合作意识，促使小组内成员更好地理解并尊重彼此的贡献。小组搭配也是关键的一环。教师可以根据学生的个性、学科兴趣等因素，巧妙配置小组，促进学生形成互补、相互支持的关系，良好的小组搭配可提高学生的团队协作和沟通表达能力。在实验、探究、调查等环节中，教师需合理分配小组内成员的任务，确保每位学生都有机会参与整个过程。任务的轮流体验有助于学生更全面地理解问题，从不同角度思考和解决问题，提高其语言表达能力，培养在团队中主动分享和沟通的能力。尤为重要的是，在学生探索的过程中，教师鼓励他们将"做"和"学"有效融合。这意味着学生在实践中不仅完成任务，还要用数学视角和思维看待问题。教师引导学生思考问题的数学本质，使他们在实际操作中获得独特的学习体验，这有助于培养学生的独立思考和问题解决能力，使他们更深入地理解和应用所学的数学知识。

参考文献

［1］ 陈冲. 基于核心素养的校本课程建设研究［M］. 昆明：云南大学出版社，
2021.

［2］ 刘飞. 语文核心素养与课堂教学实践［M］. 南京：南京大学出版社，
2019.

［3］ 谢惠娜. 核心素养视域下高校化学思政教学内容探讨［J］. 中国无机分
析化学，2024，14（2）：256.

［4］ 李明超，李学斌. 论核心素养导向的小学语文儿童诗阅读教学［J］. 天
津师范大学学报（基础教育版），2024，25（1）：53-58.

［5］ 陈德运，骆孝元. 指向核心素养的图像史料研读框架与实践［J］. 天津
师范大学学报（基础教育版），2024，25（1）：64-69.

［6］ 杨昕，丁荣，段玉山. 跨学科主题学习：价值、困境与实施路径：以地
理学科为例［J］. 天津师范大学学报（基础教育版），2024，25（1）：
70-75.

［7］ 刘志忠. 我国大学跨学科研究的空间障碍及其突破［J］. 江苏高教，
2024，（1）：64-71.

［8］ 闫安，陈旭远，朱妍. 跨学科学习的透视：驱动背景、内在逻辑与条件
支持［J］. 教育学报，2023，19（6）：67-77.

［9］ 赵兰，余志渊. 跨学科学习的真实化情境建构［J］. 教育理论与实践，
2023，43（35）：42-45.

［10］ 陈健. 新时代下课程思政在物理学科中的实施：评《核心素养培养与中
学物理教学——在中学物理课堂教学中培养学生学科核心素养的探索》
［J］. 教育理论与实践，2023，43（35）：2.

［11］ 卢云.基于核心素养的初中数学课堂教学艺术探析：评《中学数学名师教学艺术（第二版）》［J］.教育理论与实践，2023，43（35）：65.

［12］ 任建英.核心素养导向的中小学科学教材编写模型探讨［J］.上海教育科研，2023，（12）：34-39.

［13］ 孙振坤.素养导向的学习任务群教学难点与突破［J］.上海教育科研，2023，（12）：70-74.

［14］ 彭廷学，彭树云.以学生为中心培养历史学科核心素养［J］.中国教育学刊，2023，（12）：99.

［15］ 李科.指向学科核心素养的思想政治情境教学分析［J］.中国教育学刊，2023，（12）：103.

［16］ 杨雪梅，杨志鹏."三项举措"让核心素养在小学道德与法治课程中"落地生根"［J］.中国教育学刊，2023，（12）：101.

［17］ 金星，李如密.核心素养时代的教师审美趣味：内涵阐释、实践逻辑与发展路径［J］.教育理论与实践，2023，43（34）：31-36.

［18］ 刘燕，王红轩，黄素兰.核心素养为本的实验课堂"异常状况"教学策略［J］.化学教育（中英文），2023，44（23）：104-108.

［19］ 田甜.核心素养为本的单元教学设计策略：评《素养立意的单元教学设计》［J］.化学教育（中英文），2023，44（23）：128-129.

［20］ 吴曼.基于核心素养的化学探究性试题探究要素设计［J］.化学教育（中英文），2023，44（23）：14-20.

［21］ 姚琳.小学道德与法治课程政治认同核心素养的培养［J］.课程.教材.教法，2023，43（12）：72-78.

［22］ 顾小清，姜冰倩.以跨学科学习促进信息科技课程核心素养落地［J］.现代远程教育研究，2023，35（06）：3-10.

［23］ 张炎林.例谈基于深度学习的中学历史单元作业设计［J］.历史教学问题，2023，（05）：182-187.

［24］ 王建芹.小学数学单元整体教学的设计与实施：评《小学数学单元整体教学这样做》［J］.教育理论与实践，2023，43（26）：65.

［25］ 黄艺敏，刘光旭，林丽祺，等.基于生本理念的项目式地理单元作业设计：以"地球上的大气"为例［J］.中学地理教学参考，2023，（26）：55-58.

［26］ 吉慧.基于新课标的单元作业设计［J］.中学政治教学参考，2023，（26）：66-68.

［27］ 刘春文.基于目标和议题统整单元作业的内容和类型［J］.语文建设，2023，（11）：11-15.

［28］ 樊丽，管毓宽，刘文涛，等.基于大概念的单元地理作业优化路径探究［J］.中学地理教学参考，2023，（8）：55-58.

［29］ 梁嘉俊，罗卓君."双减"背景下初中物理单元整体教学的作业设计：以初中物理人教版第9章"压强"为例［J］.物理教师，2023，44（3）：53-57.

［30］ 马云鹏.基于结构化主题的单元整体教学：以小学数学学科为例［J］.教育研究，2023，44（2）：68-78.

［31］ 丁炜，徐家良.小学生写作学本的编写理论与实践［M］.南宁：广西教育出版社，2015

［32］ 袁野，袁文，黄梅.整合理念下高质量作业设计的逻辑理路和实践进路［J］.基础教育，2022，19（6）：99-109.

［33］ 徐红，陈敏.单元视域下的作业结构化设计［J］.中国教育学刊，2022，（11）：104.

［34］ 岳梅，姚金玲.核心素养导向的单元议题式教学——以"我国的经济发展"为例［J］.思想政治课教学，2022，（8）：42-45.

［35］ 李祥竹，李刚."双减"背景下我国义务教育阶段作业设计优化路径研究［J］.教育理论与实践，2022，42（20）：3-7.

［36］ 林雁平.深度学习视域下单元学习活动设计及实施［J］.上海教育科研，2022，（1）：89-92.

［37］ 亓刚.在小学数学学科落实单元整合教学改革探究［J］.中国教育学刊，2021，（增刊2）：217-219.

［38］ 潘香君.小学数学单元教学的特征及课堂类型［J］.教学与管理，2020，（23）：53-56.

［39］ 熊梅，董雪娇，孙振涛.学科核心素养视角下的小学数学单元设计［J］.教学与管理，2019，（35）：51-53.

［40］ 张优幼.指向认知结构生长的单元教学［J］.教学与管理，2019，（26）：31-33.

［41］ 王月芬.重构作业：课程视域下的单元作业［M］.北京：教育科学出版社，2021.